ÖSTERREICHISCHE
SPORTCHRONIK
2011

EDI FINGER JUN. PRÄSENTIERT

ÖSTERREICHISCHE SPORTCHRONIK 2011

Mit Beiträgen von Peter Klöbl,
Peter Frauneder und Josef Metzger

Alle Fotos von GEPA pictures

pichler verlag

VATTENFALL
Schöffel

EXTREME
SAILING SERIES
Ströck
Red Bull
ERSTE

Titleist
Gösser
OPEN

BAUER

INHALT

Herausgeber und Verlag bedanken sich herzlich bei allen Sponsoren.

ISBN: 978-3-85431-578-0

GESAMTREDAKTION: Peter Klöbl

BUCHGESTALTUNG: Bruno Wegscheider
PRODUKTION: Alfred Hoffmann

REPRODUKTION: Pixelstorm, Wien
DRUCK UND BINDUNG:
Druckerei Theiss GmbH, St. Stefan im Lavanttal

VORWORT

Wie schnell so ein Sportjahr vergeht.

Vor fast genau 12 Monaten, bei der Geburtsstunde unserer Sportchronik, habe ich versprochen, dass unser Team auch in den Folgejahren die wichtigsten Sportereignisse des Jahres zusammenfassen wird. Jetzt ist dieses Buch wieder am Markt. Das Team – Peter Klöbl, Peter Frauneder und Josef Metzger – präsentiert alle Höhepunkte des zu Ende gehenden Sportjahres!

Das Spannende ist für mich immer wieder, dass man manchmal an Ereignisse erinnert wird, die man fast vergessen hat.

Faszinierend im österreichischen Sport, dass es jedes Jahr Aufsteiger, Überraschungsweltmeister ebenso wie bewährte Siegertypen gibt.

Auf die „Bullen" ist etwa in der Formel 1 genauso Verlass wie auf unsere Wintersportler.

Zu den wirklich positiven Überraschungen gehören für mich unsere Ski-Damen: Doppelweltmeisterin Lizz Görgl, Überraschungs-Champion Anna Fenninger und die „Endlich-Weltmeisterin" Marlies Schild.

Abschied nehmen heißt es von zwei heimischen Sportgrößen: vom besten österreichischen Tennisspieler aller Zeiten, Thomas Muster! Er sagt nun wohl endgültig „Adieu". Seine sechs Wochen als Nummer 1 der Welt werde ich nie vergessen! Und Abfahrtsweltmeister Michael Walchhofer wird in Zukunft Skirennen nur mehr als Zuschauer verfolgen.

Ihr
EDI FINGER

EDI FINGER JUN. wurde am 9. März 1949 in Klagenfurt als Sohn der Reporterlegende Ing. Edi Finger (Tor, Tor, Tor – I wear narrisch!) geboren. Schulausbildung: AHS-Matura, Beruf: ORF-Sportreporter. In dieser Funktion war er bei allen wichtigen Sport-Ereignissen der letzten Jahre dabei, Schwerpunkt sind jedoch Fußball und Ski alpin. Hobbys: früher Sportfliegen, wegen der Geburt seines Sohnes wurde aber dieses Hobby ad acta gelegt, grundsätzlich sind der Sportreporterberuf und der Sport Lebensmittelpunkt von Edi Finger jun. Mit Ehefrau Marion und seinen beiden Kindern Edi III. (Jahrgang 1989) und Vicky (Jahrgang 1994) lebt er in Brunn am Gebirge, liebste Freizeitbeschäftigung sind lange Spaziergänge mit seiner Ehefrau und den beiden Hunden.

Edi Finger jun. kommentiert im Folgenden alle Kapitel zu Beginn mit seinen ganz persönlichen Gedanken zu den einzelnen Sportarten.

Orange
kwalder
HiT FM

10 JAHRE TIPP3!

E: Jetzt gibt's uns auch schon 10 Jahre bei tipp3, Adi. Was ist für dich anders geworden in der Zeit?

A: Ich seh's nur positiv, Edi. Schon deswegen, weil du mich nicht mehr Burli nennst.

E: Ich auch, Adi. Und weil ich nimmer vor einem wilden Stier davonrennen muss wie in dem legendären tipp3-Werbespot.

A: Du würdest dir auch schwertun, 10 Jahre gehen an niemandem spurlos vorüber. Aber du hast recht, es hat sich unglaublich viel getan und wir sind immer noch dabei. Darauf können wir wirklich stolz sein.

E: Bin ich auch. Vor allem, weil wir ja seit der Geburtsstunde mit dabei sind. Und erlebt haben wir einiges!

A: Ja, Edi, des schaut guat aus ....

E: Na, des schaut sogar sehr guat aus!

A: Was war denn eigentlich dein Lieblingswerbespot von tipp3? Meiner der mit dem Stier. So ein putziges Viecherl.

E: Ja, aber kannst dich noch erinnern? Als er den ersten Hund gesehen hat, war's aus mit putzig. Mir haben eigentlich die ersten Spots am meisten getaugt.

A: Damals haben wir ja nicht ahnen können, dass wir mit einem zukünftigen Oscar-Gewinner zusammenarbeiten. Aber dass der Stefan Ruzowitzky ein ganz Großer unter den Regisseuren ist, war schon damals klar.

E: Mir schon. Die Aufnahmen im Auto waren schon echt klass. Wie in Hollywood bei einer Verfolgungsjagd.

A: Und Du warst natürlich der Bruce Willis ...?

E: Wer sonst.

A: Der Bruce Willis hätte aber nie Requisiten zerstört ...

E: Jetzt kommt wieder die G'schichte. Der Globus hat einfach nichts ausgehalten.

A: Du hast ihn fallen lassen. Ganz ungeschickt, wie du halt bist.

E: Stark war auch der dicke Masseur.

A: Der war sogar noch dicker als ...

E: ... das war einmal. Der schlankste Edi aller Zeiten steht vor dir.
A: Da hast recht. Aber das war ja nicht allzu schwer.

E: Schau Dich einmal an - der dickste Adi aller Zeiten steht vor mir.

A: Bis zum nächsten Spot bin ich auch wieder rank und schlank. Und du sicher wieder ...

E: Schluss damit! Mit deiner ewigen Nörgelei. Ich freu mich jedenfalls schon auf das 11. Jahr mit tipp3. Und mit dir.

A: Na klar Edi - des schaut guat aus ...

E: Nein, wer tippt, sieht Spiele anders - heißt das jetzt.

A: Aber es muss ja auch nicht immer der Fußball sein. Vielleicht riskier ma mal eine Partie Jolly?

E: I bin für Schnapsen - da kannst dir gleich des erste Bummerl eintragen ...

www.tipp3.at

tipp3

NOVEMBER 2010

2. NOVEMBER

SENSATIONELLES DEBÜT: Michael Schimpelsberger gibt für Twente sein Debüt in der Champions League. Kurz nach seiner Einwechslung leitet er das 1:0 ein und bringt die Holländer damit bei Bremen auf Siegeskurs – am Ende steht es 2:0.

3. NOVEMBER

DENIFL BEI TOP-TEAM: Österreichs Rad-Profi Stefan Denifl unterschreibt einen Vertrag beim neuformierten luxemburgischen Star-Team Leopard-Trek.

4. NOVEMBER

SCHWARZER DONNERSTAG: Rapid kassiert in der Europa League eine bittere 1:2-Heimniederlage gegen CSKA Sofia und verliert somit erstmals gegen eine Mannschaft aus Bulgarien. Salzburg holt beim italienischen Rekordmeister Juventus ein 0:0, das den Bullen aber wenig hilft.

6. NOVEMBER

ÜBERRASCHUNGSTEAM VORNE: Der SV Ried, die Überraschung der Fußball-Bundesliga 2010/2011, schlägt die Austria 2:1 und übernimmt am 14. Spieltag erstmals die Tabellenführung.

JANKOS JUBILÄUM: Marc Janko feiert in der holländischen Ehrendivision ein besonderes Jubiläum. Er erzielt beim 2:1 von Twente gegen Excelsior das Siegestor und damit den 100. Treffer seiner Karriere.

7. NOVEMBER

NÖDLS GRÖSSTER TAG: Eishockey-Legionär Andreas Nödl schlägt in der NHL die bisher größte Stunde seiner Karriere. Mit seinen Philadelphia Flyers gewinnt er das Österreicher-Duell mit Michael Grabners New York Islanders 2:1, erzielt dabei das Siegestor und wird zum Spieler des Tages gewählt.

KLIEN ABGESCHLAGEN: Christian Klien darf für das Hispania-Team beim Formel-1-Grand-Prix von Brasilien fahren, wird aber beim Sieg von Sebastian Vettel nur 22.

10. NOVEMBER

KRAFT-ÄRA BEENDET: Nach der 0:1-Niederlage im ÖFB-Cup gegen Ried trennt sich der LASK von seinem Trainer Helmut Kraft.

12. NOVEMBER

ENDSTATION FEDERER: Jürgen Melzer scheitert beim Masters-Series-Turnier der Tennisspieler in Paris-Bercy erst im Viertelfinale. Er unterliegt Superstar Roger Federer mit 1:6, 6:7.

13. NOVEMBER

KRIMI AN HYPO: Die Handballerinnen von Hypo Niederösterreich schlagen in einem spannenden Krimi Debrecen mit 28:26 und sichert sich damit den dritten Platz in ihrer Champions-League-Gruppe.

VIER SPÄTE TORE: Mit vier Toren in den letzten 10 Minuten kommt die Austria in der 15. Runde der Fußball-Bundesliga zu einem 5:1 gegen Kapfenberg und damit zum höchsten Saisonerfolg.

22. SCHILD-TRIUMPH: Marlies Schild fliegt beim Slalom von Levi zu ihrem bereits 22. Weltcupsieg in dieser Disziplin.

Aus im Viertelfinale: Tischtennis-Profi Chen Weixing muss sich bei den Polish Open erst im Viertelfinale Ryu Seung Min mit 1:4 geschlagen geben.

17. NOVEMBER

NIEDERLAGE ZUM ABSCHLUSS: Österreichs Fußballer verlieren das letzte Länderspiel des Jahres in Wien gegen Griechenland mit 1:2.

19. NOVEMBER

WROLICH TRITT AB: Rad-Profi Peter Wrolich beendet mit 36 Jahren seine Karriere.

20. NOVEMBER

PREMIERE DURCH „VICI": Victoria Max-Theurer sorgt auf Augustin OLD für den ersten österreichischen Sieg beim Grand Prix der Dressurreiter in Stuttgart.

21. NOVEMBER

AUFTAKTPLEITE: Jürgen Melzer verliert mit seinem deutschen Partner Philipp Petzschner zum Auftakt des Tennis-Doppel-Masters in London gegen Bob und Mike Bryan mit 3:6, 5:7.

22. NOVEMBER

AUCH MARACH VERLIERT: Österreichs Tennis-Profi Oliver Marach unterliegt beim Doppel-Masters in London mit Lukasz Kubot gegen Bhupathi/Mirnyi mit 6:7, 4:6.

SABSI GEWINNT: Sabrina Filzmoser siegt beim Judo-Grand-Prix von Abu Dhabi in der Klasse bis 57 kg.

23. NOVEMBER

ERSTER ERFOLG: Jürgen Melzer feiert mit Philipp Petzschner beim Doppel-Masters in London ein 7:6, 4:6, 10:8 über Dlouhy/Paes.

25. NOVEMBER

BRONZE FÜR DINKO: Dinko Jukic holt gleich zum Auftakt der Kurzbahn-EM der Schwimmer in Eindhoven Österreichs erste Medaille. Über 200 Meter Lagen erkämpft er Bronze.
MELZER DRAUSSEN: Jürgen Melzer scheitert mit Philipp Petzschner schon in der Gruppenphase des Doppel-Masters in London. Ein 3:6, 6:7 gegen Fyrstenberg/Matkowski bedeutet das Aus. Auch Marach/Kubot scheitern in der Vorrunde.
NÖDL BRILLIERT MIT FLYERS: Andreas Nödl und die Philadelphia Flyers laufen in der NHL auf Hochtouren. Gegen Minnesota gibt's ein 6:1, bei dem Nödl ein Tor schießt, eines vorbereitet. Die Flyers sind damit nach 23 Runden das beste Team der Liga.

26. NOVEMBER

STECHER AM PODEST: Mario Stecher belegt beim Weltcup der Nordischen Kombinierer in Kuusamo den dritten Rang.

27. NOVEMBER

GOLDENER JUKIC: Dinko Jukic fliegt bei der Kurzbahn-EM der Schwimmer in Eindhoven zu seinem zweiten EM-Gold nach Rijeka 2008 (400 Meter Lagen). Er ist über 200 Meter Schmetterling in 1:53,35 Minuten nicht zu schlagen.
WALCHHOFER BEENDET SCHWARZE SERIE: 630 Tage nach dem letzten Abfahrtssieg für Östserreichs Skifahrer lächelt wieder ein ÖSV-Athlet vom obersten Podest. Michael Walchhofer gewinnt die Abfahrt von Lake Louise, Mario Scheiber wird zeitgleich mit Aksel Lund Svindal Zweiter.
VON PLATZ 26 ZUM SIEG: Mit einer unglaublichen Laufleistung sorgt Felix Gottwald für den ersten Sieg der österreichischen Nordischen Kombinierer in Kuusamo. Nach dem Springen nur 26., fliegt er in der Loipe noch zu seinem 22. Weltcup-Erfolg.
HEIMERFOLG FÜR LINGERS: Andreas und Wolfgang Linger fahren beim Doppelsitzer-Weltcup der Rodler in Innsbruck/Igls einen Heimerfolg ein.

28. NOVEMBER

DERBY AN RAPID: Im zweiten Derby der Saison feiert Rapid bei der Austria einen 1:0-Auswärtssieg durch ein Tor von Hamdi Salihi. Davon profitiert Ried, das erstmals Herbstmeister wird.
DOPPELSIEG FÜR ADLER: Andreas Kofler gewinnt den Skisprung-Weltcup in Kuusamo vor Thomas Morgenstern.
SCHILDS HOPPALA: Marlies Schild scheidet beim Slalom der Damen in Aspen schon nach 1,20 Fahrtsekunden durch einen Einfädler beim ersten Tor aus.

DEZEMBER 2010

1. DEZEMBER

SALZBURG CHANCENLOS: Am vorletzten Spieltag der Europa League gibt es für Salzburg nichts zu holen. Bei der Millionen-Truppe von Manchester City gibt es ein 0:3, das Vorrunden-Aus der Bullen ist damit perfekt.

2. DEZEMBER

RAPID VERPASST SENSATION: Im Heimspiel der Europa League gegen den späteren Sieger FC Porto führt Rapid, hält im Schneetreiben bis zur 86. Minute ein 1:1, verliert aber noch mit 1:3. Damit scheiden die Hütteldorfer fix aus.

3. DEZEMBER

GÖRGL DRITTE: Elisabeth Görgl fährt in der ersten Abfahrt der Saison in Lake Louise hinter Maria Riesch und Lindsey Vonn auf Platz drei.

ROGAN ZWEITER: Starke Vorstellung von Markus Rogan bei den US-Meisterschaften auf der Kurzbahn in Columbus. Der Österreicher wird über 200 Yards Lagen hinter Olympiasieger Ryan Lochte in 1:42,94 Zweiter.

4. DEZEMBER

STREITBERGERS PREMIERE: Georg Streitberger fährt beim Super-G in Beaver Creek sensationell zu seinem ersten Weltcup-Erfolg.

„MORGIS" ERSTER SIEG: Thomas Morgenstern feiert beim Skisprung-Weltcup in Lillehammer seinen ersten Saisonsieg.

5. DEZEMBER

US-TITEL AN ROGAN: Markus Rogan schwimmt bei den US-Kurzbahn-Meisterschaften in Columbus über die 200 Yards Rücken in 1:40,11 völlig überraschend zum Titel, lässt dabei sogar seinen Erzrivalen Ryan Lochte hinter sich.

DOPPELPACK: Einen Tag nach seinem ersten Saisonsieg gewinnt Thomas Morgenstern auch den zweiten Bewerb der Skispringer in Lillehammer.

10. DEZEMBER

DAHEIM GUT IN SCHUSS: Österreichs Biathleten liefern beim Heim-Weltcup in Hochfilzen im Sprint-Bewerb eine beachtliche Leistung ab. Dominik Landertinger wird beim Sieg des Norwegers Tarjei Boe unmittelbar vor Simon Eder Fünfter.

DREIFACHERFOLG FÜR BOARDER: Gleich alle drei Podestplätze fahren die österreichischen Snowboarder beim Parallel-RTL-Weltcup in Limone Piemonte ein. Benni Karl siegt vor Andi Prommegger und Manuel Veith.

11. DEZEMBER

NUR EINER WAR BESSER: Simon Eder arbeitet sich bei der Verfolgung der Biathleten im heimischen Hochfilzen auf den zweiten Platz nach vorne. Besser war nur Tarjei Boe.

12. DEZEMBER

DOPPELSIEG IN VAL D'ISÈRE: Erstemals seit Dezember 2008 steht Benni Raich in einem Weltcup-Slalom wieder auf dem Podium. Schneller als er ist in Val d'Isère nur sein Teamkollege Marcel Hirscher.

WIEDER PLATZ ZWEI: Zum Abschluss des Biathlon-Weltcups in Hochfilzen müssen sich Daniel Mesotitsch, Tobias Eberhard, Christoph Sumann und Dominik Landertinger in der Staffel nur Norwegen geschlagen geben.

16. DEZEMBER

ABSCHIED MIT NIEDERLAGEN: Zum Abschluss der Gruppenphase der Europa League setzt es für Rapid und Salzburg noch einmal Niederlagen. Die Wiener verlieren bei Besiktas mit 0:2, werden Gruppendritter, Salzburg kassiert ein Heim-0:1 gegen Posen und beendet seine Gruppe als Letzter.

TRIUMPH FÜR MESOTITSCH: Daniel Mesotitsch feiert beim 20-km-Weltcup der Biathleten in Pokljuka dank einer starken

Schussleistung (nur eine Strafminute) seinen dritten Weltcup-Erfolg.

17. DEZEMBER
SILBERFISCH: Markus Rogan schwimmt auf der Kurzbahn in Dubai zu seiner insgesamt fünften WM-Medaille. Der Wiener bleibt über 200 Meter Lagen in 1:53,66 nur 27 Hundertstel hinter US-Star Ryan Lochte.
WALCHHOFER ÜBERRAGEND: Mit einem Vorsprung von 67 Hundertstel fährt Michael Walchhofer beim Super-G in Gröden einen überlegenen Sieg heraus.
ROT-WEISS-ROTES PODIUM: Machtdemonstration in Engelberg. Mit Thomas Morgenstern, Andi Kofler und Wolfgang Loitzl belegen Österreichs Skispringer die ersten drei Plätze.

18. DEZEMBER
SEGEL-ERFOLGE: Nico Delle Karth und Niko Resch gewinnen die Weltcup-Regatta vor Melbourne in der 49er-Klasse. In der 470er-Kategorie der Damen werden Sylvia Vogl und Carolina Flatscher Zweite.
ZEITGLEICH ERSTE: Kurios! Die Olympiasieger Andreas und Wolfgang Linger sowie Peter Penz und Georg Fischler werden beim Doppelsitzer-Weltcup der Rodler in Park City zeitgleich Erste.
WIEDER MORGENSTERN: Thomas Morgenstern ist auch beim zweiten Skispringen in Engelberg nicht zu schlagen.
BAUMANN FEHLT EIN HAUCH: Nur ein Hauch von sechs Hundertsteln fehlt Romed Baumann zum Sieg in der Abfahrt von Gröden. Er wird hinter Silvan Zurbriggen Zweiter.

19. DEZEMBER
HARNIK-TORE REICHEN NICHT: Martin Harnik trifft in der deutschen Fußball-Bundesliga gleich doppelt – dennoch verliert Stuttgart gegen Bayern 3:5.
BRONZE FÜR ROGAN: Markus Rogan verpasst zwar die Titelverteidigung über 200 Meter Rücken bei der Kurzbahn-WM in Dubai, freut sich aber mit 1:49,96 über Bronze.
NUR VONN IST SCHNELLER: Bei der Kombination der Ski-Damen in Val d'Isère fahren Elisabeth Görgl, Nicole Hosp und Anna Fenninger auf die Ränge zwei bis vier. Schneller ist nur Lindsey Vonn.
SPIESS UMGEDREHT: Im dritten Skispringen von Engelberg revanchiert sich Andreas Kofler für den ersten Bewerb, gewinnt seinerseits vor Thomas Morgenstern.
MARIO „STICHT" BEIM HEIM-WELTCUP: Ausgerechnet beim Heim-Bewerb der Nordischen Kombinierer in der Ramsau springt und läuft Mario Stecher zu seinem zwölften Weltcupsieg.

21. DEZEMBER
DOPPELTER ERFOLG: Julia Dujmovits und Benni Karl gewinnen die Parallel-Riesentorläufe der Snowboarder in Steamboat Springs.
MARLIES NICHT ZU SCHLAGEN: Marlies Schild demontiert beim Slalom von Courchevel die Konkurrenz. Die Zweite Tanja Poutiainen hat 0,78, Tina Maze als Dritte sogar 1,98 Sekunden Rückstand.

29. DEZEMBER
SULJOVIC SCHOCKT INSEL: Der Wiener Mensur Suljovic ist die Sensation der Darts-WM in London. Er schlägt James Wade, die Nummer zwei der Welt, und zieht als erster Spieler aus dem deutschsprachigen Raum ins Achtelfinale ein.
AUFTAKT AN MORGENSTERN: Thomas Morgenstern siegt beim Auftakt zur Vierschanzentournee in Oberstdorf.
NÄCHSTER SCHILD-STREICH: Auch auf dem Semmering ist Marlies Schild top, feiert ihren dritten Saisonsieg im Slalom.
NOVUM DURCH WALCHHOFER: In seiner letzten Saison gelingt Michael Walchhofer etwas Einzigartiges. Als erster Skifahrer holt er seinen dritten Abfahrtssieg in Bormio.

31. DEZEMBER
AUS FÜR SENSATIONS-MANN: Mensur Suljovic scheitert bei der Darts-WM im Achtelfinale mit 0:4 an Wes Newton.

JÄNNER 2011

1. JÄNNER
WINDFARCE IN GARMISCH: Beim vom Winde verwehten Neujahrsspringen in Garmisch setzt es für Österreichs Adler eine klare Niederlage. Martin Koch wird als Zehnter bester Österreicher.

3. JÄNNER
„MORGIS" JUBILÄUM: Beim Heimspringen in Innsbruck feiert Thomas Morgenstern seinen insgesamt 20. Weltcupsieg, baut seine Gesamtführung bei der Vierschanzentournee deutlich aus.

4. JÄNNER
UND WIEDER SCHILD: Nächster Slalom, bekanntes Siegergesicht. Marlies Schild triumphiert auch beim Weltcup-Torlauf in Zagreb. Es ist ihr insgesamt 25. Sieg in dieser Disziplin.

6. JÄNNER
TOURNEE-TRIUMPH FÜR MORGENSTERN: Zum Abschluss in Bischofshofen muss sich Thomas Morgenstern zwar knapp dem Norweger Tom Hilde geschlagen geben, in der Gesamtwertung der Tournee feiert der Kärntner Überflieger aber einen souveränen Triumph.

8. JÄNNER
GOTTWALDS WUNDER: Ein kleines Wintermärchen für Felix Gottwald. Nur 26 Tage nach einem Schulterbruch stürmt der Nordische Kombinierer zum Weltcup-Sieg in Schonach.
KOCHS SIEG-PREMIERE: Mit 28 Jahren fliegt Martin Koch endlich zu seinem ersten Sieg im Skisprung-Weltcup. Er gewinnt das erste Skifliegen in Harrachov vor Thomas Morgenstern.
Fenninger am Podium: Ausgerechnet beim Heimrennen in Zauchensee steht Anna Fenninger erstmals auf dem Podest einer Weltcup-Abfahrt. Sie wird hinter Lindsey Vonn und Anja Pärson Dritte.

9. JÄNNER
BRIER LÄSST SIEG LIEGEN: Als Führender geht Markus Brier in den Schlusstag der Africa Golf Open in East London. Doch da fällt der Wiener auf Rang acht zurück, es siegt Louis Oosthuizen.
HEIMSIEG FÜR BENNI: Snowboarder Benjamin Karl kurvt beim Heim-Weltcup in Bad Gastein im Parallel-Slalom zum Sieg, bei den Damen wird Marion Kreiner Zweite.
DER ÜBERFLIEGER: Beim zweiten Bewerb in Harrachov gewinnt Thomas Morgenstern zum ersten Mal in seiner Karriere auch ein Skifliegen.
EIN TRIO HINTER KOSTELIC: Beim Weltcup-Slalom in Adelboden war nur Ivica Kostelic zu gut für die Österreicher. Hinter dem Kroaten belegen Marcel Hirscher, Reinfried Herbst und Mario Matt die Ränge zwei bis vier.

12. JÄNNER
LETZTES SCHIESSEN KOSTET SIEG: Dominik Landertinger stürmt beim 20-km-Weltcup der Biathleten als Dritter zu seinem ersten Podiumsplatz der Saison. Dabei wäre sogar mehr drinnen gewesen, bis zum letzten Schießen, bei dem Landertinger seine einzige Strafminute kassiert, liegt er auf Siegkurs.

14. JÄNNER
GELUNGENER WM-START: Einen tollen Auftakt erwischen Österreichs Handballer bei der WM in Schweden. Das Team um Topscorer Conny Wilczynski (9 Tore) bezwingt Brasilien 34:24.

15. JÄNNER
„LAUBERHORN-KÖNIG" KLAUS: Klaus Kröll fährt zum bisher größten Erfolg seiner Karriere. Der Österreicher triumphiert in der prestigeträchtigen Lauberhorn-Abfahrt von Wengen.
NÄCHSTER PODESTPLATZ: Kaum ein Springen ohne Podestplatz von Thomas Morgenstern. In Sapporo wird er hinter Severin Freund Zweiter.
FILZMOSER FÜNFTE: Sabrina Filzmoser belegt beim Masters der besten 16 Judoka der Welt in der Klasse bis 57 kg Platz fünf.
BITTERE NIEDERLAGE: Im zweiten Spiel bei der Handball-WM der Herren in Schweden kassieren die Österreicher eine knappe 30:33-Niederlage gegen Japan.
ZWEI ÖSTERREICHER-TORE: Erstmals in der NHL-Geschichte treffen zwei Österreicher in einer Partie. Dabei darf sich Michael Grabner mit den New York Islanders nicht nur über sein Tor, sondern auch über das 5:2 gegen Thomas Vanek und die Buffalo Sabres freuen.

16. JÄNNER
KOFLER STRAHLT IM LAND DER ROTEN SONNE: Andreas Kofler feiert beim zweiten Skispringen in Sapporo seinen ersten Weltcup-Sieg in Japan.
KREINER ÜBERRASCHT: David Kreiner sorgt beim Weltcup der Nordischen Kombinierer in Seefeld als Dritter für eine positive Überraschung.
HIRSCHER AM PODEST: Trotz eines schweren Fehlers, nach dem er fast schon im Schnee lag, wird Marcel Hirscher beim Herren-Slalom in Wengen Zweiter.
MATT ZWEITER: Andreas Matt wird beim Skicross-Weltcup in Les Contamines nur vom Kanadier Christopher Delbosco geschlagen.

17. JÄNNER
HANDBALLER OHNE CHANCE: Im dritten Spiel bei der Handball-WM sind Österreichs Herren gegen Norwegen ohne Chance, verlieren 27:33.

18. JÄNNER
AUS IN DER VORRUNDE: Mit einer 23:26-Niederlage gegen Island steht das Vorrunden-Aus Österreichs bei der Handball-WM in Schweden fest.

19. JÄNNER
VIER VOLLTREFFER: Super-Start ins Frühjahr für Marc

Janko. Österreichs Fußball-Legionär trifft beim 5:0 von Twente Enschede gegen Heracles Almelo gleich viermal.
GOLD MIT ANSAGE: Top-Favorit Benni Karl erobert bei der Snowboard-WM in La Molina fast erwartungsgemäß Gold im Parallel-RTL. Bei den Damen holt Claudia Riegler Silber, Doris Günther Bronze.

20. JÄNNER

MELZER ÜBERROLLT RIBA: Ohne Mühe eilt Jürgen Melzer bei den Australian Open in Melbourne in die dritte Runde - 6:2, 6:4, 6:2 gegen Pere Riba.
PLATZ FÜNF IN VORRUNDE: Österreichs Handballer beenden ihre Gruppe bei der WM in Schweden nach einem 30:32 gegen Ungarn auf dem fünften Platz.

21. JÄNNER

VANEKS JUBILÄUM: Mit einem strammen Schuss trifft Thomas Vanek bei Buffalos 4:2 gegen Boston zum 3:2 und erzielt damit sein bereits 200. Tor in der NHL.
SPIELVERDERBER KOSTELIC: Einmal mehr wird Ivica Kostelic für die ÖSV-Herren zum Spielverderber. Er schlägt Georg Streitberger im Super-G von Kitzbühel um 23 Hundertstel.
FENNINGER DRITTE: Anna Fenninger rast im Super-G von Cortina auf den dritten Rang.

22. JÄNNER

MELZER IN TOP TEN: Jürgen Melzer profitiert in der dritten Runde der Australian Open gegen Marcos Baghdatis von einer Aufgabe des Zyprioten beim Stand von 6:7, 6:2, 6:1, 4:3 und zieht erstmals in seiner Karriere ins Achtelfinale von Melbourne ein. Noch historischer: Durch den Sieg ist Melzer nach Thomas Muster der zweite Österreicher in den Top Ten der Tennis-Weltrangliste.
GOLD AUCH IM SLALOM: Nach seinem Coup im Parallel-Riesenslalom holt Benni Karl bei der Snowboard-WM in La Molina auch im Parallel-Torlauf den Titel. Bei den Damen gibt es Bronze für Claudia Riegler.
ERSTER KREINER-SIEG: David Kreiner feiert beim Weltcup der Nordischen Kombinierer in Chaux Neuve sensationell seinen ersten Sieg.
ZWEIMAL BAHNREKORD: Mit zwei Bahnrekorden in den beiden Läufen rasen Andreas und Wolfgang Linger zum Sieg beim Doppelsitzer-Weltcup der Rodler in Altenberg.
PODEST VERPASST: Niederlage für die ÖSV-Herren bei der Abfahrt auf der Kitzbüheler Streif. Mario Scheiber wird als bester Österreicher nur Vierter.

23. JÄNNER

RETTER JANKO: Marc Janko trägt sich zwei weitere Male in Hollands Torschützenliste ein. Damit rettet er Twente einen 2:1-Sieg gegen Groningen nach 0:1-Rückstand.
ENTTÄUSCHENDER ABSCHIED: Österreichs Handballer verabschieden sich mit einer 35:39-Niederlage gegen die Slowakei von der WM in Schweden - Platz 18.
GUTE GENERALPROBE: Felix Gottwald wird im letzten Bewerb der Nordischen Kombinierer vor der WM in Chaux Neuve Zweiter.

WIEDER KEIN PODESTPLATZ: Auch im Slalom von Kitzbühel gibt es für unsere Ski-Herren nur Platz vier durch Marcel Hirscher. Immerhin wird Romed Baumann Dritter in der Kombination.

24. JÄNNER

Melzer chancenlos: Im Achtelfinale der Australian Open setzt es für Jürgen Melzer eine klare 3:6, 1:6, 1:6-Niederlage gegen den Briten Andy Murray.

25. JÄNNER

DEBAKEL BEI NACHT: Österreichs Ski-Herren kassieren beim traditionellen Rennen in Schladming die bitterste Nachtslalom-Niederlage aller Zeiten. Benni Raich wird als bester ÖSV-Herr Neunter.

26. JÄNNER

MAIERHOFER IM HALBFINALE: Stefan Maierhofer gelingt mit dem MSV Duisburg im DFB-Pokal überraschend der Einzug ins Halbfinale. Im Viertelfinale bereitet der Stürmerriese beim 2:0 gegen Kaiserslautern den Führungstreffer vor.

29. JÄNNER

FÜNF IN DEN TOP TEN: Geschlossene Mannschaftsleistung der Ski-Herren bei der Abfahrt in Chamonix. Angeführt von Klaus Kröll als Drittem fahren fünf in die Top Ten.

30. JÄNNER

ZWEITER WM-TITEL: Andreas und Wolfgang Linger fahren in Cesana, wo sie 2006 schon Olympiasieger wurden, ihren zweiten WM-Titel im Rodel-Doppelsitzer nach 2003 ein.

FEBRUAR 2011

2. FEBRUAR

SECHS ZEHNTEL FEHLTEN: Hauchdünn verpasst Thomas Morgenstern in Klingenthal einen weiteren Skisprung-Weltcupsieg. Ihm fehlen auf Triumphator Kamil Stoch nur 0,6 Punkte.

4. FEBRUAR

EINE KLASSE FÜR SICH: Marlies Schild fährt auch im Slalom von Zwiesel in einer eigenen Liga - 0,68 Sekunden vor Zuzulova, 1,78 vor Poutiainen.

BRONZE STATT GOLD: Nichts wird es aus Andreas Matts Titelverteidigung bei der Skicross-WM in den USA. Doch der Österreicher freut sich über Bronze.

FAMOSE RUNDE: Markus Brier verblüfft beim Katar Masters die Golfwelt. Er spielt am zweiten Tag eine famose 66er-Runde (-6) und führt zur Halbzeit des topbesetzten Turniers.

5. FEBRUAR

REICHELT VOR RAICH: Einen Doppelsieg gibt es beim Heim-Super-G in Hinterstoder. Hannes Reichelt setzt sich vor Benni Raich durch.

6. FEBRUAR

PERFEKTE GENERALPROBE: Im letzten Weltcuprennen vor der WM in Garmisch schlagen unsere Ski-Herren noch einmal zu: mit dem Sieg von Philipp Schörghofer beim RTL in Hinterstoder.

BRIER IN DER WELTELITE: Markus Brier beendet das Katar Masters in Doha auf dem dritten Platz, verdient damit bei diesem Turnier 102.393 Euro.

SCHLAGER IM SEMIFINALE: Auch mit 38 Jahren bietet Werner Schlager immer wieder große Momente. Beim Europe-Top-12-Turnier in Lüttich unterliegt er erst im Semifinale dem Griechen Kalinikos Kreanga mit 1:4.

ÖSTERREICHER-TAG IN DER NHL: Thomas Vanek bereitet bei Buffalos 6:2 über Toronto zwei Treffer vor, erzielt einen selbst, Michael Grabner kommt beim 5:3 der New York Islanders gegen Ottawa zu einem Tor und einem Assist.

ADLER AUF UND DAVON: Mit einem Vorsprung von über 50 Punkten auf Norwegen siegen Thomas Morgenstern, Martin Koch, Gregor Schlierenzauer und Andi Kofler beim Team-Skifliegen in Oberstdorf.

8. FEBRUAR

TRAUMSTART IN GOLD: Lizz Görgl sorgt für einen absoluten Traumstart bei der Alpinen Ski-WM in Garmisch. Die Steirerin erobert Gold im Super-G.

9. FEBRUAR

REICHELT VERSILBERT: Auch Österreichs Herren holen zum Ski-WM-Auftakt Edelmetall. Hannes Reichelt wird im Super-G nur von Christof Innerhofer bezwungen.

KLARE NIEDERLAGE: Österreichs Fußballer haben den Niederlanden im ersten Länderspiel des Jahres nichts entgegenzusetzen. In Eindhoven siegt der Vize-Weltmeister 3:1, das Ehrentor der ÖFB-Elf fällt aus einem Elfer durch Marko Arnautovic.

BEI DAMEN UND HERREN TOP: Weitere Weltcup-Siege für Österreichs Snowboarder sowohl bei den Damen als auch den Herren. Marion Kreiner gewinnt den Parallel-Slalom in Yongpyong ebenso wie Benni Karl. Zudem wird Sigi Grabner bei den Herren Zweiter.

10. FEBRUAR

AUS IM ACHTELFINALE: Jürgen Melzer scheitert beim Tennis-Turnier in Rotterdam im Achtelfinale mit 2:6, 4:6 an Marin Cilic.

11. FEBRUAR

ANNAS GOLDENER WM-TRAUM: Nächster Damen-Bewerb bei der WM in Garmisch, nächstes Gold. Jungstar Anna Fenninger fliegt in der Kombination zu ihrem größten Triumph.

12. FEBRUAR

PLEITE IN KÖNIGSDISZIPLIN: In der Abfahrt, der Königsdisziplin bei der WM in Garmisch, müssen sich Österreichs Ski-Herren mit einem vierten Rang durch Romed Baumann bescheiden.

ZUM ERSTEN SIEG GESEGELT: Auf der neuen Riesenschanze von Vikersund segelt Gregor Schlierenzauer zu seinem ersten Saisonsieg - ex aequo mit Johan Remen Evensen. Dabei steht „Schlieri" mit 243,5 Metern den zweitweitesten Satz der Geschichte.

GRABNER-DOPPELPACK: Michael Grabner spielt in der NHL in Hochform. Mit einem Doppelpack, seinen Saisontoren 21 und 22, ist er hauptbeteiligt am 9:3 über Pittsburgh, dem höchsten Sieg seiner New York Islanders seit 1993.

VIERTER STREICH: Andreas und Wolfgang Linger fahren bei der Einweihung der russischen Rodel-Bahn in Paramonovo ihren vierten Saisonsieg im Doppelsitzer-Weltcup heraus.

13. FEBRUAR

DIE DOPPELTE LIZZ: Lizz Görgl wird zum Superstar der Ski-WM in Garmisch. Nach ihrer Goldenen im Super-G wird sie auch Weltmeisterin in der Abfahrt.

BRONZE-HELDEN: Historischer Erfolg für Österreichs Hockey-Herren. Sie holen mit einem 5:0 über Russland in der Halle in Posen mit Bronze die erste Medaille bei einer WM.

NÄCHSTER SIEGES-FLUG: Gregor Schlierenzauer gewinnt

auch das zweite Skifliegen auf der Monsteranlage in Vikersund, diesmal als Solist.

14. FEBRUAR

NUR BLECH: Benjamin Raich fährt für Österreich in der Kombination bei der Ski-WM erneut nur einen vierten Platz ein.

16. FEBRUAR

SILBER MIT BÖSEM SCHOCK: Im Teambewerb freut sich Österreich bei der Ski-WM über Silber. Doch die Medaille wird vom Kreuzbandriss Benjamin Raichs überschattet.
SOUVERÄNER ERFOLG: Mit einem 7:5, 6:3 über Andreas Seppi zieht Jürgen Melzer beim Tennisturnier in Marseille locker ins Viertelfinale ein.

18. FEBRUAR

SECHSTE MEDAILLE: Philipp Schörghofer erobert mit Bronze im Riesenslalom Österreichs bereits sechste Medaille bei der Ski-WM in Garmisch.
TURSUNOW ZU STARK: Jürgen Melzer scheitert im Viertelfinale von Marseille mit 4:6, 6:2, 1:6 am Russen Dimitri Tursunow.

19. FEBRUAR

DOPPEL-TRIUMPH: Marlies Schild wird im WM-Slalom ihrer Favoritenrolle absolut gerecht. Sie fährt vor Teamkollegin Kathrin Zettel zu Gold.

WELTCUP-REKORD: Mit ihrem fünften Weltcup-Sieg in Sigulda stellten die Doppelsitzer-Rodler Andreas und Wolfgang Linger einen neuen ÖRV-Rekord auf.

20. FEBRUAR

NUR VIERTER: Im letzten Bewerb der Ski-WM, dem Herren-Slalom, reicht es nur für Platz vier durch Mario Matt.
ZU NEUNT PUNKT GERETTET: Obwohl Rapid ab der 69. Minute durch die Ausschlüsse von Drazan und Prokopic nur noch zu neunt auf dem Feld ist, erobern die Wiener in Salzburg durch ein Soma-Tor in Minute 71 noch einen Punkt. Die Salzburger sind ihrerseits aber ebenfalls ab der 47. Minute nur noch zu zehnt.
WUNDE STOPPT KARL NICHT: Trotz einer blutigen Fleischwunde am Knie entscheidet Benni Karl den Parallel-RTL in Stoneham vor Andi Prommegger für sich. Claudia Riegler wird bei den Damen Zweite.

21. FEBRUAR

DOPPEL-TITEL: An der Seite des Argentiniers Leonardo Mayer erobert Oliver Marach in Buenos Aires mit einem 7:6, 6:3 über Ferreiro/Sa seinen neunten Doppel-Titel.

25. FEBRUAR

TROTZ KOLLISION DRITTE: Obwohl Roman Hagara und Hans-Peter Steinacher vor der Küste Omans mit einem anderen Boot kollidieren, belegen sie bei der Regatta der Extreme Series Rang drei.

HISTORISCHES GOLD: Daniela Iraschko holt in Oslo beim allerersten Damen-Skisprung-Bewerb bei einer Nordischen Ski-WM Gold für Österreich.

26. FEBRUAR

„MORGI" AM OLYMP: Thomas Morgenstern wird in Oslo Skisprung-Weltmeister auf der Normalschanze und tritt einem elitären Klub bei. Vor ihm hatten nur Nykänen, Weißflog und Bredesen als Einzelkämpfer Olympia, WM, Tournee und Weltcup gewonnen. Andi Kofler holt Silber.
MIT STURZ ZUR MEDAILLE: Obwohl er im Langlauf stürzt, holt Felix Gottwald im ersten Bewerb der Nordischen Kombinierer von der Normalschanze bei der WM in Oslo Bronze.

27. FEBRUAR

MATT WIEDER GANZ OBEN: Der wiedererstarkte Mario Matt gewinnt vor Reinfried Herbst den Weltcup-Slalom in Bansko und damit sein erstes Rennen seit Aare 2009.
AUCH ALS TEAM TOP: Fast erwartungsgemäß holen Österreichs Skispringer Gregor Schlierenzauer, Martin Koch, Andreas Kofler und Thomas Morgenstern bei der WM in Oslo Gold im Teambewerb von der Normalschanze.

28. FEBRUAR

MARIOS GOLDENER SPRINT: In einem Herzschlag-Finale sprintet Mario Stecher den Deutschen Tino Edelmann nieder und sichert sich und seinen Teamkollegen David Kreiner, Bernhard Gruber und Felix Gottwald Gold im ersten WM-Staffelbewerb der Nordischen Kombinierer.

MÄRZ 2011

1. MÄRZ

MAIERHOFERS FINAL-WUNDER: Stefan Maierhofer vollbringt mit dem deutschen Zweitligsten Duisburg das Wunder des Final-Einzugs im DFB-Pokal. Beim 2:1-Halbfinalsieg über Cottbus leitet der Österreicher das 1:0 ein.

3. MÄRZ

„SCHLIERI" ÜBERFLÜGELT „MORGI": Gregor Schlierenzauer und Thomas Morgenstern liefern sich in Oslo einen packenden Kampf um WM-Gold auf der Großschanze. Dank eines 134,5-Meter-Flugs im zweiten Durchgang hat der Tiroler die Nase am Ende um 0,3 Punkte vorn.

GRABNERS EHRUNG: Große Auszeichnung für Michael Grabner. Der Eishockey-Profi der New York Islanders wird nach zehn Toren und sechs Assists in der NHL zum Rookie des Monats Februar gewählt.

4. MÄRZ

KATASTROPHEN-START: Der Auftakt-Tag im Daviscup-Duell mit Frankreich am Flughafen Wien-Schwechat wird für Österreich zur Katastrophe. Jürgen Melzer unterliegt Jeremy Chardy 5:7, 4:6, 5:7, Stefan Koubek ist beim 0:6, 2:6, 3:6 gegen Gilles Simon chancenlos.

WIEDER GOLD NACH KRIMI: Der Teambewerb der Nordischen Kombinierer von der Großschanze wird zum Spiegelbild der ersten Staffelentscheidung. Nach Vorarbeit von Bernhard Gruber, David Kreiner und Felix Gottwald spurtet Mario Stecher erneut zu Gold.

5. MÄRZ

DIE JAHRHUNDERT-WM: Krönender Abschluss für die Nordischen Bewerbe in Oslo, die für Österreich zur Jahrhundert-WM werden. Gregor Schlierenzauer, Martin Koch, Andi Kofler und Thomas Morgenstern holen im Team-Springen von der Großschanze Österreichs siebente Goldmedaille. Dazu kommen zwei in Silber, eine in Bronze.

HÖHEPUNKT DURCH MOSELEY: Ryan Moseley sorgt aus österreichischer Sicht für das Highlight bei der Leichtathletik-Hallen-EM in Paris. Er schafft in 6,68 Sekunden den Einzug in das Finale über 60 Meter.

6. MÄRZ

MATTS STRAHLEN: Großer Tag für die Brüder Matt! Mario fliegt beim Weltcup-Slalom der Herren in Kranjska Gora zum Sieg, wenig später sichert sich Andreas mit Platz zwei in Meiringen-Hasliberg die Kristallkugel im Skicross-Weltcup.

7. MÄRZ

AUFSTIEG VERPASST: Österreichs Tennis-Asse verpassen den Aufstieg ins Viertelfinale des Daviscups. Nach dem am Vortag gewonnenen Doppel schlägt Jürgen Melzer zwar den Franzosen Gilles Simon 7:6, 3:6, 1:6, 6:4, 6:0, Martin Fischer unterliegt aber Jeremy Chardy 6:2, 6:7, 3:6, 3:6. Frankreich gewinnt 3:2.

8. MÄRZ

BRONZE FÜR SUMANN: Christoph Summan vergibt bei der Biathlon-WM in Chanty Mansisk erst mit dem letzten von 20 Schüssen eine mögliche Goldmedaille im 20-km-Bewerb. Doch immerhin rettet er Bronze.

11. MÄRZ

WALCHHOFER AM PODEST: Parade-Abfahrer Michael Walchhofer schafft beim Weltcup in Kvitfjell in seiner Lieblingsdisziplin als Dritter einmal mehr den Sprung aufs Podest.

12. MÄRZ

ZUM ABSCHIED DRITTER: Im letzten Rennen seiner Karriere springt und läuft Felix Gottwald beim Weltcup der Nordischen Kombination in Lahti noch einmal auf den dritten Rang. Standardgemäß mit Bestzeit im Langlauf.

DOPPELTER DOPPELSIEG: Gleich zwei Doppelsiege für das rot-weiß-rote Ski-Team. Marlies Schild setzt sich im Slalom von Spindlermühle fast eine Sekunde vor Kathrin Zettel durch und sichert sich so auch die kleine Kristallkugel. In der zweiten Abfahrt von Kvitfjell siegt Michael Walchhofer vor Klaus Kröll.

EIN PUNKT FEHLT NOCH: Österreichs Handballer feiern in der EM-Qualifikation einen souveränen 34:24-Erfolg über Lettland. Damit fehlt ihnen noch ein Punkt zur Endrunde.

13. MÄRZ

MATCHWINNER SALIHI: Hamid Salihi entscheidet das dritte Saison-Derby zwischen Rapid und Austria mit dem einzigen Treffer des Spiels in der 72. Minute für Grün-Weiß.

NUR CUCHE WAR BESSER: Zweiter, Dritter, Vierter und Fünfter – nur der Sieg gelingt Österreichs Ski-Herren beim Super-G in Kvitfjell nicht. Den holt Didier Cuche vor Klaus Kröll, Joachim Puchner, Hannes Reichelt und Michael Walchhofer.

14. MÄRZ

SVS IM SEMIFINALE: Die Tischtennis-Asse des SVS Niederösterreich erreichen durch einen 3:0-Heimerfolg über Hennebont das Semifinale der Champions League.

16. MÄRZ

HAUCHDÜNN VORBEI: Mit dem kleinstmöglichen Rückstand von einem Hundertstel auf Adrien Theaux verpasst Joachim Puchner bei der Abfahrt von Lenzerheide seinen ersten Weltcup-Sieg. Bei den Damen wird Lizz Görgl Dritte.

ABFUHR IN DER WÜSTE: In der dritten Runde des Tennis-Klassikers von Indian Wells kassiert Jürgen Melzer in der kalifornischen Wüste eine herbe Niederlage – 1:6, 3:6 gegen Richard Gaquet.

18. MÄRZ

DREI ADLER UNTER SICH: Der erste Skiflug-Bewerb in Planica endet mit einem östererichischen Dreifachsieg. Gregor Schlierenzauer triumphiert vor Thomas Morgenstern und Martin Koch.

„NUR" ZWEITE: Im letzten Damen-Slalom des Jahres in Lenzerheide wird Marlies Schild ausnahmsweise „nur" Zweite hinter Tina Maze.

19. MÄRZ

REKORD-VORSPRUNG: Im Teamfliegen von Planica unterstreichen Thomas Morgenstern, Andreas Kofler, Martin Koch und Gregor Schlierenzauer ihre Ausnahmestellung und siegen mit dem Rekordvosprung von 135,5 Punkten vor Norwegen.

ZUM ABSCHLUSS ZWEITER: Im letzten Ski-Rennen der Saison wird Mario Matt im Slalom von Lenzerheide hinter Giuliano Razzoli Zweiter.

20. MÄRZ

KUGEL VERPASST: Skicrosser Andreas Matt verpasst beim Weltcup-Finale in Myrkdalen knapp die Kristallkugel für den Freestyle-Gesamtweltcup. Er scheidet im Halbfinale aus, verliert um einen Punkt gegen Buckelpisten-Fahrer Guilbot Colas.

25. MÄRZ

PEINLICHES 0:2: Schwerer Rückschlag für Österreich in der Fußball-EM-Qualifikation gegen Belgien. Beim 0:2 im Happel-Stadion treten die Spieler von Didi Constantini mut- und lustlos auf.

26. MÄRZ

EM-TITEL FÜR OUSCHAN: Jasmin Ouschan holt bei der EM in Brandenburg im 14.1-Endlos-Bewerb den Titel.

27. MÄRZ

EISEL IM SPITZENFELD: Beim Radklassiker Gent – Wevelgem klassiert sich Bernhard Eisel als Siebenter im absoluten Spitzenfeld.

ZWEIMAL KRISTALL: Benni Karl sichert sich beim Weltcup-Finale der Snowboarder in Arosa sowohl den Gesamt- als auch den Parallel-Weltcupsieg. Den letzten Bewerb, einen Parallel-RTL, gewinnt Andreas Prommegger.

29. MÄRZ

EURO-TRAUM WOHL GEPLATZT: Österreichs Traum von einer Teilnahme bei der Fußball-EM 2012 in Polen und der Ukraine ist wohl geplatzt. In Istanbul gibt es gegen die Türkei eine 0:2-Niederlage, Stefan Maierhofer verschießt einen Elfer.

APRIL 2011

2. APRIL

DREI MAL GOLD: Billard-Queen Jasmin Ouschan holt bei der EM in Brandenburg insgesamt drei Titel. Nach dem 14.1-Endlos-Bewerb und am Vortag dem im 9-Ball gewinnt die Kärntnerin auch den 10-Ball-Wettkampf.

5. APRIL

VANEK-HATTRICK: Im NHL-Spiel seiner Buffalo Sabres gegen die Tampa Bay Buccaneers zündet Thomas Vanek den Turbo. Beim 4:2-Heimsieg trifft der Österreicher gleich im Dreierpack, leistet damit einen wertvollen Beitrag im Kampf um einen Play-off-Startplatz.

6. APRIL

HINSPIEL VERLOREN: SVS Niederösterreich verliert das Hinspiel im Halbfinale der Champions League daheim gegen Top-Favorit Düsseldorf nur knapp mit 2:3. Dabei schlägt Chen Weixing den deutschen Superstar Timo Boll 3:2.

GRABNER IN TOP TEN: Michael Grabner trifft in der NHL auch beim 2:3 der New York Islanders gegen Boston zweimal. Mit insgesamt 33 Treffern ist er erstmals in den Top Ten der Torjägerliste.

7. APRIL

JANKO TRIFF BEI DEBAKEL: Marc Janko, letzter Österreicher in einem Europacup-Bewerb, trifft im Viertelfinale der Europa League für Twente, erleidet mit seinem Verein bei Villarreal aber ein 1:5-Debakel.

8. APRIL

DANK VANEK INS PLAY-OFF: Thomas Vanek schießt seine Buffalo Sabres ins NHL-Play-off. Ihm gelingt im entscheidenden Spiel das 4:3 in der Verlängerung gegen Philadelphia.

10. APRIL

KRIMI IM EISHOCKEY-FINALE: Hochspannung im Finale der österreichischen Eishockey-Liga. Der KAC gewinnt Spiel fünf gegen Salzburg in der siebenten Minute der Verlängerung mit 3:2, geht in der Best-of-7-Serie 3:2 in Führung.

DREIMAL AUSGEGLICHEN: Kuriose Runde in der Fußball-Bundesliga. Die Austria liegt bei Nachzügler Kapfenberg dreimal zurück, gleicht aber drei Mal aus und rettet den Punkt. Salzburg unterliegt daheim Schlusslicht LASK 0:1 und Sturm wirft Rapid mit einem 2:0-Auswärtssieg fast schon aus dem Titelrennen.

13. APRIL

IM ACHTELFINALE: Jürgen Melzer schlägt beim topbesetzten Tennis-Klassiker in Monte Carlo den Holländer Robin Haase 3:6, 6:1, 6:2 und steht erstmals im Fürstentum im Achtelfinale.

14. APRIL

DRITTER TITEL IN SERIE: Mit einem deutlichen 3:0 über Aich/Dob gewinnen die Tiroler Volleyballer die Final-Serie der AVL mit 4:0 und holen ihren dritten Titel in Serie.

MEISTER NACH VERLÄNGERUNG: Auch das entscheidende siebente Spiel der packenden Eishockey-Finalserie geht noch einmal in die Verlängerung. Da haben die Salzburger das bessere Ende für sich, schlagen den KAC schlussendlich mit 3:2.

AUCH DER LETZTE DRAUSSEN: Mit Marc Janko verlässt auch der letzte Österreicher Europas Fußball-Bühne. Mit Twente verliert er das Rückspiel im Viertelfinale der Europa League gegen Villarreal mit 1:3.

15. APRIL

FEDERER AUF DER ABSCHUSSLISTE: Nach dem vierten Duell darf Jürgen Melzer endlich auch Roger Federer auf seine Abschussliste setzen. Der Österreicher schlägt den Schweizer beim Tennis-Klassiker von Monte Carlo im Viertelfinale sensationell mit 6:4, 6:4.

HAGARA GEKENTERT: Die Doppelolympiasieger Roman Hagara und Hans-Peter Steinacher bauen bei stürmischen Bedingungen bei der Extreme Sailing Series vor der chinesischen Küste mit ihrem Katamaran einen schrecklichen Unfall, überstehen ihn aber zum Glück mit ein paar blauen Flecken.

16. APRIL

MATTERSBURG BLAMIERT AUSTRIA: Die Titelanwärter stolpern weiter durch die Fußball-Bundesliga. In der 29. Runde unterliegt die Austria daheim Mattersburg durch ein Walt-ner-Tor 0:1. Sturm verliert im Schlager gegen Salzburg daheim gleich 0:3.

LEHRSPIEL FÜR MELZER: Auf seine Sternstunde gegen Roger Federer folgt für Jürgen Melzer in Monte Carlo ein

Lehrspiel. Im Halbfinale fertigt David Ferrer den Österreicher 6:3, 6:2 ab.

17. APRIL

HAILE BEGEISTERT: Lauf-Legende Haile Gebrselassie begeistert beim Vienna City Marathon die Massen. Der Äthiopier gewinnt den Halb-Marathon mit dem Streckenrekord von 1:00:18. Die Hauptrennen über die 42,195 km gewinnen John Kiprotich (Ken/2:07:38) bzw. Fate Tola (Eth/2:26:21).

18. APRIL

MELZER ACHTER: Historischer Tag für Jürgen Melzer und den österreichischen Tennissport. Der 29-Jährige erreicht als Nummer acht der Welt das höchste Ranking seiner Karriere.

19. APRIL

AUS IM HALBFINALE: Österreichs Tischtennis-Herren schlagen Deutschland im Halbfinal-Rückspiel der European Nations League zwar 3:2, scheiden aber aufgrund des 1:3 im Hinspiel aus.

21. APRIL

EIN GOLD FÜR CLAUDIA: Sabrina Filzmoser erobert bei der Judo-EM in Istanbul Gold in der Klasse bis 57 kg. Ein Titel, den sie ihrer vor wenigen Wochen verstorbenen Teamkollegin Claudia Heill widmet.

POST-DAMEN MEISTER: Die Damen von SVS Post werden erneut Basketball-Meister. Sie gewinnen das dritte Spiel der Best-of-5-Finalserie gegen Klosterneuburg 95:57.

NOCH EIN VIERTELFINALE: Jürgen Melzer erreicht auch beim Tennis-Turnier von Barcelona durch ein 6:7, 6:3, 6:2 über Albert Montanes das Viertelfinale.

22. APRIL

BRONZE FÜR DREXLER: Zweite rot-weiß-rote Medaille bei der Judo-EM in Istanbul. Hilde Drexler kämpft sich in der Klasse bis 63 kg zu Bronze! Zudem wird Peter Scharinger (bis 73 kg) Fünfter.

WIEDER AN FERRER GESCHEITERT: Wie in Monte Carlo unterliegt Jürgen Melzer auch beim Tennis-Turnier von Barcelona David Ferrer. Im Viertelfinale setzt es ein 3:6, 3:6.

24. APRIL

KRIMI IM ÖSTERREICHER-DUELL: Das Österreicher-Duell in der ersten Runde der NHL-Play-offs geht in ein entscheidendes siebentes Spiel. Trotz zweier Tore von Thomas Vanek verlieren die Buffalo Sabres die sechste Partie der Best-of-7-Serie gegen Andreas Nödl und seine Philadelphia Flyers mit 4:5 nach Verlängerung.

26. APRIL

NÖDL WIRFT VANEK RAUS: Andreas Nödl hat im NHL-Duell mit Thomas Vanek das bessere Ende für sich. Seine Philadelphis Flyers gewinnen das entscheidende Spiel in der ersten Play-off-Runde gegen Vaneks Buffalo Sabres 5:2.

27. APRIL

PFEIFER VERPASST KÜR: Als 26. nach dem Kurzprogramm verpasst Viktor Pfeifer bei der Eiskunstlauf-WM in Moskau knapp das Finale im Herren-Bewerb.

30. APRIL

BEIM AUFTAKT DEKLASSIERT: Das österreichische Eishockey-Team bezieht zum Auftakt der WM in der Slowakei kräftige Prügel. Gegen die USA setzt es eine 1:5-Pleite.

SCHWAIGERS FÜNFTE: Doris und Stefanie Schwaiger belegen beim Beachvolleyball-Turnier im chinesischen Sanya den fünften Rang.

MAI 2011

1. MAI

RAPID AUS DEM RENNEN: Salzburg gewinnt den Schlager der 31. Runde der Fußball-Bundesliga bei Rapid mit 2:1, die Hütteldorfer sind damit praktisch aus dem Titelrennen. Am Vortag erlitten bereits die Ambitionen der Austria mit einem 2:4 bei Wr. Neustadt einen Dämpfer.

2. MAI

ZWEITE NIEDERLAGE: Auch im zweiten Spiel der Eishockey-WM in der Slowakei gibt es für die Österreicher nichts zu holen. Beim 0:3 gegen Schweden gelingt nicht einmal ein Tor.

3. MAI

LUSTENAUS CUP-WUNDER: Austria Lustenau erreicht sensationell das Endspiel des ÖFB-Cups. Die Vorarlberger feiern im Semifinale einen 2:1-Erfolg in Kapfenberg.

4. MAI

BITTERES DEBAKEL: Gegen Norwegen setzt es für Österreichs Eishockey-Cracks ein ganz bitteres Debakel. Beim 0:5 ist das Team von Bill Gilligan gegen die Nordmänner völlig chancenlos.

RIED DREHT SPIEL: Der SV Ried ist der zweite Verein im Finale des ÖFB-Cups. Im Halbfinale geht Rapid bei den Oberösterreichern zwar 1:0 in Führung, späte Tore von Hammerer und Glasner drehen die Partie aber noch.

5. MAI

DAS DUTZEND IST VOLL: SVS Niederösterreich holt mit einem 6:3-Rückspiel-Sieg über El Nino Prag den zwölften Titel in Serie in der Tischtennis-Superliga.

NÄCHSTE KLATSCHE: Auch in der Abstiegsrunde der Eishockey-WM in der Slowakei setzt es für Österreich mit einem 2:7 gegen Weißrussland gleich eine heftige Klatsche.

6. MAI

WIEDER AUF DEM PODEST: Nur zwei Wochen nach ihrem Titel-Gewinn bei der EM in Istanbul steht Judokerin Sabrina Filzmoser (bis 57 kg) beim Weltcup in Baku als Dritte wieder auf dem Podest.

7. MAI

NUMMER EINS BESIEGT: Doris und Stefanie Schwaiger schaffen beim World-Tour-Turnier der Beachvolleyballerinnen in Schanghai eine Sensation. Sie schlagen Larissa/Juliana, die brasilianische Nummer eins der Welt, mit 2:1, ziehen ins Halbfinale ein.

ENDLICH ERSTER SIEG: Mit einem 3:2 in der Abstiegsrunde gegen Slowenien schafft Österreichs Eishockey-Team bei der WM in der Slowakei endlich den ersten Sieg.

8. MAI

VIERTER ABSTIEG IN SERIE: Österreichs Eishockey-Herren steigen nach einem 1:4 gegen Lettland zum vierten Mal in Serie in die B-Division ab.

SCHWAIGERS HOLEN BRONZE: Stefanie und Doris Schwaiger jubeln bei der Beachvolleyball-World-Tour in Schanghai nach einem Sieg gegen die US-Amerikanerinnen Fendrick und Hanson über Bronze.

CUP-HELD JANKO: Marc Janko wird in Holland zum großen Cup-Helden von Twente Enschede. Im Finale gegen Ajax Amsterdam köpft der Österreicher das entscheidende 3:2 in der Verlängerung.

11. MAI

DEBAKEL IN ROTTERDAM: Für Österreichs Tischtennisspieler wird die WM in Rotterdam zum Debakel. Mit Chen Weixing, Robert Gardos und Stefan Fegerl bzw. bei den Damen Li Qiangbing ist für sämtliche rot-weiß-rote Teilnehmer schon in der zweiten Runde Endstation.

CUPSIEGER DAG: Fußball-Teamspieler Ekrem Dag holt mit Besiktas Istanbul nach einem 4:3 im Elferschießen (2:2 nach Verlängerung) gegen Istanbul BB den türkischen Cup.

LASK STEIGT AB: Nach einem 0:0 bei Wr. Neustadt in der 33. Runde der Fußball-Bundesliga steht der LASK endgültig als Absteiger fest.

21. MAI

ENTSCHEIDUNGSSPIEL: Oberwart erzwingt ein Entscheidungsspiel im Kampf um den Basketball-Meistertitel. Die Burgenländer gewinnen Spiel vier der Finalserie gegen Gmunden mit 78:67, gleichen auf 2:2 aus.

22. MAI

RANDALE SORGEN FÜR ABBRUCH: Das letzte Wiener Fußball-Derby der Saison gerät zur Horror-Show. Beim Stand von 2:0 für die Austria stürmen nach 26 Minuten Rapid-Hooligans das Spielfeld und sorgen für einen Abbruch. Die Partie wird mit 0:3 strafverifiziert. Gleichzeitig macht Sturm Graz in der vorletzten Runde mit einem 2:1 bei Wr. Neustadt – dem Siegtreffer aus einem Elfer ging ein kurioses Handspiel von Salkic voraus – einen großen Schritt Richtung Titel.

24. MAI

ADMIRA STEIGT AUF: Die Admira wird Meister in der Ersten Liga und steigt damit auf. Zum Abschluss reicht ein 0:0 bei der Vienna. Gratkorn steigt nach einem 0:3 bei WAC/St. Andrä ab.

25. MAI

MEISTERKRONE FÜR STURM: Sturm Graz wird zum dritten Mal österreichischer Fußball-Meister! Die Steirer gewinnen 2:1 gegen Wacker Innsbruck. Salzburg sichert sich mit einem 4:2 bei der Austria vor den Wienern den zweiten Platz.

DRAGOVIC FEIERT MIT BASEL: Gleich in seiner ersten Saison in der Schweizer Fußball-Liga wird Aleksandar Dragovic mit dem FC Basel Meister. Mit einem 3:0 über Luzern fixiert das Team den Titel.

26. MAI

FRÜHES MELZER-AUS: Jürgen Melzer erlebt bei den French Open ein Tennis-Drama. Im Vorjahr noch im Halbfinale

scheitert er heuer bereits in Runde zwei. Gegen Lukas Rosol vergibt er sogar zwei Matchbälle, verliert 7:6, 4:6, 6:4, 6:7, 4:6 und fliegt damit aus den Top Ten der Welt. Auch Andreas Haider-Maurer unterliegt in Runde zwei mit 2:6, 4:6, 2:6 Alexander Dolgopolow.

KRIMI AN OBERWART: Die Oberwart Gunners holen erstmals in der Vereinsgeschichte den Meistertitel im Basketball. Sie gewinnen in einem mitreißenden Krimi das entscheidende fünfte Spiel der Finalserie bei den Gmunden Swans mit 77:75.

28. MAI

FILZMOSER DRITTE: Nächstes Erfolgserlebnis für Sabrina Filzmoser. Die Judokerin wird beim Grand Slam in Moskau in der Klasse bis 57 kg Dritte.

WELTCUPSIEG: Yvonne Schuring und Viktoria Schwarz gewinnen den Flachwasser-Weltcup der Kanutinnen über 1000 Meter in Duisburg.

29. MAI

MIT KÖPFCHEN ZUM CUPSIEG: SV Ried besiegt im Finale des ÖFB-Cups Austria Lustenau 2:0 und gewinnt zum zweiten Mal nach 1998 diesen Bewerb. Zum Matchwinner avanciert Markus Hammerer, der beide Treffer per Kopf erzielt.

30. MAI

SHOWDOWN IN HLA: Nach dem Eishockey- und dem Basketball-Finale mündet auch die Finalserie in Österreichs höchster Handballliga in einem Entscheidungsspiel. Bregenz gleicht mit einem 29:27 über die Margareten Fivers auf 1:1 aus.

31. MAI

KÖLLERER BEKOMMT „LEBENSLANG“: Paukenschlag in der Tennisszene! Daniel Köllerer wird vom Weltverband wegen der angeblichen Manipulation von Spielen lebenslang gesperrt.

JUNI 2011

3. JUNI

ÖFB-TEAM VERPASST SENSATION: Nur um wenige Sekunden schrammen Österreichs Fußballer in der EM-Qualifikation für 2012 an einer Sensation vorbei. Im Happel-Stadion halten die Kicker von Didi Constantini gegen den „großen Bruder" Deutschland lange gut mit, verlieren erst durch ein Gomez-Tor in letzter Minute mit 1:2.

FIVERS AM ZIEL: Nach 92 Jahren sind die Margareten Fivers endlich am Ziel ihrer Träume. Mit einem 30:26 im entscheidenden dritten Spiel über Bregenz erobern die Wiener Handballer endlich ihren ersten Meistertitel.

4. JUNI

BRONZE FÜR „LUPO": Ludwig Paischer legt beim Judo-Weltcup in Bukarest seine Gegner reihenweise auf die Matte und holt sich Bronze.

ZWEITBESTER SCHÜTZE: Erst im letzten Spiel der Saison verliert Robert Weber den Kampf um die Torjägerkrone in der deutschen Handballiga gegen Anders Eggert, wird mit 242 Treffern aber Zweiter.

5. JUNI

ERST IM ENDSPIEL GESTOPPT: Der 17-jährige Tennisspieler Dominic Thiem liefert bei den French Open in Paris eine enorme Talentprobe ab. Er unterliegt im Junioren-Bewerb erst im Finale dem US-Boy Björn Fratangelo mit 6:3, 3:6, 6:8.

7. JUNI

SPÄTER SIEG: Österreichs Fußballer feiern mit einem 3:1 über Lettland einen schönen Testspielerfolg, der aber erst spät zustande kommt. In der 75. Minute gleicht ausgerechnet Debütant Christopher Dibon zum 1:1 aus, ein Doppelpack von Martin Harnik sorgt schließlich für den Sieg.

8. JUNI

CHANCENLOSE HANDBALLER: Für Österreichs Herren ist der Traum von der Qualifikation für die Handball-EM fast geplatzt. Deutschland erteilt dem Team um Viktor Szilagyi mit einem 28:20 eine Lehrstunde.

9. JUNI

DRITTER PLATZ FÜR JUKIC: Dinko Jukic zeigt mit einem dritten Platz in 2:01:35 über 200 Meter Lagen beim Mare-Nostrum-Meeting der Schwimmer in Canet auf.

11. JUNI

TEAM-SILBER FÜR KANUTINNEN: Corinna Kuhnle, Violetta Oblinger-Peters und Viktoria Wolffhardt paddeln bei der Kanu-Wildwasser-Slalom-EM in Seu d'Urgell zu Bronze.

12. JUNI

EM-ZUG ABGEFAHREN: Mit einer desaströsen 28:44-Niederlage verpassen Österreichs Handballer die Qualifikation für die EM.

17. JUNI

BEACH-DUOS NEUNTE: Sowohl für Doris und Stefanie Schwaiger als auch für Clemens Doppler und Matthias Mellitzer bei den Herren geht die Beachvolleyball-WM in Rom im Achtelfinale zu Ende. Die Damen unterliegen Talita/Antonelli 1:2, Doppler/Mellitzer gegen Hoyer/Sonderberg 0:2. Beide Duos werden Neunte.

19. JUNI

STARKE VOLLEYBALLER: Einige Wochen vor Beginn der Heim-EM sorgen Österreichs Volleyballer für ein Ausrufezeichen. Gegen das Top-Team der Niederlande feiern die ÖVV-Herren einen 3:1-Erfolg.

RAIDERS AUF EUROPAS THRON: Zum dritten Mal nach 2008 und 2009 triumphieren die Tirol Raiders in der Eurobowl. Im Endspiel werden die Berliner Adler mit 27:12 ordentlich gerupft.

NUR BLECH: Yvonne Schuring und Viktoria Schwarz verpassen bei der Flachwasser-EM der Kanutinnen in Belgrad über 500 Meter eine Medaille als Vierte nur knapp.

22. JUNI

WELTCUP-TRIUMPH WIEDERHOLT: Das Segelduo Nico Delle Karth/Niko Resch gewinnt zum zweiten Mal in Folge den Gesamtweltcup in der 49er-Klasse. Sie fixieren diesen Triumph mit einem dritten Rang bei der prestigeträchtigen

Kieler Woche, bei der es durch Laser-Segler Andreas Geritzer als Fünftem, den 470ern Matthias Schmid und Florian Reichstädter als Siebenten sowie Florian Raudaschl (10.) weitere Top-Ten-Resultate gibt.

23. JUNI

PASZEK IN RUNDE DREI: Tamira Paszek erreicht erstmals seit vier Jahren wieder die dritte Runde eines Grand Slams. Sie schlägt in Wimbledon die US-Amerikanerin Christina McHale 6:4, 6:1. Bei den Herren scheitert hingegen Andreas Haider-Maurer mit 3:6, 6:3, 4:6, 4:6 an David Nalbandian.

GRABNER GEHT LEER AUS: Österreichs neuer NHL-Star Michael Grabner muss sich bei der Wahl zum Rookie der Saison zwar Jeff Skinner von Carolina geschlagen geben, allein die Nominierung ist aber schon eine riesige Auszeichnung.

AUCH IN ÖSTERREICH TOP: Nach dem Sieg im Europacup holen sich die Tirol Raiders auch den Pokal für die österreichische Football-Meisterschaft. In der Austrian Bowl im Happel-Stadion schlagen die Tiroler die Vienna Vikings 23:13.

24. JUNI

NERVENSTARKER MELZER: Jürgen Melzer schafft den Einzug in die dritte Runde von Wimbledon. Gegen Dimitri Tursunow erweist sich der Österreicher als nervenstark, gewinnt beim 6:3, 2:6, 7:6, 7:6 zweimal im Tie-Break.

25. JUNI

MARATHON-FRAU PASZEK: Tamira Paszek erlebt in Wimbledon einen der schönsten Tage ihrer Tennis-Karriere. In einem Marathon-Match, das am Vortag wegen Regens abgebrochen worden war, ringt sie die Weltranglisten-Sechste Francesca Schiavone mit 3:6, 6:4, 11:9 nieder und erreicht das Achtelfinale. Jürgen Melzer scheitert in Runde drei mit 6:7, 3:6, 0:6 an Xavier Malisse.

ERSTER SIEG SEIT ZWEI JAHREN: Ludwig Paischer gelingt beim Weltcup in Sao Paulo in der Judo-Klasse bis 60 kg sein erster Turniersieg seit zwei Jahren.

26. JUNI

AHTC IST MEISTER: Der AHTC Wien wird mit einem 4:1 über die Arminen österreichischer Hockey-Meister.

EIN JUNGSTAR ÜBERRASCHT: Der erst 22-jährige Matthias Krizek stiehlt bei den österreichischen Rad-Staatsmeisterschaften im Straßenrennen den arrivierten Assen die Show und triumphiert in Eisenstadt.

27. JUNI

SOGAR IM VIERTELFINALE: Tamira Paszeks Sensationslauf in Wimbledon geht weiter. Sie ringt im Achtelfinale Xenia Perwak 6:2, 2:6, 6:3 nieder und steht als zweite Österreicherin nach Judith Wiesner 1996 im Viertelfinale des englischen Grand Slams.

28. JUNI

PASZEK GESTOPPT: Im Viertelfinale von Wimbledon wird Tamira Paszek gestoppt. Sie hat beim 3:6, 1.6 gegen die Weißrussin Victoria Asarenka letztlich keine Chance.

JULI 2011

2. JULI

STAR BEI TOUR: Mit dem Spanier Carlos Sastre hat die Österreich-Rundfahrt erstmals einen Tour-de-France-Sieger am Start. Gleichzeitig startet bei der Tour de France Bernhard Eisel zum bereits achten Mal – mit dem bisherigen Rekordhalter Georg Totschnig schaffte das bisher nur ein Österreicher gleich oft.

3. JULI

MELZER-JUBEL IN WIMBLEDON: Nach dem Junioren- und dem Doppel-Titel holt Jürgen Melzer zusammen mit seiner tschechischen Partnerin Iveta Benesova die Mixed-Trophäe. Gegen Bhupathi/Wesnina gibt's ein klares 6:3, 6:2.

4. JULI

KLETTER-GIPFEL: Kletter-Ass Kilian Fischhuber fixiert mit seinem Sieg beim Boulder-Weltcup in Sheffield seinen bereits fünften Gesamtsieg – das gelang davor niemandem!

6. JULI

FRANZÖSISCHER GLOCKNERKÖNIG: Alexandre Geniez holt sich bei der Österreich-Rundfahrt den Sieg bei der Königsetappe – mit Glockner-Sieg und Tageserfolg ein toller Doppelpack.

8. JULI

BRONZE BEI EM: In Helsinki segelt Andreas Geritzer im Medal Race der Laser-Klasse auf Platz zwei und fixiert damit sein bereits viertes EM-Bronze.

9. JULI

PLEITE ZUM AUFTAKT: Für Österreichs Footballer startet die Heim-WM in Graz mit einer bitteren Niederlage. Gegen Japan setzt es vor 6500 Fans eine 6:24-Pleite.

10. JULI

ROHREGGER BESTER ÖSTERREICHER: Thomas Rohregger (+3:59) kommt auf der letzten Etappe der Österreich-Radrundfahrt als Vierter vor dem Wiener Burgtheater an. Die Gesamtwertung gewinnt der Schwede Fredrik Kessiakoff (26:59:26).

RANG DREI FÜR WIEGELE: Golfer Martin Wiegele katapultiert sich bei den Scottish Open mit einer 65er-Runde auf Rang drei der Endwertung.

JUBEL ÜBER GOLD: Christian Scherübl wird bei der Jugend-Schwimm-EM zum Goldjungen. Der Grazer holt sich in Belgrad über 200-Meter-Kraul den Titel.

11. JULI

TRAUM GEPLATZT: Mit der 14:36-Niederlage gegen Kanada platzt für Österreichs Footballer bei der Heim-WM der Medaillentraum.

13. JULI

SIEG FÜR STURM: In der zweiten Qualifikationsrunde zur Champions League bezwingt Sturm Graz in Klagenfurt (Verlegung aufgrund der Football-WM) Videoton im Hinspiel mit 2:0.

WIEDER VERLOREN: Auch das dritte Spiel endet für die rot-weiß-roten Footballer bei der Heim-WM mit einer Niederlage. Gegen Deutschland gibt's ein 16:24.

BRONZE FÜR DUO: Nico Delle Karth und Niko Resch holen im 49er bei der Segel-EM in Helsinki die Bronzemedaille.

14. JULI

GELUNGENE HINSPIELE: In der zweiten Qualifikationsrunde der Europa League für Austria und Salzburg. Die Wiener Violetten siegen bei Rudar Pelvlja klar mit 3:0, Salzburg bei Liepajas Metalurgs 4:1.

„PENSION" FÜR BAMMER: Im Gastein-Achtelfinale unterliegt Sybille Bammer gegen Yvonne Meusburger 2:6, 1:6. Der Schlusspunkt einer zwölfjährigen Tennis-Karriere.

15. JULI

GOLD FÜR JUGEND: Lara Vadlau und Tanja Frank holen bei der Jugend-Segel-WM in Kroatien im 420er Gold.

RANG SIEBEN BEI WM: Bei der Heim-WM gelingt Österreichs Footballern doch noch ein Sieg. Mit dem 48:10 über Australien sichert sich das rot-weiß-rote Team Rang sieben.

16. JULI

KURIOSER START: Zum Auftakt der neuen Bundesliga-Saison gibt's eine kuriose Szene beim 2:1-Sieg von Wiener Neustadt in Mattersburg. Nach nur 81 Sekunden geht Wiener Neustadt in Führung. Ein Freistoß von Goalie Jörg Siebenhandl von der eigenen Strafraumgrenze landet im Tor der Burgenländer.

TITEL FÜR MELZER: Jürgen Melzer holt gemeinsam mit seinem deutschen Partner Philipp Petzschner mit einem Erfolg über das spanische Duo Granolers/Lopez – 6:3, 6:4 – den Titel in Stuttgart.

SIEG FÜR USA: Vor 20.000 Fans im Happel-Stadion sichert sich die USA mit einem 50:7-Sieg über Kanada den WM-Titel in Wien.

VERTEIDIGUNG GEGLÜCKT: Kanutin Viktoria Wolffhardt verteidigt bei der Junioren-EM in Bosnien erfolgreich ihren Titel im Wildwasser-Slalom.

17. JULI
GOLD FÜR STÖHR: Bei der Kletter-WM in Arco holt die Tirolerin Anna Stöhr Gold im Bouldern.
FAUSTBALL-DAMEN MIT PREMIERE: Mit einem 3:1-Finalsieg über Gastgeber Deutschland holen sich Österreichs Faustballerinnen erstmals WM-Gold.
NIEDERLAGE IM FINALE: Patricia Mayr-Achleitner unterliegt in ihrem ersten WTA-Finale in Gastein der Spanierin Maria Martinez Sanchez mit 0:6, 5:7.

20. JULI
KRIMI FÜR STURM: Bei Videoton muss sich Sturm Graz im Rückspiel der zweiten Qualifikationsrunde zur Champions League mit 2:3 geschlagen geben. Der 2:0-Sieg im Hinspiel reicht aber für den Aufstieg.

21. JULI
MÜHELOS WEITER: In der zweiten Qualifikationsrunde zur Europa League sichert sich die Austria mit einem 2:0-Heimsieg über Rudar Pjevlja (nach 3:0-Erfolg auswärts) den Aufstieg. Der gelingt auch Salzburg – ein 0:0 daheim gegen Liepajas Metalurgs (auswärts 4:1-Sieg) reicht.

22. JULI
SIEG IM VORSTIEG: Angela Eiter erobert bei der Kletter-WM im italienischen Arco Gold im Vorstieg-Bewerb.
EDELMETALL FÜR JUDO-ASSE: Bei der Militär-WM in Brasilien holt Judo-Ass Hilde Drexler in der Klasse bis 63 Kilo Silber, Sabrina Filzmoser (bis 57 Kilo) Bronze.

23. JULI
TITEL BEI DEBÜT: Bei seinem ersten Spiel für Schalke 04 glückt Christian Fuchs gleich ein Titelgewinn. Im deutschen Supercup gibt's einen 4:3-Sieg im Elfmeterschießen (nach 0:0) über Dortmund.
EISEL BESTER ÖSTERREICHER: Bernhard Eisel (+3:39:08) wird auf Rang 161 bester Österreicher bei der Tour de France. Den Sieg holt der Australier Cadel Evans in 83:45:20.
WM-GOLD EROBERT: Judoka Max Schirnhofer (bis 90 Kilo) erobert bei der Militär-WM in Rio Gold für Österreich.

24. JULI
ERFOLGREICHSTE ATHLETIN: Mit Silber in der Kombination (nach Gold im Bouldern) kürt sich Anna Stöhr bei der Kletter-WM in Arco zur erfolgreichsten Athletin.
GROSSER WURF: Bei der U20-EM der Leichtathleten sorgt Lukas Weißhaidinger für die erste U20-EM-Goldmedaille seit zwölf Jahren. Im Diskus-Finale in Tallinn lässt er die Scheibe auf 63,83 Meter segeln.

26. JULI
REMIS IM HINSPIEL: In der dritten Runde der Champions-League-Qualifikation holt Sturm Graz gegen Zestafoni in Tiflis ein 1:1-Remis.

28. JULI
ZWEI HEIMSIEGE: Salzburg feiert in der dritten Qualifikationsrunde der Europa League einen 1:0-Heimsieg über Senica, Ried bezwingt daheim Bröndby Kopenhagen 2:0. Die Austria muss sich bei Olimpija Laibach mit einem 1:1 begnügen.
KNAPP VORBEI: Nur 45 Hundertstel fehlen Markus Rogan bei der Schwimm-WM für Lagen-Bronze. Über 200 Meter gibt es mit einer Zeit von 1:58,14 aber nur Rang fünf.

30. JULI
SUPERCUP FÜR JANKO: Marc Janko holt mit Twente Enschede mit einem 2:1-Sieg über Ajax Amsterdam den niederländischen Supercup. Janko trifft per Elfmeter zum 1:0.
REMIS ZUM AUFTAKT: Bei der U20-WM in Kolumbien gibt's für das ÖFB-Team zum Auftakt nur ein 0:0 gegen Panama.
AUS IM HALBFINALE: Tamira Paszek scheitert im Halbfinale des WAT-Turniers in Washington an Shahar Peer aus Israel – 6:3, 7:6, 4:6.

31. JULI
LIMIT UND REKORD: Bei der Schwimm-WM in Shanghai verbessert Jördis Steinegger mit einer Zeit von 4:41,33 über 400-Meter-Lagen ihren eigenen Rekord um 1,95 Sekunden und qualifiziert sich als erste heimische Schwimmerin für Olympia London 2012.

AUGUST 2011

3. AUGUST

PLAY-OFF FIXIERT: Sturm Graz spielt in der dritten Runde der Champions-League-Qualifikation daheim gegen den georgischen Klub Zestafoni 1:1. Das reicht nach dem 1:0-Auswärtssieg, um den Einzug ins Play-off zu fixieren.

4. AUGUST

KRIMI UND LOCKERER TANZ: Nach dem 1:1 im Hinspiel müht sich die Austria in der 3. Qualifikationsrunde der Europa League im Horr-Stadion gegen Olimpija Laibach zu einem 3:2-Sieg, bei dem Nacer Barazite alle Treffer für die Violetten erzielt. Salzburg hingegen „tanzt" zu einem lockeren 3:0-Erfolg in Senica (das Hinspiel wurde schon 1:0 gewonnen). Die große Sensation schafft Ried. Die Oberösterreicher liegen (nach einem 2:0-Sieg im Hinspiel) bei Bröndby mit 0:4 im Rückstand. Schließlich gelingen Ried noch 2 Tore. Das 2:4 reicht – Aufstieg für alle heimischen Klubs.

5.AUGUST

NUR LETZTER: Bei der U20-WM in Kolumbien unterliegt das ÖFB-Team im letzten Gruppenspiel Ägypten mit 0:4. Österreich scheidet als Schlusslicht aus.

BITTERE AUFGABEN: Jürgen Melzer zog sich in der ersten Doppel-Runde in Washington eine Zerrung im Oberschenkel zu und muss sogar seinen Start für Montreal absagen. Tamira Paszek gibt im Achtelfinale von Carlsbad beim Stand von 5:3 für US-Girl Sloane Stephens im ersten Satz wegen Bauchschmerzen auf. Das ATP-Turnier in Kitzbühel gewinnt der Niederländer Robin Haase mit einem Sieg über den Spanier Albert Montanes – 6:4, 4:6, 6:1.

AUS IM ACHTELFINALE: Doris und Steffi Schwaiger müssen sich beim Klagenfurter Beachvolleyball im Achtelfinale den US-Amerikanerinnen Hanson/Fendrick 0:2 geschlagen geben. Damit ist erstmals seit dem Jahr 2000 kein heimisches Team mehr am Samstag vertreten.

6. AUGUST

TRAPPEL HOLT EM-TITEL: Manuel Trappel schafft in Halmstad die Sensation. Der 21-jährige Golfer kürt sich zum Amateur-Europameister.

7. AUGUST

GELUNGENER AUFTAKT: Österreichs Faustballer feiern zum Auftakt der Heim-WM in Wien erst einen 3:0-Erfolg über die USA, dann ein 3:1 über Argentinien.

8. AUGUST

WEITER ERFOLGREICH: Auch gegen Brasilien gibt's bei der Heim-WM für Österreichs Faustballer einen Sieg. Gegen den zweifachen Weltmeister gelingt ein 3:2.

10. AUGUST

BITTERE NIEDERLAGE: Im Testspiel des ÖFB-Teams in Klagenfurt setzt es die erste Niederlage überhaupt gegen die Slowakei. Ein Tor von Erwin „Jimmy" Hoffer nutzt nichts – 1:2.

VIERTELFINALE TROTZ PLEITE: Die rot-weiß-roten Faustballer kassieren bei der WM die erste Pleite. Aber trotz des 1:3 gegen Deutschland glückt in Kremsmünster der Einzug ins Viertelfinale.

11. AUGUST

SOUVERÄNER SIEG: Italien wird von Österreichs Faustballern bei der Heim-WM mit 3:0 bezwungen. Der Einzug ins Halbfinale ist damit gesichert.

TICKET FÜR QUALIFIER: Österreichs Hockey-Team zieht mit einem 3:2-Sieg bei der B-EM gegen Gastgeber Ukraine ins Semifinale ein und löst damit ein Ticket für das Olympia-Qualifikationsturnier.

12. AUGUST

EINZUG INS FINALE: Bei der Faustball-Heim-WM steht Österreich im Finale, denn gegen Argentinien gelingt ein 4:3-Sieg im Semifinale.

13. AUGUST

VIER LINZ-TORE: Die Wiener Austria fertigt in der vierten Bundesliga-Runde Kapfenberg im Horr-Stadion mit 5:0 ab. Austria-Kapitän Roland Linz gelingen gleich vier Treffer. Sturm Graz bezwingt Rapid mit 1:0.

SILBER FÜR BEACH-GIRLS: Bei der Beachvolleyball-EM in Kristiansand unterliegen Sara Montagnolli und Babsi Hansel im Finale dem italienischen Duo Cicolari/Menegatti mit 0:2. Aber die Freude über Silber überstrahlt die Niederlage klar.

PLEITE IM ENDSPIEL: Österreichs Faustballer unterliegen im Finale der Heim-WM vor 6000 Fans in Pasching mit 2:4.

14. AUGUST

HISTORISCHE MEDAILLE: Die österreichischen Handball-Juniorinnen sorgen bei der U19-EM in den Niederlanden für eine Sensation. Im Spiel um Platz drei wird Serbien mit 34:28 bezwungen – das erste Edelmetall bei einer EM oder WM im Nachwuchsbereich.

15. AUGUST

SILBER FÜR WUTTI: Die Kärntnerin Eva Wutti erobert bei der Ironman-EM in Deutschland Silber.

16. AUGUST

GUTE AUSGANGSLAGE: Sturm Graz erreicht im Hinspiel des Play-off-Duelles um den Einzug in die Champions League mit dem 1:1 in Borisow eine gute Ausgangslage für das Rückspiel.

PLATZ DREI GESICHERT: Schwimmerin Jördis Steinegger sichert sich bei der Universiade im chinesischen Shenzhen in 4:43,30 über 400 Meter Lagen Bronze.

18. AUGUST

AUSTRIA SIEGT KLAR: Im Duell um den Einzug in die Gruppenphase bezwingt die Austria im Heim-Hinspiel Gaz Metan Medias mit 3:1. Salzburg unterliegt bei Omonia Nikosia 1:2, Ried spielt daheim gegen PSV Eindhoven 0:0.

SILBER BEI UNIVERSIADE: Lisa Ungerank holt im Bewerb „10 Meter Luftgewehr" bei der Universiade in Shenzhen Platz zwei.

20. AUGUST

GUT IN SCHUSS: Marc Janko trifft beim 5:1-Sieg von Twente in Heerenveen im Doppelpack. Auch Marco Arnautovic präsentiert sich bei Bremens 5:3 über Freiburg gut in Schuss und erzielt das 3:2.

SENSATIONELLES GOLD: Yvonne Schuring und Viktoria Schwarz erobern bei der Kanu-WM in Szeged über 500 Meter Gold. Mit dem Sensations-Sieg ist das Duo auch fix für Olympia qualifiziert.

21. AUGUST

KLARER DERBY-SIEG: Die Austria feiert im Happel-Stadion im 298. Duell einen klaren 3:0-Derby-Sieg über Rapid.

ÖSIS IM DOPPELPACK: Beim deutschen Bundesliga-Duell Mainz gegen Schalke trifft sowohl Andreas Ivanschitz für die Hausherren als auch Schalker Christian Fuchs für die Gäste. Am Ende gibt's einen 4:2-Sieg für Schalke.

GESAMTSIEG FIXIERT: Anna Stöhr sichert sich mit Platz drei beim Boulder-Weltcupfinale in München ihren zweiten Gesamt-Sieg im Klettern.

24. AUGUST

TRAUM GEPLATZT: Für Sturm Graz platzt mit der 0:2-Heimniederlage gegen Borisow (nach 1:1 im Hinspiel) der Traum vom Einzug in die Gruppenphase der Champions League.

25. AUGUST

AUSTRIA UND SALZBURG WEITER: Salzburg zieht mit einem 1:0-Sieg über Nikosia in die Gruppenphase der Europa League ein, das gelingt auch der Austria trotz einer 0:1-Niederlage (Hinspiel wurde 3:1 gewonnen) bei Gaz Metan Medias. Für Ried ist die Europacup-Saison nach einer 0:5-Pleite in Eindhoven allerdings vorbei.

ERSTE PLATZIERUNG: Mit Rang sieben in der Klasse bis 63 Kilo sorgt Hilde Drexler bei der Judo-WM in Paris für Österreichs einzige Platzierung.

26. AUGUST

WM-TITEL FÜR GIGON: Bei der Mountainbike-Orienteering-WM in Italien holt Michaela Gigon über die Mitteldistanz Gold.

SEPTEMBER 2011

2. SEPTEMBER

HERBE PLEITE: In der EURO-Qualifikation setzt es für das ÖFB-Team eine 2:6-Pleite in Gelsenkirchen. Die Treffer der beiden Deutschland-Legionäre Marko Arnautovic und Martin Harnik sind schließlich wertlos.

MISSLUNGENER AUFTAKT: Bei Düsseldorf, dem dreifachen Triumphator der Tischtennis-Champions-League, muss sich SVS NÖ zum Auftakt mit 1:3 geschlagen geben. Werner Schlager feiert mit dem 3:0 über Baum trotzdem ein gelungenes Comeback nach monatelanger Verletzung und Krankheit.

TOTALE BLAMAGE VERHINDERT: Beate Schrott rettet bei der Leichtathletik-WM Österreichs Ehre. Die Niederösterreicherin übersteht als einzige heimische Athletin die erste Runde und zieht in 12,95 Sekunden ins Semifinale über 100 m Hürden ein.

ENDSTATION IN RUNDE ZWEI: Jürgen Melzer scheitert in der zweiten Runde der Tennis-US-Open in fünf Sätzen am Russen Igor Kunizin: 6:3, 3:6, 6:1, 2:6 und 6:7.

3. SEPTEMBER

ENDE IM SEMIFINALE: Bei der Leichtathletik-WM kommt für Beate Schrott im Semifinale über 100 m Hürden mit 13,02 das Aus.

UNTER FREIEM HIMMEL: Erstmals wird in Österreich ein Spiel der höchsten Handball-Spielklasse unter freiem Himmel ausgetragen. Vor 1300 Fans gewinnt Krems in der Trauner Fußball-Arena das HLA-Duell gegen Linz mit 23:21.

6. SEPTEMBER

TORLOSES REMIS: In der EURO-Qualifikation kommt das ÖFB-Team im Ernst-Happel-Stadion nicht über ein 0:0 gegen die Türkei hinaus.

8. SEPTEMBER

STURM INS SEMIFINALE: Jürgen Melzer stürmt zusammen mit dem Deutschen Philipp Petzschner bei den US-Open ins Semifinale. Gegen das spanisch-italienische Duo Marrero/Seppi gibt's ein 6:1 und 6:2.

10. SEPTEMBER

GOLD IM WILDWASSER-SLALOM: Corinna Kuhnle gelingt, was davor 42 Jahre niemandem gelang. Die Niederösterreicherin verteidigt bei der Kajak-WM in Bratislava ihren Titel im Wildwasser-Slalom.

PLEITE ZUM AUFTAKT: Für Österreichs Volleyball-Team setzt es zum Auftakt der Heim-EURO in Wien eine glatte 0:3-Pleite gegen Slowenien.

11. SEPTEMBER

WIEDER NICHTS ZU HOLEN: Auch im zweiten Spiel der Heim-EURO gibt's für die rot-weiß-roten Volleyballer nichts zu holen – gegen die Türkei muss Österreichs Team erneut ein 0:3 einstecken.

FÜNFTER GRAND-SLAM-SIEG: Tennis-Ass Jürgen Melzer siegt zusammen mit seinem deutschen Partner Philipp Petzschner im Doppel-Finale der US-Open. Mit dem 6:2, 6:2 über das Polen-Duo Fyrstenberg/Matkowski fixiert Melzer bereits seinen fünften Grand-Slam-Sieg (davon zwei Junioren-Erfolge).

12. SEPTEMBER

GLANZLOSES ENDE: Das dritte Spiel der Heim-EURO endet für Österreichs Volleyballer genau so wie die bisherigen zwei: mit einem 0:3. Mit der glatten Niederlage gegen Serbien scheidet der Gastgeber ohne einen Satzgewinn aus.

13. SEPTEMBER

AUS FÜR CONSTANTINI: Die Ära von Dietmar Constantini als ÖFB-Teamchef ist vorüber. Sportdirektor Willi Ruttensteiner übernimmt das Zepter für die zwei verbleiben Auswärtsspiele in der EURO-Qualifikation gegen Aserbaidschan und Kasachstan.

14. SEPTEMBER

NEUER TEAMCHEF: Manny Viveiros unterschreibt einen Vertrag bis 2014 als neuer Eishockey-Teamchef – bleibt aber auch Trainer beim KAC.

15. SEPTEMBER

VERPATZTER START: Sturm, Salzburg und die Austria legen einen misslungenen Start in die Europa-League hin. Die Grazer verlieren daheim gegen Lok Moskau 1:2, Salzburg bei Paris Saint-Germain 1:3 und auch die Violetten aus Wien müssen sich im Horr-Stadion Metalist Charkiw 1:2 geschlagen geben.

EINZUG INS VIERTELFINALE: Tamira Paszek wehrt beim WTA-Turnier in Quebec gegen US-Girl Varvara Lepchenko zwei Matchbälle ab und entscheidet den Tennis-Krimi mit 6:7, 6:3, 7:6 für sich, was das Ticket ins Viertelfinale bedeutet.

16. SEPTEMBER:

HARNIK TRIFFT DOPPELT: Stuttgart-Legionär Martin Harnik trifft beim 2:1-Sieg in der deutschen Bundesliga über Freiburg im Doppelpack.

REMIS NACH TAG EINS: In der Tennis-Weltgruppen-Relegation in Antwerpen schlägt Andreas Haider-Maurer Xavier Malisse 6:4, 6:4, 7:5 – Jürgen Melzer unterliegt hingegen Steve Darcis 6:7, 7:6, 4:6, 3:6 – damit steht es zwischen Österreich und Belgien nach dem ersten Tag 1:1.

MIT MÜHE INS HALBFINALE: Die Vorarlbergerin Tamira Paszek zieht in Quebec ins Halbfinale ein. Sie gewinnt gegen die Britin Heather Watson mit Mühe 6:4, 7:6.

17. SEPTEMBER

DOPPEL BRINGT FÜHRUNG: Im Kampf um den Klassenerhalt in der Weltgruppe geht Österreichs Daviscup-Team in Belgien mit 2:1 in Front. Im Doppel siegen Oliver Marach und Alexander Peya 4:6, 6:3, 6:4, 6:4 über Darcis/Rochus.

AUS IM HALBFINALE: Tamira Paszek scheitert beim WTA-Turnier in Quebec im Halbfinale an der Neuseeländerin Marina Erakovic 6:2, 5:7, 4:6.

18. SEPTEMBER

WELTGRUPPE FIXIERT: Österreichs Tennis-Asse fixieren im Daviscup den Klassenerhalt in der Weltgruppe. In Antwerpen

bezwingt Jürgen Melzer Olivier Rochus 6:4, 6:4, 6:3 und Alexander Peya Ruben Bemelmans 6:4, 6:3. Damit siegt Österreich gegen Belgien klar mit 4:1.
SCHLAGER GEIGT AUF: In der Champions League siegen die Tischtennis-Asse von SVS NÖ beim französischen Vertreter Istres mit 3:1. Werner Schlager steuert zwei 3:0-Erfolge bei.
SERBIEN TRIUMPHIERT: Im Finale der Volleyball-EURO triumphiert in der Wiener Stadthalle vor 9700 Fans Serbien mit 3:1 über Italien.

24. SEPTEMBER

SACK ZUGEMACHT: Beppo Harrach macht im Mitsubishi Evo IX bei der Steiermark-Rallye in Kampf um den Staatsmeistertitel alles klar. Rang zwei hinter Raimund Baumschlager genügt Harrach für seinen ersten Staatsmeister-Titel.

25. SEPTEMBER

STARKER FÜNFTER: Golfer Bernd Wiesberger holt bei den Austrian Open in Atzenbrugg Platz fünf. Den Sieg erringt der Engländer Kenneth Ferrie.

29. SEPTEMBER

SIEGREICHES TRIO: In der Europa League gibt's für die Austria, Salzburg und Sturm Grund zum Jubeln. Sturm siegt bei AEK Athen 2:1, Salzburg daheim gegen Slovan Bratislava 3:0 und die Austria gewinnt in Malmö mit 2:1.

OKTOBER

1. OKTOBER

ADMIRA ERSTER: Aufsteiger Admira sorgt in der Fußball-Bundesliga für Furore. Mit dem 4:3-Sieg über Rapid erobern die Südstädter erstmals nach 18 Jahren wieder die Tabellenführung in der obersten Spielklasse.
ADLER FEIERN: Vor 9000 Fans holt Skispringer Gregor Schlierenzauer beim Sommer-GP in Hinzenbach den Sieg. Thomas Morgenstern sichert sich mit Rang sechs den Sieg in der Gesamtwertung.
PASZEK ÜBERRASCHT: In Peking liefert Tamira Paszek in der ersten Runde des WTA-Turniers eine Überraschung. Sie bezwingt die ehemalige Nummer eins Jelena Jankovic 7:5, 6:4.

2. OKTOBER

TOR UND AUSSCHLUSS: Marko Arnautovic trifft für Werder Bremen beim Spiel gegen Hannover 96 zum 1:2. Danach fliegt der Wiener nach einem Foul vom Platz, Bremen verliert 2:3.
TITEL FÜR MARACH: Oliver Marach holt zusammen mit dem Pakistani Quereshi in Bangkok den Doppel-Titel. Im Finale wird das deutsche Duo Kohlmann/Waske 7:6, 7:6 bezwungen.

3. OKTOBER

ACHTELFINALE ERREICHT: Tamira Paszek erreicht in Peking mit einem Sieg über Petra Cetkovska das Achtelfinale – 1:6, 6:4, 6:2.

4. OKTOBER

NEUER TEAMCHEF: Der ÖFB präsentiert Marcel Koller als neuen Teamchef. Der Schweizer löst Dietmar Constantini ab. Bis zum Ende der EM-Qualifikation übernimmt aber Interimscoach Willi Ruttensteiner.
RÜCKSCHLAG FÜR MELZER: Jürgen Melzer muss bei den China Open einen Rückschlag hinnehmen. Er scheitert in Peking bereits in Runde eins, verliert gegen Tomas Berdych 5:7, 5:7.

5. OKTOBER

NEULENGBACH STEIGT AUF: Mit einem 5:0-Heimsieg über Kairat Almaty (Hinspiel 2:0) aus Kasachstan steigen die Fußball-Damen von Neulengbach in das Achtelfinale der Champions League auf.

7. OKTOBER

PFLICHTSIEG EINGEFAHREN: Das ÖFB-Team fährt im schon bedeutungslosen Spiel im Rahmen der EURO-Qualifikation einen 4:1-Sieg in Aserbaidschan ein. Unter Interimscoach Willi Ruttensteiner wieder ins Team einberufen, gelingt ausgerechnet Andreas Ivanschitz das 1:0. Kapitän Marc Janko trifft im Doppelpack.
TOLLER AUFTAKT: Die Eishockey-Cracks Thomas Vanek und Andreas Nödl legen einen gelungenen Auftakt zur neuen NHL-Saison hin. Vanek steuert beim 4:1-Sieg Buffalos gegen Anaheim zwei Tore bei, Nödl siegt mit Philadelphia bei Titelverteidiger Boston 2:1.

8. OKTOBER

KLARER SIEG ZUM START: Österreichs Tischtennis-Herren legen bei der EM in Danzig zum Start einen 3:1-Sieg über Rumänien hin.

9. OKTOBER

EINZUG INS VIERTELFINALE: Bei der EM in Danzig ziehen Österreichs Tischtennis-Herren mit jeweils 3:1-Siegen über Griechenland und Frankreich ins Viertelfinale ein.
VETTEL F-1-WELTMEISTER: Sebastian Vettel gewinnt mit einem 3. Platz in Suzuka endgültig die Formel-1-Weltmeisterschaft.

10. OKTOBER

EDELMETALL SICHER: Im Viertelfinale der EM in Danzig feiern Österreichs Tischtennis-Asse einen 3:1-Erfolg über Kroatien und haben damit eine Medaille sicher.

11. OKTOBER

NULLNUMMER ZUM SCHLUSS: Zum Abschluss der missglückten EURO-Qualifikation kommt das ÖFB-Team in Kasachstan nicht über ein 0:0 hinaus.
BRONZE BEI EM: Nach einer 1:3-Niederlage gegen Schweden im Halbfinale beendet das rot-weiß-rote Tischtennis-Team

die EM in Polen mit Bronze. Die bereits 18. Medaille für Werner Schlager bei einer EM.

12. OKTOBER

FRÜH GESCHEITERT: In der zweiten Runde ist für Jürgen Melzer in Shanghai Schluss – 6:4, 4:6, 6:7 gegen den Kolumbianer Giraldo.

13. OKTOBER

SCHLAGER SAGT AB: Werner Schlager sagt seinen Start im Einzelbewerb der EM in Polen nach dem anstrengenden Teambewerb ab. Daniel Habesohn (4:3 gegen den Russen Rubtsov) und Robert Gardos (4:1 über den Franzosen Gauzy) ziehen in Runde zwei ein.

14. OKTOBER

AUS BEI EM: Bei der Tischtennis EM in Danzig scheitern Robert Gardos (gegen Ovtcharov) und Daniel Habesohn (gegen Boll) jeweilsmit 0:4 an deutschen Gegnern – das Aus im Achtelfinale.

15. OKTOBER

HATTRICK VON JANKO: Marc Janko darf beim 4:0-Sieg von Twente in der niederländischen Eredivisie bei Waalwijk jubeln, steuert gleich drei Tore bei.

16. OKTOBER

METROSTARS HOLEN TITEL: Die Baseballer der Vienna Metrostars holen mit einem 12:9-Sieg bei Attnang-Puchheim zum zwölften Mal den Meistertitel.

20. OKTOBER

ÄRGER ÜBER REMIS: In der Europa League kommt Salzburg zu einem 2:2 bei Bilbao. Die Mozartstädter führen zur Pause mit 2:0, bekommen aber durch zwei umstrittene Elfmeter noch den Ausgleich – 2:2. Auch die Austria muss sich nach 2:0-Führung bei Alkmaar mit einem 2:2 zufrieden geben. Sturm verliert daheim gegen Anderlecht mit 0:2.

21. OKTOBER

DOPPELPACK FÜR VANEK: Beim 3:0-Sieg seiner Buffalo Sabres im NHL-Duell gegegen Florida steuert Thomas Vanek gleich zwei Treffer bei und wird zum „Spieler des Abends" gewählt.

22. OKTOBER

PODEST-PLATZ ZUM AUFTAKT: Beim Auftakt des Ski-Winters in Sölden fährt Elisabeth Görgl im Riesenslalom auf Platz drei. Den Sieg holte US-Girl Lindsey Vonn vor der Deutschen Viktoria Rebensburg.

SCHARNER GLÜCKT SIEGESTOR: Im Derby bei Aston Villa gelingt England-Legionär Paul Scharner beim 2:1-Sieg seines Teams West Bromwich das Siegestor.

23. OKTOBER

REMIS IM DERBY: Im 299. Wiener Derby geht die Austria zwar in Minute 38 durch Tomas Jun in Führung, aber noch knapp vor der Pause gleicht der Rapidler Guido Burgstaller zum 1:1-Endstand aus.

DEBÜT-TREFFER FÜR ALABA: Beim Duell Hannover 96 gegen Bayern München gelingt David Alaba sein Debüt-Treffer für Bayern in der Deutschen Bundesliga. Es bleibt aber beim 2:1 für Hannover und damit beim Sieg für Emanuel Pogatetz im „Ösi"-Duell.

23. OKTOBER

BRONZE FÜR SCHÖRGHOFER: US-Boy Ted Ligety holt sich beim Riesentorlauf in Sölden Sieg vor dem Franzosen Alexis Pinturault. Bronze für Österreich erobert Philipp Schörghofer und damit den ersten Herren-Podestplatz in Sölden seit 2005.

24. OKTOBER

AUS IN RUNDE EINS: Im Vorjahr war er noch ins Finale eingezogen, diesmal scheitert Andreas Haider-Maurer aber bereits in Runde eins des Tennis-Turniers in Wien. Gegen den Südafrikaner Kevin Anderson setzt es ein 4:6, 4:6.

25. OKTOBER

EMOTIONELLER ABSCHIED: In der Wiener Stadthalle gibt es für Thomas Muster einen emotionellen Abschied von der Tennis-Bühne. Vor 8000 Fans verliert der 44-Jährige gegen das Talent Dominic Thiem mit 2:6, 3:6. Der ehemalige Paris-Champion hat bei seinem Karriereende Tränen in den Augen.

26. OKTOBER

RAPID-AUS IM CUP: Im Cup-Achtelfinale setzt es für Rapid daheim eine 1:2-Pleite gegen Ried. Die Austria siegt bei Viertligist Reichenau mit 2:0.

GOLDTOR VON IVANSCHITZ: Im Cupspiel von Mainz 05 in Hannover trifft Andreas Ivanschitz in der Verlängerung (94.) zum 1:0-Sieg seiner Mainzer.

27. OKTOBER

MELZER SOUVERÄN: Titelverteidiger Jürgen Melzer startet souverän in das Turnier in der Wiener Stadthalle. Gegen den Spanier Guillermo Garcia-Lopez gewinnt der österreichische Tennis-Star im Achtelfinale 7:5, 6:1.

28. OKTOBER

BITTERES AUS: Jürgen Melzer bezieht im Viertelfinale des Tennis-Turniers in der Wiener Stadthalle eine bittere Niederlage gegen den Südafrikaner Kevin Anderson – 3:6, 3:6.

30. OKTOBER

TSONGA HOLT SICH SIEG: Beim Tennis-Turnier in Wien holt sich der Franzose Jo-Wilfried Tsonga den Sieg. Im Finale bezwingt er den Argentinier Juan Martin del Potro 6:7, 6:3, 6:4.

OLYMPIA-TICKET GESICHERT: Günther Weidlinger und Andrea Mayr sichern sich beim Frankfurt-Marathon das Ticket für Olympia 2012 in London. Weidlinger belegt in einer Zeit von 2:12:23 Rang 23. Mayr holt in 2:32:33 Platz 14.

MOTORSPORT

Auf die Bullen ist einfach Verlass! Dank Red Bull Racing wird die österreichische Bundeshymne zum internationalen Hit, denn bei den Siegerehrungen nach Grand Prix Rennen wird immer die Hymne des Fahrers und des Teams gespielt. Nach 8 Jahren Formel 1 der absolute Champ: zwei Fahrertitel, zwei Mal Konstrukteurssieger. Mehr geht da wirklich nicht.

PIRELLI
PIRELLI
PIRELLI
TOTAL

PIRAT UNTER ROTWEISSROTER FLAGGE

Da stand er nun. Hielt das Mikrofon in der Hand und sang aus vollem Munde Frank Sinatras ewig legendären Klassiker „My way". Mein Weg. Wie gut passte das zu diesem Tag, an dem er mit 24 Jahren zum jüngsten Doppel-Weltmeister aller Zeiten geworden war. Ein dritter Platz in Suzuka hatte Sebastian Vettel schon gereicht. Nach neun Triumphen in den vorangegangenen 13 Rennen des Jahres 2011. Eine Dominanz, wie man sie bis dato nur von Michael Schumacher gekannt hatte. Aber das Lied, das der Deutsche auf dem Weg zum zweiten Titel in Serie am öftesten zu hören bekommen hatte, war nicht Sinatras „My way". Auch nicht „Eye of the Tiger", mit dem er sich in Rocky-Manier knapp vor den Starts so richtig heiß für die Rennen macht. Sondern die österreichische Bundeshymne „Land der Berge" ...

Der Formel-1-Pirat ging unter rot-weiß-roter Flagge auf seinen gigantischen, mitreißenden Beutezug. Eingebettet in das Red-Bull-Team, das Jahr für Jahr mit größerer Perfektion, mit noch höherer Professionalität seine Erfolgsgeschichte weiterschreibt. Wie das sprichwörtliche Schweizer Uhrwerk. Oder wie Vettel selbst. Er ist erst der vierte deutschsprachige Weltmeister der Geschichte nach Jochen Rindt, Niki Lauda und Michael Schumacher. Und vor allem Rindt,

Wieder Weltmeister – da zog Niki Lauda zum zweiten Mal in Folge seine berühmte Kappe vor Sebastian Vettel.

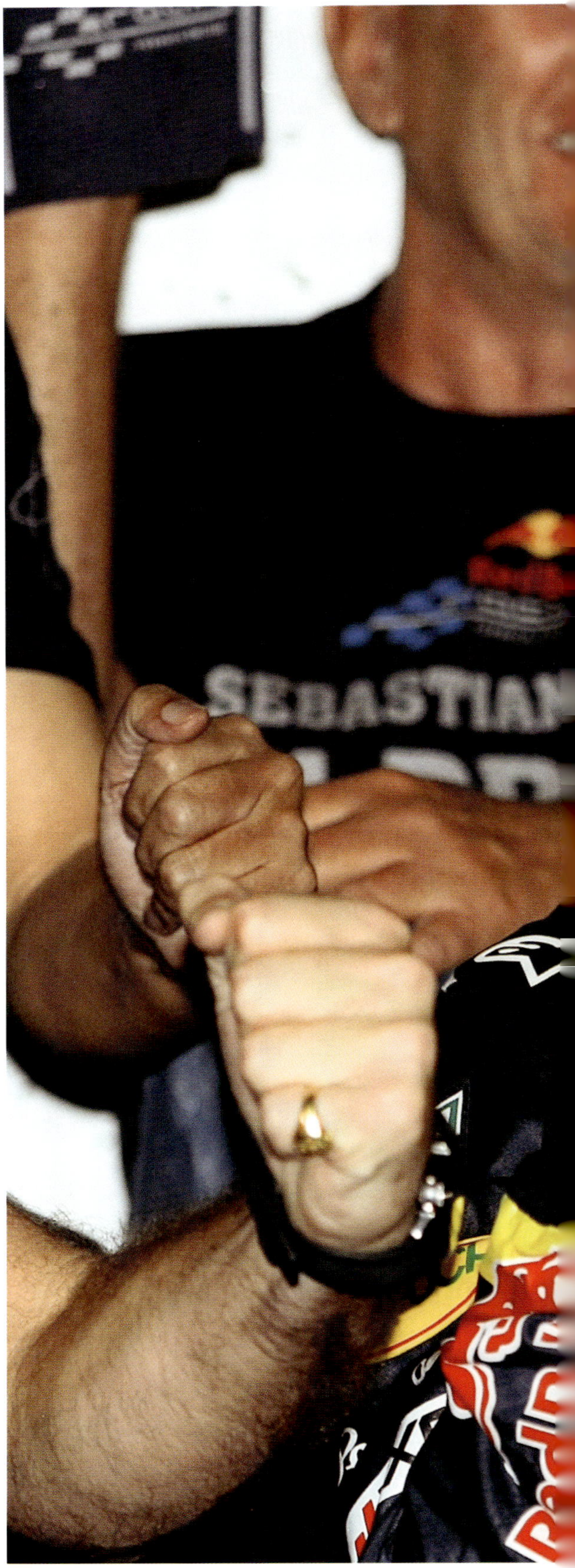

Red Bull
Red Bull

dieser charismatische Österreicher, der 1970 auf dem Weg zu seinem Titel in Monza auf so tragische Weise ums Leben gekommen ist, faszinierte Vettel immer schon. „Ich habe alle Dokus gesehen, alle Bücher gelesen – waren die Formel-1-Piloten früher wirklich so wilde Hunde?", fragte er einmal und fügte an: „Mir kommt vor, damals war mehr Kameradschaft zwischen den Piloten als heute."

Damit sprach er wohl auch den ständig schwelenden Konflikt mit seinem Teamkollegen Mark Webber an. Der 2011 im Gegensatz zum Vorjahr aber nie wirklich zum Ausbruch kam. Zu weit entfernt, zu überlegen war der Deutsche da dem Australier. Aber Feinde hat Vettel in der Formel 1 eigentlich keine. Dazu ist er viel zu sympathisch, viel zu nett, viel zu problemlos. „Er ist genau der Champion, den alle wollen. Am Boden geblieben, zugänglich, freundlich – nur wenn er ins Cockpit steigt, wird er zum Killer, zum alles fressenden Raubtier", zieht auch Österreichs Dreifach-Weltmeister Niki Lauda vor Vettel seine berühmte rote Kappe.

Vor dem Menschen Sebastian, der im Auto zur Maschine wird. Ohne Emotionen. Ohne Nervosität. Ohne Fehler. Und der, wenn er aussteigt, genauso professionell bleibt. Der zwischen zwei Asien-Rennen zurück nach Europa fliegt, um im Simulator noch besser, noch unfehlbarer zu werden. Der aber auch sein Leben zu genießen weiß. Aber selbst wenn er wie ein jugendlicher

Der Boss und sein Musterschüler: Didi Mateschitz förderte Sebastian Vettel von Kindheitstagen an – der dankte es ihm mit bis jetzt zwei WM-Titeln.

INFINITI
ServusTV

Interrail-Reisender kurzerhand mit Rucksack nach Hawaii reist, studiert er im Flugzeug noch akribisch alle Daten. Österreichs Reporter-Legende Heinz Prüller: „In mancher Hinsicht erinnert er mich da sogar an den großen Ayrton Senna."

Wie bei Senna war der Rennsport auch bei Vettel immer schon der Lebensinhalt. Mit zehn kam er etwa mit einem Album voller Zeitungsausschnitte zur Essener Motorshow und erzählte frech: „Ich bin Sebastian Vettel und ich brauche zum Rennfahren Sponsorengelder."

Die hat er längst. Mittlerweile sogar in mehrfacher Millionenhöhe. Und auch von den Erfolgen her ist er längst in die Fußstapfen der Allzeit-Größen der Geschichte getreten. In jene von Lauda, von Senna, von Schumacher. Nicht umsonst erklärte etwa selbst Formel-1-Boss Bernie Ecclestone in einem Interview: „Sebastian kann sogar sieben Titel gewinnen!" Genau wie Schumi ...

Nur selten sahen die Gegner in der Saison 2011 Sebastian Vettels Red Bull im Rückspiegel ...

DIE DOPPELTE ÖSTERREICHISCHE ERFOLGSSTORY

Wer vor zehn bis 15 Jahren etwa in Nordamerika war, suchte in den riesigen Supermärkten noch vergeblich nach den kleinen, blau-silbernen Dosen. Nach jenem Getränk, das ein gewisser Didi Mateschitz 1982 während einer Thailand-Reise mehr oder weniger zufällig entdeckt hatte. Das den Namen Kratin Daeng trug und, wie er rasch merkte, etwa bei der Überwindung des Jetlags wahre Wunder wirkte. Von diesem Tag an trat

Ein akribischer Weltmeister: Vettel „untersucht" ganz genau das Cockpit von Konkurrent Ferrari.

es unter dem Namen Red Bull einen gigantischen Siegeszug an. Nahezu auf der ganzen Welt. Längst steht es auch in amerikanischen Supermärkten in jenen Regalen, die den Kunden sofort ins Auge stechen. Auf Poleposition. Genau wie die Red-Bull-Boliden zumeist in der Formel 1.

Aber überhaupt ist der Siegeszug des Teams in der Königsklasse sehr gut vergleichbar mit jenem der ganzen Marke an sich. Eine doppelte österreichische Erfolgsstory. Auch in der Formel 1 wurde alles behutsam aufgebaut. Man ließ sich nicht aus der Ruhe bringen, als es in den Anfangsjahren nicht nach Wunsch lief und schon manche Spötter und Neider auf den Plan traten: „Auch der Mateschitz muss ja einmal scheitern ..."

Tat er nicht. Spätestens mit der Verpflichtung von Superhirn Adrian Newey wurden auch im Motorsport die Weichen in jene Richtung gestellt, in die Mateschitz immer wollte. In Richtung Nummer 1. Immer näher dem Ziel entgegen steuernd, auch auf der Rennstrecke einfach der Beste der Welt zu sein.

Auch das kann er längst für sich in Anspruch nehmen. Wie schon im Jahr 2010 holte Red Bull auch 2011 ganz souverän die Marken-WM. Und wie im Vorjahr war es nur eine Frage der Zeit, bis der Titel feststehen würde. Zweimal in Folge Fahrer- und Konstrukteurs-Weltmeister, das ist selbst den großen Teams der Formel 1 nur ganz selten gelungen. Zuletzt Renault mit Fernando Alonso in den Jahren 2005 und 2006. Davor Ferrari in der ganz großen Zeit des Michael

Die ersten acht Siege des Sebastian Vettel auf dem Weg zur Titelverteidigung – von links oben nach rechts unten: Melbourne, Kuala Lumpur, Istanbul, Barcelona, Monte Carlo, Valencia, Spa und Monza.

Red Bull
INFINITI

Red Bull
INFINITI

Red Bull
INFINITI

GRAN PR
2011
Red Bull
INFINITI

Mit dem neunten Saisonsieg in Singapur war der Titel fast eingefahren, nach Platz drei in Suzuka war dieser dann fix – da durfte das ganze Team dann endgültig jubeln!

Schumacher. Mateschitz selbst genoss den Triumph wie gewohnt: Still, zurückgezogen, ohne jeglichen Ansatz von Überheblichkeit, ja fast ein wenig bescheiden. „Wir haben wieder alles richtig gemacht", ließ er nur wissen. Und diese Worte sind ohne jegliches Wenn und Aber zu unterstreichen. Sebastian Vettels Poleposition in Suzuka war etwa die 15. des Teams am 15. Grand-Prix-Wochenende des Jahres 2011 und die bereits 16. in Serie für das Team. Aber alles nur eine Momentaufnahme. Denn die Erfolgsgrenzen scheinen für das Red-Bull-Team nach oben hin offen zu sein. Genau wie für das gleichnamige Getränk, das tagtäglich millionenfach getrunken wird. Auf der ganzen Welt.

DER MANN MIT DEM GENIALEN BLICK

1972 hatte im Grand Prix von Frankreich ein durchs Visier fliegender Stein zwar sein Auge zerstört. Der geniale Blick für Talente ging dadurch aber nicht verloren. Ganz im Gegenteil. Auch Sebastian Vettels riesiges Potential hat der Steirer Dr. Helmut Marko von Anfang an erkannt und seither in einer ebenfalls an Genialität grenzenden Art und Weise gefördert. Bis hin zum Höhepunkt. Als Motorsportchef von Red Bull durfte Marko jetzt mit seinem Schützling bereits über zwei WM-Titel jubeln. Ein weiteres rot-weiß-rotes Mosaiksteinchen im Erfolgs-Puzzle des Deutschen, der somit tatsächlich eine viel größere Österreich-Affinität hat als fast alle seine Landsleute, die davor in Weltsportarten ähnliche Erfolge gefeiert hatten.

Der Mann mit dem genialen Blick: Helmut Marko erkannte von Anfang an Sebastian Vettels riesiges Potenzial.

Die Nummer eins in der Formel 1: Das Team von Red Bull gewann in der „Königsklasse des Motorsports" zum zweiten Mal in Folge die Fahrer- und Konstrukteurswertung.

S VETTEL
TOTAL

claro
SKI AUSTRIA

wustenrot
SKI AUSTRIA
reusch

pewag
Eisbär
SKI AUSTRIA
claro
Milka
Schöffel
A1

REFORM FENSTER
SKI AUSTRIA
Schöffel

SKI AUSTRIA
Eisbär

ALPINE SKI-WM

In Garmisch-Partenkirchen, gleich hinter der österreichischen Grenze, sind unsere Ski-Damen zu Heldinnen der Nation geworden! Überraschungs-Kombi-Champion Anna Fenninger hat ebenso begeistert wie unsere neue „Speed Queen", Doppelweltmeisterin Lizz Görgl. Unsere Slalom-Königin Marlies Schild hat mit Gold endgültig ihren WM-Fluch abgelegt!

GESUNGEN, GESIEGT UND GEWEINT

Frühsommerliches Treffen mit Elisabeth Görgl in Gars am Kamp. Die Steirerin, die lange Zeit so verbissen und beinhart an sich selbst arbeitete, wirkt völlig entspannt. Im Strahlen ihrer Augen spiegelt sich förmlich die Lockerheit des Erfolges wider. Sie erzählt von ihren nächsten Zielen, vom großen Traum von einer Olympischen Gold-Medaille. Und vom Besuch beim Konzert von Herbert Grönemeyer und dem Treffen mit dem Superstar der deutschen Musikszene, das sie so tief beeindruckt hat. Aber Deutschland und Musik prägten ihr Jahr 2011 nicht nur wegen Grönemeyer. Sondern auch noch aus viel bedeutenderem, viel nachhaltigerem Grund: aus goldenem ...

Zur Eröffnung der Ski-WM begeisterte Lizz Görgl als Sängerin – einen Tag später begeisterte sie dann alle auf der Piste und raste im Super-G zu ihrer ersten Goldmedaille.

Es war Montag, der 7. Februar. Der Tag, an dem die Ski-Weltmeisterschaften in Garmisch eröffnet wurden. Vor über 10.000 Fans, darunter auch die deutsche Kanzlerin Angela Merkel, sang Lizz Görgl die WM-Hymne „Between Heaven and Hell". Begeisterung. Euphorie. Aber keiner, wirklich keiner, konnte ahnen, wie oft die knapp 30-jährige Steirerin in den nächsten Tagen noch im grellen Licht dieser Scheinwerfer stehen würde ...

„Das mit dem Singen", sollte sie Monate später erzählen, „wurde auch kritisiert. Weil ich mich dadurch, so meinten sie, nicht voll auf die Rennen konzentrieren könne. Aber letztlich war es sicher eines der Erfolgsgeheimnisse. Weil es mich abgelenkt, lockerer und entspannter gemacht hat." Genauso, wie sie auch in Zukunft sein will. Nicht mehr nur kämpfen um jeden Preis, nicht mehr ständig mit dem eigenen Dickschädel, der ihr selbst so oft im Weg stand, durch die Wand rennen wollen. Das nahm sie sich sofort nach dem Triumph im Super-G vor. Gleich am Tag nach der Eröffnung hatte sie ihre erste WM-Goldene gewonnen. Mit einer waghalsigen, atemberaubenden Fahrt auf der total vereisten Kandahar-Piste von Garmisch. Wieder stand sie am Abend somit auf der Bühne am Hauptplatz. Und als aus den Boxen „Land der Berge" erklang, rannten Lizz, die davor oft so

A1
Schöffel
Kronen Zeitung

Lizz Görgl, mit zwei Goldmedaillen die strahlende Ski-Königin von Garmisch.

unnahbar und kühl gewirkt hatte, Tränen über die Wangen. „Dass für mich einmal unsere Hymne gespielt wird, davon habe ich schon als Kind geträumt!" Es sollte nicht das einzige Mal bei dieser WM gewesen sein ...

Abfahrt. Die Königsdisziplin. Und nur fünf Tage nach dem Triumph im Super-G krönte sich Lizz bereits endgültig zur Königin von Garmisch. Was heißt Königin? Zur Kaiserin! Fast eine halbe Sekunde Vorsprung hatte sie im Ziel auf Lindsey Vonn, die für viele vor diesen Titelkämpfen gerade in der Abfahrt als unschlagbar gegolten hatte. Und schaffte somit als erst fünfte Läuferin der Geschichte das Kunststück, in beiden Speed-Disziplinen Gold zu holen. Wahnsinn! Und auch Lizz selbst war nach dem zweiten Triumph endgültig und restlos überwältigt. „Absolut geil ist das! Mir läuft es richtig kalt den Buckel runter", stammelte sie mehr, als sie sprach. Um sich dann einen gewissen Seitenhieb auf das rot-weiß-rote Männerteam, das zum gleichen Zeitpunkt mit nur einer Silbernen dastand, nicht zu verkneifen: „Jetzt sind wir das starke Geschlecht!"

Kollegin Anna Fenninger strahlte als Weltmeisterin in der Kombinbation ebenso.

Genau eine Woche später, am 20. Februar, feierte Lizz ihren 30. Geburtstag. Am Vormittag ganz gemütlich mit Freund Manuel und ihrer Familie, am Abend beim großen Empfang in ihrer Heimat. Es war der schönste Geburtstag ihres Lebens. Gekrönt von Doppel-Gold, unvergessen für alle Ewigkeit. Nicht nur für sie selbst: auch für die Ski-Nation Österreich.

FESCH, FRECH UND FENNINGER

Sie wirkt wie ein Model, wenn sie im Bikini beim Kitesurfen oder beim Wakeboarden den richtigen Kick sucht. Sie wirkt ganz im Gegensatz dazu wild und verwegen, wenn sie sich auf ihre Motocross-Maschine schwingt. Aber Vielseitigkeit, das ist Anna Fenniger nicht nur im Sommer. Vielmehr noch im Winter. Da wollte sie sich nie reduzieren lassen auf eine Speed-Läuferin, son-

dern immer mehr sein: Allrounderin, einmal ernsthaft auf die große Kristallkugel für den Gesamtweltcup losgehen. Sprich: In allen Disziplinen zur Spitze zählen. Genauso eben wie an jenem 11. Februar 2011 in Garmisch ...
14.42 Uhr war es genau, als der bis dato größte Triumph der erst 21-jährigen Salzburgerin feststand: Weltmeisterin in der Kombination, Gold! Wie ein Wasserfall rannten die Tränen über ihre Wangen. „Ich bin überglücklich", schrie sie ihre Freude in die Welt hinaus, „aber Anna und Weltmeisterin - das passt doch eigentlich gar nicht zusammen ..."
Aber ja, liebe Anna! Und wie das passt! Fast zu gut sogar. Sonst hätte sie nicht schon in so jungen Jahren all die Vorschusslorbeeren geerntet, die letztlich zu einer zentnerschweren Last wurden. Wäre nicht schon mit der großen Annemarie Moser-Pröll verglichen worden, noch ehe sie ihr erstes Weltcuprennen fuhr. Und wäre sicher nicht trotz ihrer Jugend schon derartig kritisiert worden, als es nicht so lief wie von vielen erwartet. „Ich bin sensibel, mir gehen solche Dinge schnell nahe", gestand sie nach ihrem Triumph auch, „und das war für mich auch lange Zeit ein Problem."
Den Interview-Marathon nach der Goldenen bewältigte sie dagegen mit einer bewundernswerten Leichtigkeit für eine 21-Jährige. Sie plauderte, lächelte charmant, schien jeden Satz zu genießen. Und sie sammelte Sympathien wie einst ihr großer Schatten Moser-Pröll ihre Siege. „Ich höre so oft Interviews, in denen die Mädels gar nicht das sagen, was sie meinen. Das kann ich nicht, das will ich auch nicht: Ich könnte mir beim Interview nie selbst etwas vorlügen."
Deshalb konnte und wollte sie auch ihren Ärger, ihre Kritik nicht für sich behalten. Als sie eben an jene Zeiten dachte, in denen man sie als etwas naives Wunderkind gehandelt hatte. „Ich hätte Hilfe gebraucht, das kann ich heute sagen. Im Tief hat man mich alleine gelassen. Und das war schade. Weil ich weiß, dass man es besser hätte machen können. Aber ich hab's geschafft - und ich bin stolz drauf!"
Fesch, frech - Fenninger ...

Die 21-jährige Salzburgerin Anna Fenninger unterwegs zu Gold in der Kombination, dem bisher größten Triumph in ihrer noch jungen Karriere.

MIT HÖLLENRITT TRAUM ERFÜLLT

Ausnahmezustand! Alle waren angespannt. Schafft sie es endlich, setzt sich die Slalomkönigin in Garmisch Partenkirchen endlich die Krone auf? Starr der Blick, einsilbig die letzten Interviews, nervig die Fragen der Journalisten. Der Druck war groß für Marlies Schild – wie eine Riesenlast, die sie sich aufgeladen hatte. Sechs Mal ist die Salzburgerin bei Großereignissen in ihrer Paradedisziplin „gescheitert": drei Mal Silber, ein Mal Bronze – eine Bilanz, auf die andere stolz gewesen wären, geschlagen von Kostelic, Pärson, Zahrobska oder Riesch.

Nach dem ersten Durchgang hauchdünn die Führung nur 21/100 vor Poutiainen, schien sich im 2. Lauf wieder alles gegen Schild verschworen zu haben: Frühlingshafte Temperaturen, eine Piste, die unter der extremen Sonneneinstrahlung von Läuferin zu Läuferin dahinzuschmelzen drohte. Es sollte dennoch reichen. Die siebentbeste Zeit im Entscheidungs-Heat, 34 Hundertstel vor Kathrin Zettel, die für einen rot-weiß-roten Doppelschlag sorgte. Nur drei Tage nach dem Kreuzbandriss ihres Freundes Benni Raich im Teambewerb war die Marlies endlich am Ziel ihrer Träume: Slalom-Gold. „Ich kann es gar nicht glauben. Es war ein Höllenritt. Ich durfte nie daran denken, dass es ein WM-Slalom ist." Dicke Tränen der Erleichterung kullerten über ihre Wangen!

Marlies Schild (rechts) und Kathrin Zettel sorgten für einen rot-weiß-roten Doppelsieg im Slalom.

TEAM ROT-WEISS-ROT – EINE ERFOLGSSTORY

Dass Österreichs Spitzensportler regelmäßig Topleistungen in den verschiedensten Sparten vollbringen, ist jedem Sportfan in diesem Land wohlbekannt. Doch auch abseits von Skipisten, Sprungschanzen, Schwimmbassins und Judomatten machen unsere Topsportler hervorragende Figur. Und das auch noch mit guter Laune und dank eines perfekten Teamworks, wie zahlreiche Aktionen der letzten Monate beweisen. TEAM ROT-WEISS-ROT ist der Name des Spitzensportförderungssystems des Bundes. Dieses Team wird gegenwärtig von den besten 450 Sportlerinnen und Sportlern (rund 330 Sommer und 120 Winter) der Republik gebildet. Das TEAM ROT-WEISS-ROT wird vom Bund mit rund 4 Millionen Euro pro Jahr unterstützt. Sportminister Mag. Norbert Darabos, der Gründer des TEAM ROT-WEISS-ROT: „Wir haben es uns zur Aufgabe gemacht, die Leistungsfähigkeit der besten österreichischen Athleten und Athletinnen zu optimieren und durch gezielte Maßnahmen das Trainingsumfeld zu verbessern. Dazu wurde ein Expertenteam aus den wichtigsten sportrelevanten wissenschaftlichen Bereichen einberufen – der Beirat für Spitzensportförderung, dessen Mitglieder ihre Aufgaben ehrenamtlich erfüllen."

Das TEAM ROT-WEISS-ROT ist aber auch eine öffentliche Plattform zur Bewusstseinsbildung, um der Bevölkerung die Vorzüge des Sports in all seinen Facetten näherzubringen. Die Öffentlichkeitsarbeit des Sportministeriums definiert sich zu einem großen Teil über die Sportler, also das TEAM ROT-WEISS-ROT.

Der Startschuss für die Auftaktkampagne „Wir sind Sieger" erfolgte im November 2009. Als nächster Etappenschritt wurde im Februar 2010 ein Anti-Doping-Spot produziert. Die aktuelle Kampagne trägt den Titel „Bring Dich ins Spiel" und wurde vor dem Hintergrund der drei Groß-events (American-Football-WM, Faustball-WM und Eurovolley) entwickelt, die 2011 in Österreich stattfanden und sich zu großen organisatorischen Erfolgen gestalteten.

Sportminister Norbert Darabos mit Mannschaftssportlern aus Volleyball, Faustball und American Football. Das Veranstalterland Österreich setzte bei allen Events neue Maßstäbe.

Mit der Startoffensive „Wir sind Sieger" 2009 begann die Erfolgsstory des TEAM ROT-WEISS-ROT.

Fotos: Sportministerium

Der zentrale Slogan „Bring Dich ins Spiel" wurde nicht zufällig gewählt, sind darin doch gleich mehrere Botschaften enthalten. In jedem von uns, egal ob Spitzensportler, Freizeitsportler oder (noch) Passivsportler, steckt von Natur aus der Drang nach Spiel und Bewegung. Großveranstaltungen bieten eine ideale Möglichkeit, dieses Begeisterungs-Potenzial abzurufen, sei es durch eine Teilnahme als Zuschauer und Unterstützer bei den einzelnen Bewerben, sei es im Idealfall auch durch die persönliche körperliche Betätigung. Nach der Botschaft „Lass dich nicht versteinern – beweg dich!" aus dem Vorjahr setzte das TEAM ROT-WEISS ROT seine Kampagne auch 2011 konsequent fort.

TEAM ROT-WEISS-ROT

SILBER VOLLER SCHATTEN

Silber im Teambewerb. Geschlagen von Frankreich. Als Ski-Nation Nummer 1, als die man sich immer wieder gerne rühmt. Und zwar seit Jahren. Soll man da feiern? Oder doch etwas infrage stellen, wie es möglich sein konnte, dass man nicht Gold gewann? Ganz egal, zumindest in diesen Momenten. Denn es lag sowieso ein dunkler, ein niederschmetternder Schatten über dieser Medaille, die Anna Fenninger, Michaela Kirchgasser, Marlies Schild, Romed Baumann und Philipp Schörghofer geholt hatten. Diese fünf – und: Benni Raich!

Ja, auch er hat Team-Silber 2011 daheim in seinem Vitrinenschrank. Obwohl er zum Zeitpunkt, als die Medaille fixiert wurde, schon in Innsbruck im Krankenhaus war. Gestürzt war er nicht. Ausgehoben hatte es ihn halt in seinem ersten Lauf. Aber er fuhr danach, beobachtet von den TV-Kameras, noch selbst ins Ziel. Umso niederschmetternder war für alle dann die Diagnose:

Als sich Philipp Schörghofer, Michaela Kirchgasser, Anna Fenninger und Romed Baumann mit ihren Team-Silbermedaillen ablichten ließen, fehlten zwei: Marlies Schild war ihrem Herzbuben Benni Raich, der einen Kreuzbandriss erlitten hatte, ins Spital nachgefahren.

Kreuzbandriss im linken Knie, WM vorbei, der Rest der Saison natürlich auch. Die erste wirklich schwere Verletzung in der Laufbahn des Doppel-Olympiasiegers und dreifachen Weltmeisters. Eine Verletzung, die im Alter von fast 33 Jahren wie im Fall von Raich die ganze Karriere gefährdet. Aber er, dieser Vorzeige-Profi, richtete seinen Fans gleich direkt nach der Operation: „Es wird weitergehen."

Von dieser Sekunde an arbeitete er mit gewohnter Perfektion an seinem Comeback. Ganz behutsam baute er seinen Körper wieder auf. Und als er Monate später im August in Sölden erstmals wieder auf Skiern stand, wirkte er grenzenlos befreit: „Ich fühle mich wie ein junger Adler, der lange und sehnsüchtig auf seinen ersten Flug gewartet hat."

Er wirkte bei diesen Worten entschlossen wie eh und je. Und er, der sich sonst oft in nobler Zurückhaltung übte, überraschte viele mit seinen Worten, indem er erklärte: „Körperlich fühle ich mich sogar fitter als je zuvor!" Weil die Verletzung nach all den aufreibenden Profi-Jahren endlich Gelegenheit zu einer Pause und zum anschließenden kompletten Neuaufbau gab. Ende gut, alles gut? Mag sein. Aber an diesem Tag in Garmisch war Raichs Kreuzbandriss wie ein donnernder Keulenschlag für das davor ohnehin von Verletzungen schon so gebeutelte Herrenteam. Und es sollte noch immer nicht der letzte Ausfall sein ...

FÜNF VOR ZWÖLF

Fast gleichzeitig mit dem Raich-Malheur hatte auch Hannes Reichelt eine Schrecksekunde erlebt. Im Riesentorlauf-Training war er in Ehrwald, nur wenige Kilometer von Garmisch entfernt, in eine der Plastik-Absperrungen am Pistenrand gedonnert. Hatte er noch am Abend nach dem Sturz trotz der Schmerzen in beiden Knien auf einen Start im kommenden Riesentorlauf gehofft, so musste am Tag danach auch er w. o. geben: Gelenksprellung und Bluterguss im linken Knie, an ein Rennen war nicht zu denken. Der nächste Rückschlag. Aber wenigstens hatte Reichelt seine Medaille schon in der Tasche ...

Milka
claro
pewag
A1
Kronen
Zeitung
iglo

16
LEKI

Hannes Reichelt auf der Fahrt zur Silbermedaille im Super-G, tags darauf jubelte dann mit Philipp Schörghofer der nächste über Edelmetall: Platz drei im Riesentorlauf.

„Ich werde ‚A beautiful day´ von U 2 hören, weil es für mich ja ein schöner Tag werden soll", hatte der 30-jährige Radstädter vor dem Super-G gemeint. Wobei er selbst nicht zu hoffen wagte, dass sein 9. Februar 2011 letztlich sogar perfekt zu diesem Song passen sollte. Es wurde sogar ein wunderschöner Tag. „Ich muss mich auf dem Boden halten, damit ich nicht auch ohne Flugzeug abhebe", strahlte er mit der Silbernen um den Hals. Jener Mann, der in der langen Zeit der sportlichen Tiefschläge die Ausbildung zum Privatpiloten machte, um dabei ein wenig Ablenkung von all den Niederlagen zu finden. Und der dann innerhalb von wenigen Tagen zuerst zur WM und dann auch noch zu seiner ersten Medaille bei einem Großereignis flog. Fünf vor zwölf ...
Es war wirklich fünf vor zwölf für Reichelt. In vielerlei Hinsicht. Seit dem Gewinn der Super-G-Kristallkugel im Jahr 2008 schien in seiner Karriere nichts mehr so recht zusammenzulaufen wollen. Logisch, dass man da zu zweifeln beginnt. Unwillkürlich, willkürlich - aber in jedem Fall. Ganz sicher. „Vor ein paar Tagen habe ich nicht einmal gewusst, dass die WM in Garmisch stattfindet", meinte Reichelt nach der Siegerehrung. Weil sie aufgrund der Ergebnisse so unerreichbar weit weg schien. Aber dann kam Hinterstoder, die Generalprobe für die Titelkämpfe. Reichelt, den kein Mensch auf der Rechnung hatte, gewann den Super-G und wurde am nächsten Tag im Riesentorlauf Vierter. Um bei der Weltmeisterschaft den größten Erfolg seiner Karriere zu landen. Zusätzlich motiviert hatte ihn dabei das Treffen mit Stephan Eberharter. Vor dem Rennen hatte ein Fotograf um ein Bild gebeten. Weil der Tiroler, schon 1991 Champion in dieser Disziplin, mit seinem zweiten Titel im Jahr 2003 auch Österreichs bislang letzter Weltmeister im Super-G war. „Das hat mich zusätzlich motiviert. Am Start erinnerte ich mich an seinen ersten Titel 1991. Ich war ein kleiner Bub und erlebte, wie er, der junge Bursche, mit dem keiner rechnete, Gold holte. Und dann sagte ich zu mir selbst: Hannes, vielleicht schaffst du ja auch was, was noch vor kurzem jeder für unmöglich gehalten hat ..."

HÜPFEN, SCHÖRGIS!

Er stand auf der Bühne des „Tirol-Bergs" und sang, begleitet von der Band „Klimmstein", aus voller Kehle „Paris, Paris". Jener Song, mit dem seine Freunde, die ebenfalls sofort nach Garmisch gekommen waren, bei der Vorausscheidung zum Song-Contest letztlich nur knapp scheitern sollten. Auch für Philipp Schörghofer hatten sie ein Lied geschrieben. „Ohne Pokal geh i net ham", rapt der Skistar dabei selbst. Wobei es in diesem Fall eigentlich „ohne Medaille" heißen hätte müssen ...
Noch dazu, wo es eine entgegen aller Logik war. Gegen alle Gesetze. Da fielen mit Benni Raich, Hannes Reichelt und Marcel Hirscher gleich drei österreichische Sieganwärter aus - und dennoch

Mit Freundin Nina und der Band „Klimmstein" feierte Philipp Schörghofer auf der Bühne des „Tirol-Bergs" seine Bronzemedaille.

konnte Rot-weiß-rot nach dem Riesentorlauf jubeln. Allen voran die Fans des 28-Jährigen aus Filzmoos. „Wer nicht hüpft, der ist kein Schörgi", sangen sie auf der Tribüne ekstatisch. Und für ihren Helden selbst schien sowieso die ganze Welt zu springen. Er schrie vor Freude, küsste den Schnee und tanzte durchs Ziel, als Bronze in diesem Krimi endlich feststand. Ähnlich wie vor vielen Jahren. Als er im Nachwuchs einen Sieg nach dem anderen feiern konnte. „Ich glaube, ich hab so gut wie jedes Rennen gewonnen, bei dem ich an den Start gegangen bin", erzählte er glücklich. Und es war für alle Experten nur eine Frage der Zeit, wann er endlich auch im Weltcup so richtig zuschlagen würde. „Ich selbst habe auch immer gewusst, dass ich eigentlich bei den Schnellsten dabei sein müsste - auch deshalb habe ich schon vor der Saison klipp und klar gesagt, dass ich genug von siebenten und achten Plätzen habe."

Den eigenen Auftrag erfüllte er auf bravouröse Art und Weise. Aber Schörghofer punktete nicht nur auf den zwei Latten, die für ihn die Welt bedeuten. Auch mit seinem Auftreten, mit seiner Art: emotional, offen, sympathisch, charismatisch, cool. „Ich denke, dass man mir diese Medaille einfach gönnt", spürte auch er selbst die Freude der Menschen im ganzen Land, „weil ich so lange und so hart dafür kämpfen musste."

Nicht zuletzt wegen seiner zahlreichen Verletzungen. Und schon alleine deshalb dachte er in der Stunde des Triumphes auch an seine Teamkollegen, die das WM-Rennen nur im Fernsehen verfolgen konnten. „Ich selbst bin danach eigentlich immer stärker zurückgekommen - und ich bin fest überzeugt, dass das auch bei ihnen der Fall sein wird."

Ganz vergessen machen konnte er mit seinem Triumph all die Rückschläge nicht. Aber wenigstens von der Tatsache, dass es in Garmisch wieder keine Abfahrts-Medaille gegeben hatte und Österreichs Herren damit seit 2003 weiter vergeblich auf Gold in der Königsdisziplin warten müssen, sprach nach seiner Bronzenen kein Mensch mehr. Zumindest für ein paar Tage nicht ...

GASTEIN
Schöffel
HEAD
HEAD

SKI ALPIN HERREN

Der Herren-Weltcup wurde heuer von Hans Gruggers schrecklichen Kitz-Sturz überschattet. Dank seiner körperlichen Fitness und großartiger Ärzte gab es doch noch ein Happy End! Auch die Abschiedssaison unseres Abfahrtsweltmeisters Michael Walchhofer stand daher ein wenig im Schatten.

DER MANN, DER STÄRKER IST ALS DAS SCHICKSAL

Dort, wo sonst dröhnende Party-Kracher die Häuser in Kitzbühels Innenstadt erbeben lassen, ist es ungewöhnlich ruhig am Abend dieses 20. Jänner 2011. Es ziehen keine trunken und grölend feiernden Horden durch die Straßen und die Lautstärke-Regler sind in den meisten Sound-Anlagen fast auf Null gestellt. Ruhe und Besinnung statt Streif-Lärm und Ausgelassenheit. Der entsetzliche Sturz des Hans Grugger im ersten Abfahrtstraining, der tiefe Schock hat die sonst so polternde Hahnenkamm-Stadt förmlich gelähmt ...

Wir drehen das Rad der Zeit um ein paar Wochen weiter. Zu jenem Telefonat, das so wundersam und so erlösend wirkt. „Hallo, wie geht's", sagt Hans Grugger am anderen Ende der Leitung. Fast so, als ob nie etwas geschehen wäre. Auch seiner Stimme, seinen Worten ist nichts zu entnehmen. Nicht einmal dieses typische Zögern in Sprache und Reaktion, das die meisten Menschen, die im Koma lagen, oft auch Monate oder sogar Jahre nach ihren Unfällen noch begleitet. Bei ihm, bei diesem 29-jährigen Burschen, der offenbar noch viel stärker ist als sein Schicksal, war das anders. Er erzählt von den ausgiebigen Radtouren, die er daheim im Gasteinertal schon wieder macht, scherzt dabei: „Nur auf den Kopf sollte ich halt nicht wieder fallen." Und er denkt sogar schon wieder ans Skifahren: „Ich werde nichts überstürzen – aber es ist absolut mein Plan, es noch in diesem Jahr wieder zu versuchen."

Dabei ging es in diesen Tagen im Jänner wirklich um Leben und Tod. Nach dem fürchterlichen Sturz in der Mausefalle und den lebensrettenden Maßnahmen während der Erstversorgung oben am Berg hatte man Grugger im Hubschrauber in die Uni-Klinik Innsbruck geflogen. Fünfeinhalb Stunden wurde der Abfahrtsstar, der schwerste Kopfverletzungen erlitten hatte, dort notoperiert. Freundin Ingrid Rumpfhuber, einst selbst Rennläuferin, und seine Eltern Katharina und Alois standen ihm vor dem OP-Saal bei. „Jetzt",

Da war die Welt des rot-weiß-roten Skistars Hans Grugger noch in Ordnung ...

... doch wenige Sekunden später stockte der Skination der Atem: Schwerer Sturz, Notoperation, ein Land zitterte.

sagten sie, „brauchen wir Hilfe von oben." Und der Schweizer Daniel Albrecht, nur zwei Jahre davor nach einem schweren Sturz auf der Streif selbst im Koma, sprach aus, was der ganze Skizirkus in diesen Stunden dachte: „Ich bete für Hans!" Die Rennen selbst standen in den Tagen danach völlig im Schatten des Dramas um Grugger. Die Ungewissheit, die Angst um seine Gesundheit beschäftigte alle mehr als der Kampf um Hundertstel, als Siege. Und schon am Sonntag, noch vor dem zweiten Slalom-Durchgang, verriet Österreichs allmächtiger Ski-Präsident Peter Schröcksnadel gegenüber zwei Freunden: „Der Hans wird wieder!"

Worte, die sich in den Tagen danach mehr und mehr bestätigen sollten. Auf eine Art und Weise, die Mediziner heute noch als Wunder bezeichnen. Mit seinem unbändigen Willen und mit seinem perfekt durchtrainierten Körper, der ihm schon in den ersten Stunden das Leben gerettet hatte, eilte der Salzburger den normalen Rehabilitationsplänen förmlich davon. Viel beeindruckender noch als davor der Ski-Konkurrenz bei seinen vier Weltcup-Triumphen.

Als wir ihn im Juli in seiner Heimat Bad Hofgastein besuchten, war sogar der Plan für sein Ski-Comeback bereits wieder völlig konkret. „Im September will ich wieder fahren", sagte er. Dass er wieder völlig gesund wird, ein ganz normales Leben führen kann, das steht mittlerweile längst fest. „Ich genieße alles viel mehr als früher", erzählt der Skistar, der trotz sengender Hitze beim Sprechen keinerlei Ermüdungserscheinungen zeigt. Und fügt mit etwas nachdenklichem Blick in Richtung seines Elternhauses an: „Nur meine

Und freute sich dann über die ersten Bilder Gruggers aus dem Spital, ihm stets zur Seite Freundin Ingrid Rumpfhuber.

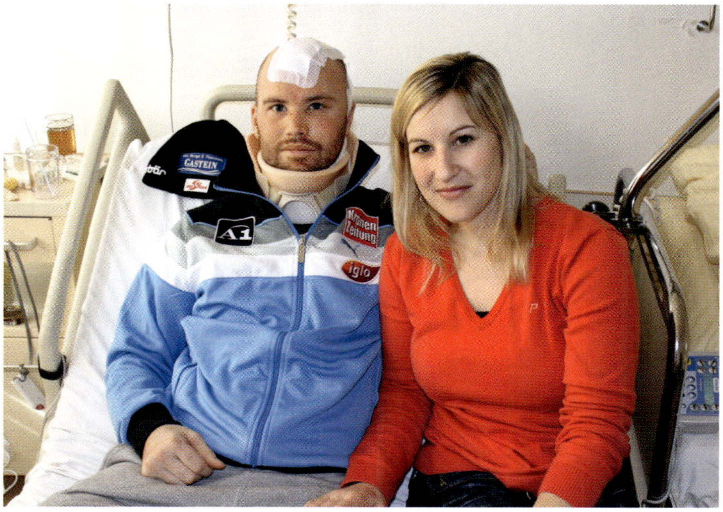

Familie hatte mit den Comeback-Plänen anfangs keine rechte Freude - aber ich habe mir schon die Erlaubnis geholt. Und sie haben sie mir auch gegeben." Am 12. Oktober stand er dann in Sölden wirklich erstmals wieder auf den zwei Brettln, die für ihn das Leben sind. Nach dem Sturz genauso wie davor. Laien hätten schon nach wenigen Schwüngen nie und nimmer erahnt, was er durchzumachen hatte. Und Hans strahlte mit der Bergsonne über dem Rettenbachferner um die Wette: „Ich bin unendlich dankbar, dass ich das erleben darf ..."

SCHWARZE WOCHEN

Der Abend nach Hans Gruggers Horrorsturz im Hotel „Kitzhof", in dem Österreichs Team seit vielen Jahren wohnt: Die Stimmung ist hier noch nachdenklicher, noch bedrückter als überall sonst im Ort. Bei den Funktionären, bei den Trainern und natürlich vor allem bei den Teamkollegen des Salzburgers. Mario Scheibers Eltern besuchen den Sohn für eine Viertelstunde. „Wie geht's dir", fragen sie besorgt. Er antwortet, scheinbar völlig emotionslos: „Danke, alles in Ordnung."

Aber diese Worte sind kein Ausdruck von Unmenschlichkeit. Sie sollen vielmehr Selbstschutz sein. Wenn Stürze wie dieser nicht sofort wieder aus den Köpfen der Rennläufer gebracht werden können, wird es nur noch gefährlicher. Sinngemäß sagt das in diesen Tagen jeder einzelne dieser Sportler, die sich nur wenige Stunden nach dem fürchterlichen Unfall des Freundes wieder die Mausefalle hinunterstürzen müssen. Sie wissen das alle. Und doch ist es nicht ganz gelungen. Weil es ohne diese gewisse Unsicherheit im Unterbewusstsein, die den Sportlern die letzte Konsequenz raubt, diese schwarzen Wochen für das rot-weiß-rote Team nie gegeben hätte ...

Genau eine Woche nach dem Drama um Grugger lag mit dem damals noch nicht 28-jährigen Scheiber wieder ein österreichischer Rennläufer bewusstlos im Schnee. Die beim Trainingssturz in Chamonix erlittene schwere Gehirnerschütterung beendete gemeinsam mit dem Schlüsselbeinbruch für den Osttiroler, den Verletzungen schon so oft zurückgeworfen hatten, er-

Genau eine Woche nach Hans Grugger erwischte es Mario Scheiber: Trainingssturz in Chamonix, schwere Gehirnerschütterung, Schlüsselbeinbruch, Saison zu Ende.

Gregor Streitberger sorgte in Chamonix für den nächsten Schock: Bruch des Schienbeinkopfes, WM ade. In Kitzbühel hatte er mit den Fans noch über Platz zwei im Super-G jubeln dürfen.

neut eine Saison vorzeitig. Im ersten Schock dachte Mario damals sogar ans Aufhören: „Ich weiß nicht, ob ich mir das alles nochmals antun will.“ Aber sofort, als er im Frühjahr daheim erstmals wieder die Ski anschnallte, waren Freude und Leidenschaft wieder da. Als wir ihn wenige Wochen später in Wien bei einem gemütlichen Heurigen-Abend trafen, präsentierte er sich durchtrainierter als je zuvor. Kraft für den neuerlichen Kampf ums Comeback gibt ihm vor allem sein erstes Kind: Die kleine Joleen kam im Juni zur Welt.

Nur 48 Stunden nach dem Schock um Scheiber wurde Österreichs Herrenteam vom nächsten Keulenschlag getroffen. In der Abfahrt von Chamonix zog sich der Salzburger Georg Streitberger einen Bruch des Schienbeinkopfes zu. Womit für die bevorstehende Weltmeisterschaft in Garmisch auch der bis dahin stärkste Super-G-Läufer der Saison ausfiel.

Und eine Woche später war sie auch für den Jungstar im rot-weiß-roten Team vorbei. Marcel

Hirscher, einer der aussichtsreichsten Anwärter auf Edelmetall in den technischen Bewerben und davor etwa Slalomsieger in Val d'Isère, zog sich im Riesentorlauf von Hinterstoder einen Knöchelbruch zu. Mit Grugger, Scheiber, Streitberger und ihm fehlten nun in Garmisch gleich vier seriöse Medaillen-Anwärter – und das nur ein Jahr nach der Jahrhundert-Pleite bei den Olympischen Spielen, wo Österreichs Herren 2010 nicht eine einzige Medaille geholt hatten.

Freud und Leid für die heimischen Ski-Fans in Hinterstoder: Während Marcel Hirscher einen Knöchelbruch erlitt, raste Hannes Reichelt im Super-G auf Platz eins.

GOLDENES HINTERSTODER

So sehr diese schwarze Serie alle Beteiligten verzweifeln ließ, so bemerkenswert war die Antwort des österreichischen Teams. Als es von all den Verletzungen geradezu auf den Boden „geprügelt" wurde, stand es in einer Art und Weise auf, mit der niemand gerechnet hatte und mit der man schon gar nicht rechnen durfte. Und vor dem Kampf um Gold in Garmisch wurde die Generalprobe im heimischen Oberösterreich zum „goldenen Hinterstoder" ...
Zuerst war es ausgerechnet Hannes Reichelt, der fast 25.000 Fans in Ekstase versetzte. Jener

Salzburger, der seit fast drei Jahren kein Rennen mehr gewonnen hatte. Der davor den Privatpilotenschein gemacht hatte, um sich in Zeiten der sportlichen Erfolglosigkeit abzulenken und auf andere Gedanken zu kommen. Der wochenlang, ja monatelang mit seiner Form ebenso gekämpft hatte wie mit der Suche nach der für ihn richtigen Material-Abstimmung. „Aber wenn ich solche Umstände zum Gewinnen brauche, siege ich lieber nie wieder", meinte er im Ziel nachdenklich. Weil damals in Bormio 2008, wo er auch die Kristallkugel im Super-G holte, kurz davor sein Freund Matthias Lanzinger sein linkes Bein verloren hatte. Und weil jetzt mit Grugger wieder ein Kollege schwer verletzt im Krankenhaus lag. „Aber jetzt, wo wir wissen, dass es dem Hans zumindest etwas besser geht,", sagte Benni Raich, der für einen rot-weiß-roten Doppel-Triumph sorgte, „können wir auch wieder etwas befreiter fahren ...."

Was sich nur rund 24 Stunden später abermals bestätigen sollte. Als Philipp Schörghofer das kleine Hinterstoder erneut zum Erbeben brachte. Endlich feierte der 28-jährige Salzburger, den viele Experten schon so lange auf ihrer Sieger-Rechnung hatten, seinen ersten Weltcup-Triumph. „Ich muss wahrscheinlich erst daheim den Teletext aufdrehen, damit ich das so richtig glauben kann", stammelte er bei der Riesentor-

Philipp Schörghofer krönte mit seinem Sieg im Riesentorlauf, seinem ersten überhaupt im Weltcup, das „goldene Hinterstoder-Wochenende"!

lauf-Siegerehrung überwältigt vor Glück und Freude. Die Freunde Reichelt und Schörghofer, die im Hotel in Hinterstoder das Zimmer mit der Nummer 7 teilten, hatten die Ski-Nation Österreich wieder hell strahlen lassen. Allen Verletzungen zum Trotz.

„DABEI WOLLTE ICH SCHON ALLES HINSCHMEISSEN“

Erstmals tauchte er Anfang Jänner in Adelboden mit dem Schriftzug „Krazy Kanguruh“ auf der Stirn auf. Das ist jene Apres-Ski-Bar in St. Anton, die sich Mario Matt im Sommer 2009 gekauft hatte. Als erster Skirennläufer überhaupt sponserte er sich somit selbst. Weil sonst keiner mehr Vertrauen in ihn, den einst so erfolgreichen Sportstar, setzte. „Mich selbst hat es auch schon brutal angezipft und ich wollte schon alles hinschmeißen“, sollte er ein paar Wochen nach Adelboden selbst gestehen.

Dazwischen lag eine sportliche Auferstehung, wie sie schon fast typisch für Matt ist. Für jenen Mann, der einst in Kitzbühel mit Nummer 47 sein erstes Weltcuprennen gewonnen hatte. Der

Den Schluck aus der Sektflasche hatte sich Mario Matt nach seiner Rückkehr an die Slalom-Weltspitze mit den beiden Siegen in Bansko und Kranjska Gora redlich verdient.

sich nach zwei schwersten Schulterverletzungen zurück in die Weltklasse kämpfte. Und der jetzt, nach dieser hartnäckigen Formkrise, in der Weltrangliste sogar aus den Top 40 geflogen war. „Ich bin im Europacup mit Nummern jenseits der 50 rumgegurkt - schön war das nicht." Aber er schaffte es wieder. In Adelboden fuhr er mit Nummer 43 und zweiter Laufbestzeit auf Rang vier, eine Woche später war er in Wengen wieder Schnellster im zweiten Durchgang und wurde Fünfter. „Eigentlich", sagte er damals im Ziel, „habe ich keine Sekunde wirklich an mir gezweifelt." Um in den nächsten Rennen eindrucksvoll zu beweisen, dass es auch keinen Grund dazu gab. In Garmisch hätte er nach zwei Goldenen als Vierter fast seine dritte WM-Medaille geholt und am Ende der Saison war er wieder das, was er in seiner Karriere schon so oft von sich behaupten konnte: Der beste, der schnellste Slalomläufer der Welt. Er siegte in Bansko und in Kranjska Gora, wurde beim Finale in Lenzerheide Zweiter. Der Adler vom Arlberg, wie ihn seine Fans nennen, ist eindrucksvoll zurück in die absolute Weltklasse geflogen.

DER ABSCHIEDSTOURNEE FEHLTE DIE KRÖNUNG

Besuch in Altenmarkt. Da und dort fallen bereits ein paar Blätter von den Bäumen, als ob sie signalisieren wollten, dass der Herbst mit immer größeren Schritten ins Land fällt. Jene Zeit, in der sich für Skirennläufer so viel entscheiden kann. Während der Vorbereitung, während des Trainings. „Ein bissl", sinniert Michael Walchhofer, mittlerweile 36 geworden, „geht mir das alles schon ab. Grad dass ich nicht auch die Koffer gepackt habe, als die anderen nach Chile geflogen sind." Sagt es und steigt ins Auto, um seine

Michael Walchhofer unterwegs auf der Piste, wie man ihn kennt – ein Bild, das es nach dem Rücktritt des Superstars ab der Saison 2011/12 nicht mehr geben wird.

Der letzte Weltcupjubel des Michael Walchhofer nach seinem Sieg in Kvitfjell – danach jubelten ihm und Gattin Barbara bei seinem großen Abschiedsfest seine Fans zu.

Söhne zum Fußballtraining und seine Tochter zum Ballett zu bringen ...

Das neue Leben des Abfahrtsstars. Er hält in seiner Heimat Management-Seminare, kümmert sich um sein „Hotel Central" und hat vor allem viel mehr Zeit für seine Familie als in all den Jahren zuvor. Als auch noch vor zwölf Monaten, als er der Vorbereitung auf seine Abschiedstournee im Weltcup alles unterordnete. Und es schien sich bezahlt zu machen. Er gewann gleich die erste Saison-Abfahrt in Lake Louise, siegte im Super-G von Gröden und im Downhill-Spektakel von Bormio erneut. Aber was geschah dann? War es der schwere Fehler im berüchtigten Brüggli-S von Wengen, der ihn vom sicher erscheinenden Weg zum Lauberhorn-Triumph abbrachte? Oder doch der fürchterliche Sturz von Freund Grugger in Kitzbühel? Jedenfalls kam das Abfahrts-Werkl des Hünen aus Zauchensee im Jänner nicht mehr so richtig auf Touren. Auch bei der WM fuhr er ganz klar an der erträumten Medaille vorbei. Als er in März in Kvitfjell die Plätze drei und eins belegte, sah es doch wieder ganz danach aus, als ob er sich als erster Abfahrer seit Franz Klammer zum vierten Mal die kleine Kristallkugel in der Königsdisziplin holen könnte. Aber beim Finale in Lenzerheide musste er sich mit Platz elf begnügen und diese Ehre seinem ewigen Rivalen Didier Cuche überlassen. Der Abschiedstournee des Michael W. blieb die Krönung versagt. Ein WM-Titel in der Abfahrt, Olympia-Silber, drei weitere WM-Medaillen und insgesamt 19 Siege im Weltcup sind dennoch eine Bilanz, auf die man als Sport-Pensionist mit gewissem Stolz blicken kann. Und längst sagt Michael deshalb: „Meine Karriere war auch so ein einziger Traum ...."

Schöffel

SKI ALPIN DAMEN

Im Gesamtweltcup heißt es für unsere Ski-Damen weiter: Bitte warten! Seit Niki Hosp 2007 müssen wir uns mit Spartenerfolgen zufrieden geben, wie 2007, 2008 ujnd 2011, als Marlies Schild die Slalom-Wertung holt. Im Gesamtweltcup schlägt Maria Riesch ihre Freundin Lindsey Vonn.

uvex

Adi Niederkorn, Sportchef von Ö3, kennt Marlies Schild seit Ewigkeiten – für das Sportjahrbuch ließ er die tolle Saison 2010/11 der Ski-Königin Revue passieren.

AUF DER JAGD NACH DEM REKORD

„Wenn uns Marlies schon auf dem Babyhang in Levi schlägt, wird für uns in diesem Slalom-Winter nicht mehr viel zu holen sein!" Lindsey Vonn sollte recht behalten. Wieder einmal war die Österreicherin in der letzten Saison für den Rest der Welt einfach zu stark. Nach einem Ausfall in Aspen gleich beim Start folgten Schild-Triumphe in Courchevel, am Semmering und in Zagreb. Richtig verhaut hat Schild eigentlich nur ihr Rennen in Flachau, an ihrer Fahrt ist es weniger gelegen, sondern vielmehr am Ski - der zweite Ausfall nach einem enttäuschenden ersten Durchgang. In Zwiesel und Spindlermühle ließ die beste Slalom-Läuferin der Welt ihre Saison-Siege fünf und sechs folgen. Schon vor dem Weltcupfinale in Lenzerheide hatte die 30-Jährige die Slalom-Kugel sicher in der Tasche und begnügte sich dort mit Platz zwei hinter der Slowenin Tina Maze. „Zum dritten Mal Slalom-Weltcupsiegerin - das ist ein Traum", strahlte Schild mit Kristall in der Hand. „Der letzte Beweis, dass ich derzeit die beste Slalomläuferin bin!" Es sollte die einzige Kugel für das stolze rot-weiß-rote ÖSV-Team bleiben. Zudem rettete Schild die Weltcup-Ehre des Damenteams - keine andere aus der Mandl-Truppe konnte 2010/11 ein Weltcuprennen gewinnen.

Jetzt beginnt die Jagd auf Vreni Schneiders Slalom-Rekord. Das letzte Ziel zum Ausklang einer großen Karriere. Die Schweizerin hält bei 34 Slalom-Siegen - der Rekord für die Slalom-Ewigkeit könnte schon 2012 fallen. Schild fehlten zu Saisonbeginn nur noch sieben Weltcup-Erfolge. „Das wär' schon was. Vor einem Jahr hat alles noch sehr unrealistisch ausgesehen. Jetzt könnte es sich doch noch ausgehen!"

Marlies Schild rettete 2010/11 mit ihren Slalom-Triumphen die Ehre der Ski-Damen.

DAS EWIGE RÄTSEL UM KATHRIN ZETTEL

Im Herbst 2010 bat Kathrin Zettel im Bauernhof ihrer Eltern in Göstling zum Medien-Frühstück. Um zu erklären, dass die Ursache ihrer ständigen Schmerzen gefunden worden sei. Und dass sie sich somit endlich wieder auf das konzentrieren könne, was für sie ebenso Berufung wie Beruf ist: aufs Skifahren.

Knapp ein Jahr später im Kompetenzzentrum für Fitness und Gesundheit in Wien Liesing. Fast jeden Tag trifft man Kathrin Zettel hier an. Unter Anleitung von Heini Bergmüller. Unter dessen Trainer-Fittichen einst auch das Ski-Wunder um Hermann Maier begann. Auch Zettel hofft in diesen Tagen oft auf so etwas wie ein Wunder. 25 wurde sie im August 2011 erst. Aber körperlich fühlt sie sich oft viel älter. Auch das Sommer-Trainingslager in Neuseeland ließ sie aus, weil sie sich nicht fit genug fühlte. Einfach nicht bereit für intensive Vorbereitungsarbeit. „Ich kann", erzählt sie, „derzeit nur im minimalen Belastungsbereich trainieren." Und hofft wieder einmal, zumindest die Ursache für die ständigen Probleme gefunden zu haben. Sie soll im Zellaufbau der Muskulatur liegen. Und nicht, wie ein

Fesch sind sie, unsere Skimädels: Kathrin Zettel, Nicole Hosp und Michaela Kirchgasser (unten von links) präsentierten sich alles andere als schläfrig ...

… was sie beim Konditionskurs auch bewiesen – von links: Kathrin Zettel, Nicole Hosp, Elisabeth Görgl, Andrea Fischbacher und Michaela Kirchgasser.

Jahr davor vermutet, nur eine Fehlstellung im Hüftbereich sein, die all die Schmerzen immer wieder von neuem auslöst. Wirklich fit, soviel steht fest, war Zettel auch im Winter 2010/2011 nie. In keinem einzigen Rennen. Und so betrachtet ist ihre Ausbeute mit zwei Podestplätzen im Weltcup und der Slalom-Silbernen bei der WM durchaus bemerkenswert. „In Anbetracht der Umstände", sinniert Kathrin, „war es für mich eigentlich eine sehr gute Saison."

In der Öffentlichkeit freilich wurden die Spekulationen über ihren Gesundheitszustand immer intensiver. Und immer öfter war dabei das Wort Burnout-Syndrom zu hören. Jedenfalls sollen demnach die wahren Gründe für ihre rätselhaften Probleme, die sie schon seit über zwei Jahren begleiten, im psychischen Bereich liegen. „Blödsinn, von einem Burnout kann keine Rede sein", schüttelt Kathrin den Kopf und schwingt sich wieder hinauf auf den Ergometer. Weiter hoffend, dass sie bald doch wieder das tun kann, wonach sie sich schon so langte sehnt. Befreit Skifahren. Ohne Schmerzen. Ohne Jammern.

DAS EWIGE WARTEN AUF EINEN ABFAHRTS-TRIUMPH

Schon naturgemäß gibt man Damen im Sport mehr Zeit als Herren. Aber auch für Österreichs Ski-Ladies wäre es längst Zeit. Höchste Zeit sogar. Am 28. Februar 2009 gewann Andrea Fischbacher die Weltcup-Abfahrt in Bansko. Viele werden jetzt fragen, was ein Rennen, das so lange zurückliegt, in einem Sportjahrbuch verloren hat. An sich gar nichts. Natürlich. Nur die recht bedenkliche Tatsache, dass das bis heute der letzte Sieg für Österreichs Ski-Damen in einer Weltcup-Abfahrt war. Zwei ganze Saisonen gab es seither nicht einen einzigen. Im Renn-

Elisabeth Görgl verhinderte die totale Abfahrts-Pleite im Weltcup, stand als jeweils Dritte in Lake Louise, Tarvis und Lenzerheide wenigstens drei Mal auf dem Podest.

winter 2009/2010 nicht. Im vergangenen wieder nicht. Wäre gleiches bei den Herren passiert, wäre der öffentliche Aufschrei so groß, dass ein Köpferollen längst unausweichlich gewesen wäre. Bei Trainern ebenso wie bei Funktionären. Aber erstens gibt man den Damen eben mehr Zeit, wie oben erwähnt. Und zweitens ließen die Erfolge bei Großereignissen die Abfahrts-Pleiten fast vergessen. Aber eben nur fast. ÖSV-Präsident Peter Schröcksnadel wiederholte bei fast jeder Gelegenheit seine Forderung: „Stellt den Computer in die Ecke und fahrt endlich wieder befreit Ski!"

Andrea Fischbacher hatte 2010/11 nicht viel Grund zum Lachen – in der Saison nach ihrem famosen Olympiasieg im Super-G stand sie nicht ein einziges Mal auf einem Weltcup-Podest.

Und immer wieder war die Meinung, dass Österreichs Läuferinnen einfach zu leicht und zu klein seien, um im Konzert der Großen wie Lindsey Vonn wirklich mitzuspielen, in den Mittelpunkt gerückt.

Fast sinnbildlich dafür stand zumindest im letzten Winter ausgerechnet die letzte rot-weiß-rote Downhill-Siegerin. In der Saison nach ihrem famosen Sieg bei den Olympischen Winterspielen 2010 in Vancouver im Super-G stand Andrea Fischbacher nicht ein einziges Mal auf einem Weltcup-Podest. Weder im Super-G, noch in der Abfahrt.

Und so war es unserer Doppel-Weltmeisterin Elisabeth Görgl vorbehalten, wenigstens die totale Downhill-Pleite im Weltcup zu verhindern: Als jeweils Dritte stand sie in Lake Louise, Tarvis und beim Finale in Lenzerheide wenigstens drei Mal auf einem Abfahrts-Podest.

Gut für sie. Aber für eine Ski-Nation wie Österreich ist diese Gesamt-Bilanz geradezu bedenklich schlecht …

Red Bull
Eisbär
FIS

Manner
Eisbär
EAGLE
Jack Wolfskin
OMV

Red Bull
Eisbär
Manner
Eisbär
Manner
Eisbär
Red Bull
OMV
OMV
Jack Wolfskin
Jack Wolfsk

NORDISCHE SKI-WM

Sie haben bei ihren weiblichen Fans den Stellenwert einer Boygroup – gemeint sind unsere Adler. Als Team sind die Springer und Kombinierer nahezu unschlagbar. Top-Star war sicher Thomas Morgenstern mit dreimal Gold, einmal Silber und 50.000 Euro Preisgeld in Oslo.

IM DOPPELPACK UND VIERERTAKT

Geschafft: Andreas Kofler, Martin Koch, Gregor Schlierenzauer und Thomas Morgenstern nach Gold im Teamspringen.

Eins, zwei, drei, vier, fünf, sechs, sieben. Immer wieder Österreich. Heimat bist du großer Söhne, aber auch Töchter. Kaum ein Tag, an dem nicht mitten in Oslo die rot-weiß-rote Fahne bei der Siegerehrung gehisst und die Bundeshymne intoniert wurde. Am umgebauten, hypermodernen Holmenkollen, der Wiege des nordischen Skisports, feierten Österreichs Skispringer und Kombinierer den größten nordischen WM-Triumph, den es je gab. Sieben Goldene auf einen Streich, ein historischer Himmelsturm, der in die Annalen eingeht. Ob undurchsichtiger Nebel, ob klare Sicht, ob Windstille oder Blasius, die rot-weiß-roten ÜberfliegerInnen waren in ihrem Element und eine Klasse für sich. Daniela Iraschko, seit Jahren die Nummer 1, machte den Anfang, als sie unter schwierigsten, nebulosen Bedingungen endlich jenen Titel errang, den ihr

Daniela Iraschko eröffnete den „Gold-Regen" in Oslo ...

in Liberec (2009) höhere Gewalt geraubt hatte. Und von da an ging's Schlag auf Schlag im Doppelpack und Viertakt. Thomas Morgenstern vor Andi Kofler, eine Turin-Neuauflage von 2006, auf der Normalschanze, Gregor Schlierenzauer um einen Hauch vor Morgenstern auf der Großschanze, mit Martin Koch als viertem Mann (statt des entthronten, formlosen, deshalb abgereisten Wolfgang Loitzl) und vereint gebündelten Kräften segelte das Adler-Quartett auch in beiden Team-Bewerben zum Sieg gegen Norwegen und Co. Ebenso wie die Kombinierer mit der Mannschaft, die sowohl in der klassischen Konkurrenz als auch im Sprint auf der Zielgeraden wie schon in Vancouver triumphierte. Lauter als mit zwei Goldenen und einer Einzel-Bronze hätte Felix Gottwald, unser erfolgreichster Olympionike aller Zeiten, zum zweiten Abschied in vier Jahren kaum Servus sagen können.

„Sieben Goldene, das ist etwas ganz Besonderes, vor allem, wenn du sie in Oslo gewinnst", resümierte Ernst Vettori, Olympiasieger 1992, zweimaliger Tournee-Sieger im Jahr eins der Nachfolge von Goldschmied Toni Innauer als nordischer Sportdirektor. Diese sensationelle WM-Serie hätte es aber alles andere als hereingeschneit. „Das ist alles im Laufe der Zeit gewachsen, auch ich bin da nur ein kleiner Teil davon, das hat alles schon unter Baldur Preiml seinerzeit begonnen. Es hat sich daraus eine Kultur entwickelt, die fortgesetzt und gekrönt wurde." Nicht zuletzt dank des einst von Innauer installierten, anfangs unterschätzten, fast schon gefeuerten Cheftrainers Alexander „Pointex" Pointner, inzwischen erfolgreichster Springercoach aller Zeiten – ohne jede Diskussion. Vettori: „Ein absoluter Spitzenmann, der immer wieder Neues bringt, was andere nicht haben. Das ist eine unserer großen Stärken auf der

... Thomas Morgenstern und Gregor Schlierenzauer setzten diesen dann gemeinsam mit ihren männlichen Skispringer-Kollegen fort.

Schanze. Und dass Alex die Kunst beherrscht, mit so vielen Individualisten in einem Team erfolgreich zu sein." Wahre Rosenkränze, die der kleine Direktor mit großer Erfahrung seinem Top-Betreuer flicht.

GRÖSSE NACH DER „NIEDERLAGE"

Aber er setzt auch Thomas Morgenstern eine Krone auf, nicht nur der drei Goldenen wegen und eines nur um drei Zehntel gegen Gregor den Großen verpassten totalen Sieges. „Es war eine ganz tolle Bestätigung einer tollen Saison", sagt der Herr Direktor. „Das muss man bei so schwierigen äußeren Bedingungen und unter diesem Erwartungs- und Erfolgsdruck erst zusammenbringen!" Unglaublich, welch Nervenstärke der haushohe Favorit bewies - und welch Größe er nach der hauchdünnen Niederlage auf der Großschanze just gegen den internen Erzrivalen bewies. „Es soll nichts Schlimmeres pas-

sieren als eine Silberne nach drei Goldenen." Schon mit dem Sieg auf der Normalschanze war Morgenstern sozusagen in die Walhalla des Skispringens eingezogen. Er gehört mit Nykänen, Bredesen und Weißflog zum elitären, ganz kleinen Kreis jener, die Olympiasieger, Weltmeister, Weltcup- und heuer auch noch Tournee-Sieger wurden. „Für mich hat sich mit dem WM-Titel ein Traum erfüllt. Es ist der einzige gewesen, der mir in meiner Sammlung noch gefehlt hat." Nicht auszudenken, wäre Morgenstern nicht sei-

Schön, schöner, Morgenstern: Keiner flog so spektakulär, beeindruckend und erfolgreich wie der Kärntner über den berühmten Holmenkollen-Bakken in Oslo.

Artistisch setzte Gregor Schlierenzauer seine Skisprung-Latten in den Schnee von Norwegen.

nerzeit bei einem nordischen Schülertest in Kleinkirchheim von Innauer entdeckt und überredet worden, die Brettln gegen Sprunglatten zu tauschen...

DER SECHSTE SINN

Alles Morgenstern, oder was? Auch zur Halbzeit auf der Großschanze schien alles auf einen totalen Sieg des Kärntners hinzudeuten, dem mit Anders Jacobson und Anders Bardal zwei Lokalmatadore im Nacken saßen. Die wenigsten hatten mit Gregor Schlierenzauer gerechnet, obwohl er Vierter war und nach der (Einzel-)Enttäuschung auf der Normalschanze (Platz 8) ziemlich vorlaut bis kampfeslustig die Revanche mit den Worten angekündigt hatte: „Ein Wettkampf zum Vergessen. Im ersten Durchgang hatte ich schlechten Wind, im zweiten hab ich zu viel wollen. Macht nichts, der echte Holmenkollen liegt ja ein paar hundert Meter weiter drü-

ben. Dort zählt's!" Eine Aussage, über die noch daheim vorm TV-Gerät sein Onkel, Mentor und Manager Markus Prock ganz baff war. Aber Topsportler haben eben einen sechsten Sinn, untrüglichen Instinkt oder gar eine innere Uhr, die ihnen einflüstern, was es geschlagen hat.
Und im Finale von der Großschanze schlug's dann tatsächlich Dreizehn. Schlieri, der so lange mit sich im Clinch gewesen war, sprengte bei guten (Wind-)Bedingungen endlich alle Fesseln, segelte auf 134,5 m, so weit wie Vierfach-Olympiasieger Simon Ammann, den er damit von der Spitze verdrängte. Ein Supersprung, der wie ein Befreiungsschlag wirkte für Gregor. Kaum war er sanft mit einem Telemark gelandet, kaum hatte er abgeschwungen, da küsste der Jung-Twen aus Fulpmes den heiligen Holmenkollen-Schnee, als hätte er von den nordischen Göttern gerade die Absolution erhalten. Ja, was würd's werden? Eine Medaille oder doch nur Blech? Die beiden Norweger, zunächst in der Gunst des Windes, wurden auf den eisigen Boden der Realität zurückgeholt, womit sich Gregor schon ganz auf Silber, wie vor zwei Jahren in Liberec, eingestellt und angesichts des „Morning Stars" auch damit abgefunden hatte. Und dann kam Morgi, wieder super drauf, wieder ästhetisch in der Luft, wieder perfekt gelandet, aber würden 131 m reichen? Noten und Windfaktor sagten: Nein! Er, der mit der winzigsten aller Differenzen, einem Zehntelpunkt, olympisches Gold in Turin 2006 gegen Andi Kofler gewonnen hatte, musste diesmal seinem großen Rivalen Gregor Schlierenzauer um drei Zehntel den Vortritt lassen. Fast so etwas wie ausgleichende Gerechtigkeit höherer Macht. Bitter für Kofler, den Polizei-Inspektor, dass er wieder einmal die Blechtrommel (hinter Ammann) rühren musste. Umso euphorischer reagierte Gregor der Große, der vier Jahre nach seiner ersten Goldenen im Skifliegen auch auf der Großschanze den Silber- und Bronzefluch verjagt hatte. „Ich bin überglücklich, nicht nur mit der Goldenen, sondern dass mir heute nach der so schwierigen Saison zwei so gute Sprünge gelungen sind." Vom Sorgenkind und Problemfall, den Formtief und Sturzverletzung gebeutelt hatten, zurück zum Golden Boy der Nation, der mit dem Happy End

als Dreifach-Weltmeister von Oslo zum großen Gegner im eigenen Land aufgeschlossen hatte. Gesunde Rivalität macht Beine – und Flügel. Eh klar, wenn der eine wie der andere zum roten Bullen-Team gehört.

Rot-weiß-rote Golden Boys: Schlierenzauer (oben), Kofler (Mitte) und Koch (ganz unten).

DOPPELTER SPRINT-TRIUMPH

In den Einzelbewerben (Sprint, Großschanze) hatte es für Felix Gottwald nach einer Sturz-Kollision nur zu einmal Bronze gereicht, nichts war aus dem finalen Traum des Olympiasiegers (Turin 2006) geworden, im Genussprojekt seiner zweiten Karriere endlich einmal auch Einzelweltmeister zu werden. Schmerz, lass nach. Kritik, verstumm'. „Was soll das Gerede von einer unvollendeten Karriere?", rüffelte der erfolgreichste WM-Kombinierer aller Zeiten (11 Medaillen, eine mehr als Ackermann) nach dem zweiten Mannschaftsgold binnen fünf Tagen im Mekka des nordischen Skisports angesichts kritischer Kommentare nach Platz 18 im zweiten Einzelrennen. „Zweimal Weltmeister, da ist meine Laufbahn mehr als vollendet. Die Sonne lacht heute sogar mit uns um die Wette. Es ist einfach genial, in so einem Team mitwirken zu können." Einem Quartett, in dem jeder alles für den anderen gibt, um mit vereinten Kräften auch Teams mit teils besseren Einzelathleten à la Lamy-Chappuis, Frenzel, Rydzek etc. schlagen zu können – trotz eines mehr oder weniger großen Rückstands, den man sich auf den Schanzen eingehandelt hatte. Für David Kreiner und Bernie Gruber, die beiden ersten Läufer, ging's im Hexenkessel von Holmenkollen stets darum, dran zu bleiben, sogar Sekunden abzuknabbern, damit Felix Gottwald als bester Läufer in der Loipe zum Halali auf die Führenden blasen, zumindest gleichauf, wenn nicht sogar einen Hauch voran an den kaltblütigsten und besten Finisher übergeben konnte, an Mario Stecher. Aus dem Vancouver-Beispiel, als Super-Mario den US-Amerikaner Bill Demong klassisch ausgebremst hatte, machte der Benni-Raich-Schwager sozusagen Oslo-Schule im hochdramatischen, nervenaufreibenden, letztlich triumphalen Zehntelsekunden-Doppelpack. Zwei Mal auf Kosten des deutschen Schlussläufers Tino Edelmann, ohnehin im Visier der Österreicher, seit er Gottwalds Silberchance im Normalschanzen-Einzel mit einem (Fehl-)Tritt auf dessen Ski gar nicht edel ruiniert hatte. Das erste Mal überrum-

Überglücklich lag sich das Kombinierer-Quartett Kreiner, Gruber, Gottwald und Stecher nach dem Triumph in den Armen – und das gleich zweimal!

Das Bilddokument des dramatischen Zielsprints zwischen Mario Stecher und Tino Edelmann – gleich zwei Mal fightete der Österreicher den Deutschen nieder!

pelte Stecher den Oberwiesenthaler von der Spitze aus mit einem Antritt um 0,4 Sekunden, beim zweiten Gold-Sprint kämpfte er ihn aus dem Windschatten heraus um ein winziges Zehntel nieder. „Es ist wie ein Fluch, der auf uns lastet", haderte der geknickte Deutsche, während Österreichs Startläufer David Kreiner aus seinem Herzen keine Mördergrube machte, als er ihm zurief: „Mario, du bist eine Sau!" Natürlich nicht unsportlich gemeint, sondern im Sinne von unschlagbarem Kampfschwein. Mario, nicht nur alter Hase, sondern auch schlauer Fuchs, erklärt seine Stärke im Zielsprint nicht etwa mit Speed, sondern vielmehr mit Ausdauer. „Ich bin nicht der beste Sprinter, aber am Schluss noch genau so schnell wie am Anfang." Nachsatz: „Auch deshalb, weil ich taktisch viel dazugelernt hab." Den Endspurt im zweiten Teamfinale gegen Edelmann bezeichnet Stecher als „den schwierigsten für mich, keine Frage. Aber es ist ein tolles Gefühl, wenn man vor so vielen Zuschauern wieder gegen einen Deutschen gewinnen kann." Für Super-Mario aus Eisenerz, der mit Carina Raich verheiratet ist, zweifacher Familienvater und ins Pitztal übersiedelt ist, bedeutete Oslo auch eine WM-Endstation Sehnsucht. „Als 16jähriger hab ich vor Olympia in Lillehammer meinen ersten Weltcup gewonnen – jetzt hab ich meine ersten WM-Goldenen geholt. Nur Olympiagold ist von der Wertigkeit höher."

Anders als Felix Gottwald, der als Doppelweltmeister, WM-Dritter und Weltcup-Gesamtdritter mit einem dritten und letzten Podestplatz beim Weltcupfinale seine zweite Laufbahn beendete, bleibt Mario Stecher, 34, dem Kombinierer-Team erhalten. Sehr zur Freude des norwegischen Cheftrainers Elden („Er war oft mein Gegner, aber im Springen meist so weit hinten, dass er mich nimmer überholen hat können, obwohl er

Doppelweltmeister! Klar, dass Mario Stecher, Felix Gottwald (beide obere Reihe), David Kreiner und Bernie Gruber (beide untere Reihe) um die Wette strahlten.

in der Loipe genial war"), aber auch des Nordischen Direktors Ernst Vettori. „Wir haben eine gute Mischung zwischen Jungen und Routiniers, auch Christoph Bieler kommt wieder, mit David Kreiner haben wir einen neuen Sieger bekommen, mit Gruber, Denifl sind wir gut aufgestellt", bilanziert der Schanzen-Hero von einst, der unter der Regie von Nachwuchs-Koordinator Günther Chromecek auch auf ganz neue „Kracher" hoffen darf. Mit Mario Seidl wurde auf Matten-Schanze und Skirollern ein bis dato fast unbekannter Teenager österreichischer „Sommer"-Meister. „Aber er ist noch so jung, dass er erst ab Jänner im Weltcup startberechtigt ist", erzählt der fast doppelt so alte Mario Stecher. „Ich hoffe sehr, dass man ihn langsam an die Spitze heranführt. Echte Talente lassen sich nicht verheizen!" Er kann wie sein inzwischen ins Seminar-Wesen abgewanderter Teamkollege und Kombinierer-Freund Gottwald aus eigener Erfahrung sprechen ...

Auch ein Kombinierer kann schön fliegen – Bernie Gruber beweist dies eindrucksvoll!

FISCHER
Jack Wolfskin
FISCHER

SKISPRINGEN

Für die Erfolge in diesem Winter fehlen die Superlativen! Alles gewonnen – mehr geht nicht: Gesamtweltcup, Skiflug-Wertung, 4-Schanzen-Tournee, FIS Team Tour, Nationenwertung! Es war das Jahr des Thomas Morgenstern – nur im Skifliegen musste er sich Teamkollegen Gregor Schlierenzauer geschlagen geben !

MORGI, DER „ÜBERFLIEGER"

Gesamt-Weltcup, Skiflug-Weltcup, Tournee-Gesamtsieg, 15 Einzelsiege in 26 Weltcup-Bewerben, Team-Tour und alle fünf Mannschaftsspringen der Saison gewonnen, Skispringerherz, was willst du noch viel mehr. Auch abseits der besten nordischen WM aller Zeiten waren die rot-weiß-roten Schanzen-Adler so erfolgshungrig und beutegierig wie nie zuvor. Vor allem Thomas Morgenstern schien kaum genug kriegen zu können. Der Frust über zwei, drei für seine Ansprüche eher durchwachsene Saisonen, auch ausgelöst durch einen missglückten, inzwischen aber längst rückgängig gemachten Skiwechsel, entlud sich in einer geballten Ladung an Konzentration, aber auch Aggression auf den Schanzen. Der Kärntner, anfangs noch im Clinch mit seinem Teamkollegen Andi Kofler und dem (später durch Kreuzbandriss außer Gefecht gesetzten) Finnen Ville Larinto, setzte danach auch mit eigenen Sieg-Premieren immer wieder neue Maßstäbe. Doppel-Triumph in Lillehammer, Doppeltriumph in Engelberg, erster Gesamtsieg bei der Vierschanzen-Tournee mit zwei Tagessiegen (Oberstdorf, Bergisel), erster (Weltcup-)Sieg im Skifliegen, erstes Einzel-WM-Gold, zweiter Weltcup-Gesamtsieg nach 2007 mit Riesenvorsprung auf Vierfach-Olympiasieger Simon Ammann, dem Schweizer Stachel im Springerfleisch der Österreicher.

Der „Überflieger" der Saison: Nach der WM räumte Thomas Morgenstern auch im Weltcup groß ab und holte sich die Kugel für den Gesamtsieg.

Aber weniger Ammann, der im Jahr eins nach Olympia ohne Stabilisator-Vorteil gleichsam die Bindung zum Siegen (nur zwei Erfolge und WM-Bronze) verloren hatte, vielmehr Konkurrenz im eigenen Lager wurde zum Motivationsschub für Morgensterns Höhenflüge. Auch wenn Gregor Schlierenzauer nach Formkrise und Sturzverletzung erst Mitte der Saison wieder zu einem Herausforderer wurde – der drei Jahre jüngere Tiroler war und bleibt für den Kärntner aus einer Skifamilie der große Gegenspieler, der ihn antreibt. „Für mich kann ich nur sagen", meinte Morgenstern bei einer Ehrung im Bundeskanzleramt am Ballhausplatz, „dass ich durch eine solche Rivalität nur wachsen kann." Nicht nur er, auch Schlierenzauer, der die Krise mit WM-Gold, Skiflug-Weltcup-Gesamtsieg und Skiflugrekord bewältigte, bestätigte diese Theorie und These.

Einst hatten sich die beiden Mega-Talente immer wieder angegiftet, inzwischen aber sind beide gereift und in die Jahre gekommen, nicht zuletzt durch den Einfluss ihres Cheftrainers und Chefpädagogen Alexander Pointner. „Vor vier Jahren", erinnert er ans Vorgestern, „sind sich die beiden oft wie Kinder selbst im Weg gestanden, aber das ist vorbei und vergessen, jetzt bündeln sie ihre Energie und ihre Kräfte für Erfolge, statt sie sinnlos zu verpulvern. Jetzt zeigen sie großen Respekt voreinander!" Jeder geht im Team individuell seinen Weg, der beide ans gewünschte Ziel führen soll.

Während Morgenstern im WM-Winter von allem Anfang an auf Siege und Podest-Plätze abonniert war, kämpfte der entzauberte, entgeisterte und verunsicherte Schlierenzauer vor allem mit der Anfahrtshocke, die ihn aus der Bahn warf.

Kaum hatte er nach den Pleiten von Kuusamo, Kuopio und Lillehammer (zwischen 14 und 22) eine Weltcup-Pause genommen, um mit Heim-Trainer Mauberger wieder in Fahrt und auf die Sprünge zu kommen, kam's zum fatalen Trainingssturz auf der Normalschanze von Seefeld. Das schon einmal operierte Knie war wieder lädiert. „Aber zum Glück nicht so arg, wie befürchtet, eine OP war nicht nötig, es war nur eine Dehnung im Band", schildert Onkel Markus Prock, Rodel-Guru und Gregors Manager, der den Neffen von Ski-Arzt Wulf Glötzer konservativ behandeln ließ.
Der Heilungsprozess verlief zwar schneller als erwartet, Glötzer aber zog vorsichtshalber die Bremse. Zu hoher Druck beim Telemark-Ausfallsschritt könnte das beleidigte Knie zerfetzen. Er gab Schlieri den freundschaftlich-ärztlichen Rat, das Comeback bis zur Halbzeit der Vierschanzen-Tournee oder gar bis nach Ende des ersten Saison-Highlights aufzuschieben. „In deinen jungen Jahren", sagte er dem Jung-Twen,

Beim Auftaktspringen in Oberstdorf legte Thomas Morgenstern die Basis für seinen Tournee-Sieg – die Fans kamen aus dem Jubeln gar nicht mehr heraus.

„brauchst nichts übers Knie brechen, du kannst die Tournee noch zehn Mal gewinnen!" So musste er erst kampf- und tatenlos, dann immer noch ohne Sicherheit und Selbstvertrauen (18. am Bergisel, 22. in Bischofshofen) zusehen, wie statt ihm just der Erzrivale Morgenstern als Nachfolger von Loitzl und Kofler den ÖSV-Adler-Hattrick perfekt machte. Aber wie die Geschichte lehrt, schlug Gregor mit WM-Gold, drei Weltcupsiegen und dem zweiten Skiflug-Weltcup am Ende spektakulär zurück. Trotz des Aufstands, den er geprobt, trotz des neuen heimischen Skiflugrekordes von 243,5 Meter in Vikersund ärgerte sich Gregor, dass ihn die Jury im hohen Norden um den Meilenstein eines Weltrekordes gebracht hatte. „Jedes Mal, wenn der Evensen einen Weltrekord geflogen ist, sind bei mir zwei Luken runtergegangen." Die 246,5 m hätte sich Schlieri ebenfalls zugetraut, wenn nicht mehr. Und die Klasse, auch Morgenstern fordern und schlagen zu können. Ein Schanzen-Pingpong wie zu Zeiten von Innauer-Schnabl, Neuper-Kogler, Vettori-Felder, Goldberger-Rathmayer, Widhölzl-Höllwarth. Stimulanz für Höhenflüge ...

NOCH LUFT NACH OBEN

Auch wenn Alex Pointner prophezeit, „dass der Konkurrenzkampf der beiden Topstars noch in ungeahnte Dimensionen führen wird, weil noch Luft nach oben da ist", will er die Schlagkraft der besten rot-weiß-roten Schanzen-Adler alles andere als auf dieses auch medial brisante Duell reduzieren. „Wir haben nicht nur Morgenstern und Schlieri", unterstreicht Pointex mit Nachdruck. „Wir haben heuer mit Martin Koch in sei-

Zehntausende jubelten Thomas Morgenstern auch beim Abschluss der Tournee in Bischofshofen, wo sich der Kärntner als großer Sieger feiern lassen durfte, zu.

„Morgi" auf Abwegen: Beim Mountainbiken macht er ebenso eine gute Figur wie im Cockpit eines schnellen Boliden.

nem schon zehnten Winter einen neuen, fünften Siegspringer bekommen." Und nach Manuel Fettner sei auch der oberösterreichische Junioren-Exweltmeister Michael Hayböck, im Sommer-Heim-Grand-Prix von Hinzenbach toller Fünfter, auf dem Sprung zur absoluten Weltspitze, es komme also auch Druck von unten.

Erfolgsgeheimnis der Österreicher? Tradition, Kultur, Stams, Stützpunkte mit Trainern, die perfekte Arbeit liefern? Zu komplex, um das zu simplifizieren. Hatte Preiml einst die Revolution eingeleitet, die die verzopfte Schanzenwelt auf den Kopf stellte, so setzt Alex Pointner, salopp formuliert, eher auf Evolution. In Zeiten der Informationsexplosion, High Tech, neuen Medien und Reizüberflutung müsse man alles, was es an Neuem auf dem „Markt" gebe, mit einbeziehen in die Vorbereitung. Wichtiger als alles aber sei es, die richtige Mischung aus mentalem und körperlichem Investment und für die Konzentrationsfähigkeit unbedingt nötigen Pausen zu finden. „Es macht keinen Sinn, die Athleten wie eine Zitrone auszupressen, Regeneration ist genauso wichtig, um Leistung zu bringen." Und Pointex bringt auf den Punkt, was er sich zum Trainer-Ziel setzt. „Es geht nicht darum, einen

Gregor Schlierenzauer mit der Kugel für den Gesamtsieg im Skiflug-Weltcup: Nach einem fatalen Trainingssturz hat sich der Tiroler eindrucksvoll zurückgekämpft.

OMV
FISCHERSPORTS.COM
FISCHERSPORTS.COM
FISCHERSPORTS.COM
FISCHERSPORTS.COM

Hinter einer erfolgreichen Mannschaft stehen viele „Heinzelmännchen" – nach dem Ende einer großartigen Saison durften sich alle feiern lassen. Auch Cheftrainer Alexander Pointner (unten links) und Ernst Vettori.

Zentimeter höher zu springen und ein Kilo mehr zu stemmen, entscheidend ist auch, wie sich die sportlichen Talente als Persönlichkeit entwickeln. In der heutigen Zeit muss man sich auch abseits der Schanzen in Szene setzen können. Dazu ist es nötig, dass sie lernen, selbst Verantwortung zu übernehmen." Als Mittel zum Zweck dient dem Cheftrainer und seinem Team dabei auch Neuro-Coaching, mit und dank dem seine Adler wieder einen Vorsprung im Kampf mit den

Gegnern aus Skandinavien, Deutschland, Polen etc. hätten.

Stichwort Verantwortung. Nach Thomas Morgenstern, der mittlerweile so viele Flugstunden intus hat, dass er solo eine Cessna steuern kann, hat Martin Koch nach seinen beiden ersten Saisonsiegen in Harrachov und Oberstdorf (Skifliegen) mit dem kürzlich erworbenen Flugschein ein weiteres, persönliches Erfolgserlebnis hinter sich. Wie sang doch einst Reinhard Mey in seinem Hit? „Über den Wolken muss die Freiheit wohl grenzenlos sein!" Darauf spielte Himmelstürmer Morgenstern auch an, als er sagte: „Am liebsten würd' ich ja selbst von Weltcup zu Weltcup fliegen - aber im Winter geht's nicht, da würd' ich leicht ein paar Springen wegen schlechten Wetters verpassen." Hauptsache, er kann den sportlichen Höhenrausch, den er als überlegener Sieger des Sommer-Grand-Prix prolongiert hatte, auch im Winter wieder auskosten. Womöglich wieder im Doppelpack mit Schlieri und Konsorten.

WINTER-SPORT-MIX

Wintersport – da sind wir wirklich wer! Egal, ob Snowboard mit Doppel-Champion Benjamin Karl – der Niederösterreicher hält nun bei vier WM-Titeln, oder im Rennrodeln mit Wolfgang und Andreas Linger. Die Linger Brothers haben ihre Medaillen-Sammlung mit dem WM-Titel auf 5 Gold-, 3 Silber- und 3 Bronzemedaillen erhöht.

IMMER NEUE BARRIEREN NIEDERREISSEN

Woher stammt das (maskuline) Nonplusultra der Snowboarder-Szene? Von irgendwo aus einem der Skiresorts der Alpen? Weit gefehlt! Benjamin Karl, 26, kommt aus dem Flachland, wo es tatsächlich flach ist, aus St. Pölten. Kaum hatte er zwei große Weltcupkugeln, einen WM-Titel (2009/Slalom) und Olympiasilber in Vancouver 2010 gewonnen, legte Nimmersatt Karl nicht nur nach, sondern erst so richtig los. „Mein Ziel ist es, immer neue Barrieren niederzureißen. Ich brauche diese Challenge", erklärt der flotte Benni, der nicht nur den Weltcup („Ich hab' fünf Rennen hintereinander gewonnen!") eindeutig dominiert, sondern sich im schneearmen spanischen La Molina („Eine Stunde entfernt von Barcelona") auch zum Doppelweltmeister 2011 gekrönt hatte. „Im Slalom hab ich ja schon einmal Gold gehabt, also wollte ich unbedingt den Titel im Riesenslalom gewinnen." Gesagt, getan. „Und mit der Motivation bin ich dann auch zum nächsten Gold gefahren."

Ganz beschwingt, ganz so, als wär's die einfachste Sache der Welt für einen Niederösterreicher, der erst als Zehnjähriger auch des Zeitgeists wegen von zwei Brettln auf ein Board gewechselt ist. Na ja, wenn man einen Hauptsponsor hat, der einem Flügel aus der Dose verleiht, na dann ... Den Red-Bull-Deal hat übrigens jenes Abfahrtsschwergewicht i.R. eingefädelt, das mittlerweile zu Benjamins Schwiegervater geworden ist. Seit dem 20. August ist Karl nämlich mit Werner Grissmanns bildhübscher Tochter Nina verheiratet, mit der er zwischen Trainingslager und Rennen mitunter auf Kurz-Honeymoon geht. Wie im Oktober nach Triest, Venedig und zum Gardasee. Karl, ganz selig: „Ich schwebe geradezu im Glück!"

Und da küsst er den Pokal – Benjamin Karl holte sich 2010/11 unter anderem mit fünf gewonnen Rennen in Folge zum dritten Mal den Gesamtweltcup.

Auch wenn Benni beim Saisonauftakt in der Ski-Halle von Landgraaf in Holland insofern als Fünfter auf die Schnauze gefallen ist, weil er davor den Mund etwas zu voll genommen hatte. Wie das, bitte vielmals? Weil er lauthals das Vorhaben angekündigt hatte, „dass ich in diesem Winter alle Rennen gewinnen will. Es ist ja eine Zwischensaison ohne WM und Olympia, es gibt nichts Großes außer dem Weltcup." Der Traum, etwas zu schaffen, „was noch kein Snowboarder je geschafft hat", ist jedenfalls im Eiltempo geplatzt, wenn auch nur um ein winziges Zehntel, das ihm der Südtiroler Erlacher voraus war. „Mir hat der Speed gefehlt", resümierte Karl. Und die Leichtigkeit des Seins, ganz ohne Druck, den er sich selbst auferlegt hatte. „Einfach nur mit Spaß fahren - wie vorige Saison!" Dann sollte ab dem nächsten Rennen in Südtirol nichts mehr schiefgehen - trotz der starken Phalanx der Südtiroler. „Es gibt nicht nur einen oder zwei Gegner, die Dichte ist enorm." Auch Andreas Promegger, der in La Molina nur die Blechtrommel rührte, zählt ebenso dazu wie Mittdreißiger Sigi Grabner, der einst dem jungen Benjamin Karl unter die Arme gegriffen und ins RB-Nachwuchsteam geholfen hatte. Inzwischen gehen die Uhren anders, obwohl Karl höchsten Respekt vor dem Routinier hat. „Was heißt da alt? Klasse hat mit dem Alter nichts zu tun!"

Ein Stichwort, was die Snowboard-Damen betrifft, die die Fahnen bei der WM hochhielten. Schon anno 1994 hatte Claudia Riegler, übrigens in Wien geborene Schwester der „pensionierten" Ex-Weltmeisterin Manuela, als damals 21-Jährige im Weltcup debütiert, war aber bei sechs Weltmeisterschaften und zwei olympischen Winterspielen vom Pech verfolgt und ohne Medaille geblieben, ehe sie im aperen La Molina das oft um ein Frauenhaar Versäumte gleich im Doppelpack nachholte: Silber im Pa-

Im spanischen La Molina krönte sich Benjamin Karl zum Snowboard-Doppelweltmeister: Sieg im Parallel-Slalom und Parallel-Riesenslalom.

rallel-RTL vor der zweifachen Vizeweltmeisterin und Ex-Weltcupsiegerin Doris Günther, dazu gab´s auch noch Bronze im Parallel-Slalom. Und während die 33-Jährige Günther, Tochter eines Eishockeycracks i.R. aus Zell am See, nach dem WM-Winter ihren Rücktritt verkündete, hängt Riegler noch ein weiteres Jahr an. Andersrum: 38 und kein bisschen müde, geschweige denn ein Brettl vorm Kopf ...

EIN MATT KOMMT SELTEN ALLEIN

Wenn's um Skifahren und Weltmeister geht, dann lässt sich ganz salopp sagen: Ein Matt kommt selten allein. Seit er sich einst als Vorläufer von Weltcup-Abfahrten der Damen verabschiedete, um auf Anraten von Salomon-Rennchef Günther Mader zum neuen, attraktiven Ski-Cross und Salomon-Cup zu wechseln, ist Andreas Matt, 29, seinem Slalom-Bruder nicht nur auf den Fersen – bei der Olympia-Premiere 2010 in Vancouver hat er den dreieinhalb Jahre älteren Super-Mario mit der historischen Silbernen für Österreich sogar überholt. Und auch im Jahr eins nach Vancouver schwenkte Schwergewicht Andi („Ich bin mit 1,90 gleich groß wie Mario, mit 105 kg aber schwerer") weit früher in die Erfolgsspur ein als der Slalom-Weltmeister von St. Anton 2001 und Are 2007, der erst als Vierter bei der Garmisch-WM die Fesseln einer langen Verunsicherung sprengen und danach noch zwei Rennen gewinnen konnte. „Aber wir liefern uns daheim kein Fernduell, wer jetzt mehr gewinnt", sagt Teufelsreiter Andi. Er konnte zwar seinen 2009 in Inawashiro (Japan) errungenen WM-Titel im Stein-Eriksen-Olympiarevier von Deer Valley bei Park City nicht verteidigen, nimmt sich da aber in aller Ehrlichkeit zu sich selbst bei der Nase. „Ich war im Viererfinale schon vorn und auf Goldkurs, habe aber dann einen blöden Fehler gemacht, der den Sieg gekostet hat. Es hätte aber viel schlimmer kommen können, ich hätte ja auch Vierter werden oder mich verletzen können!" Was in dieser spektakulären, rassigen neuen Ski-Disziplin, bei

Sieger: Andreas Matt war im Ski-Cross nicht zu schlagen und holte sich eindrucksvoll den Weltcup-Gesamtsieg in dieser Disziplin.

der Ellbogentechnik de jure zwar verboten, aber letztlich de facto doch gefragt ist, oft genug vorkommt. Fürs verpasste zweite WM-Gold entschädigte sich Andi Matt mit dem Weltcup-Gesamtsieg, den er mit drei Tagessiegen (Grindelwald/Grasgehren/Bränas), nicht weniger als fünf zweiten Plätzen und 209 Punkten Vorsprung frühzeitig fixiert hatte. Nur um einen Hauch, sprich: ein winziges, lächerliches Pünktchen, verlor er das Duell um die große Freestyle-Kugel (Aerials, Buckelpiste, Halfpipe und Ski-Cross zusammen) gegen den französischen Buckelpisten-Spezialisten Colas. Nebensächlich, weil man ja Birnen nicht mit Äpfeln vergleichen kann.
Auch über die Skipisten hinaus, besser gesagt: was das tierische Hobby betrifft, gibt's beim Bullen bzw. dem Adler von Flirsch am Arlberg keinen Bruderzwist in Matt. Während Mario mit Arabern ein Steckenpferd reitet, mit dem er national wie international ebenfalls schon Schlagzeilen machte und Medaillen einheimste, hat sich der jüngere Andi der Aufzucht schottischer Hochlandrinder verschrieben. „Jetzt sind's zwölf Stück - seit Ende September sind's runter von der Alm und im Stall." Notfalls kann der verheiratete, zweifache Vater die Familie auch als Selbstversorger ernähren.

SOHNEMANN UND ZWEITER WM-TITEL

Wie feiert ein Doppelsitzer-Doppelolympiasieger als Jungvater standesgemäß die Geburt seines Sohnes? Erraten, mit dem zweiten WM-Titel der Karriere, vor acht Jahren errungen als Außenseiter, diesmal geholt als Topfavorit. Im schwierigen Eiskanal von Cesena bei Sestriere, wo die Absamer Rodelbrüder Andreas Linger, 29-jähriger Steuermann, und Wolfgang Linger, 28, frischgebackener Papa eines strammen Raphael, vor fünf Jahren zu Olympiagold gekurvt waren, bestätigten sich die Tiroler bei der WM 2011 eindrucksvoll als absolute Nr. 1 ihrer Szene. „Eine unglaublich starke Vorstellung, sie haben gezeigt, dass sie das Maß der Dinge im Doppelsitzer sind", jubelte Cheftrainer Rene Friedl über den Triumph mit mehr als drei Zehntel Vorsprung, eine halbe Ewigkeit im Rodeln, auf Gruber-Oberstolz. Die beiden Südtiroler mögen zwar einen Heimvorteil gehabt haben, aber der wog deshalb kaum bis nichts, weil sich die Lingers auf dieser Bahn, die zu den anspruchsvollsten der Welt gehört, wie daheim und in ihrem Element fühlen. Sie selbst seien im Grunde ihre größten Gegner gewesen, „weil wir die klaren Favoriten gewesen sind. Und darum der Druck auch so groß war. Wir sind sehr glücklich und erleichtert, dass uns der Sieg gelungen ist. Beim ersten Titel haben wir unbeschwert fahren können, diesmal war die mentale Belastung viel größer, weil alle von uns den Sieg erwartet haben!" In anderen WM-Rennen gab es, sarkastisch gesagt, hingegen nur „Blechsalat". Nina Reithmayr, die Olympiazweite von Vancouver, die sich die längste Zeit nicht vom Ausrutscher beim Saisonstart in Innsbruck-Igls erholt hatte, war zeitgerecht fast wieder in Bestform, schrammte als Vierte nur knapp an einer Medaille vorbei, Daniel Pfister landete im Herren-Einsitzer als bester Österreicher auf Platz sechs, jenes Ergebnis, auf das die verschiedensten Rodler (Reinhard Egger, Wolfgang Kindl, Daniel und Manuel Pfister) im postolympischen Winter abonniert zu sein schienen. „Angesichts der Jugend unserer Burschen, die erst zwischen 21 und 24 Jahre alt sind, ein gutes Resultat", rückt Exweltmeister und Sportdirektor Markus Prock die Dinge ins rechte Licht, fügt aber hinzu: „Das ist schön, aber letztlich zählt nur die Medaille!" Immerhin wurde die Gold-Serie prolongiert ...

Wobei Prock bedauert, „dass die Lingers leider den Weltcup verbockt haben, sie waren die mit Abstand besten Doppelsitzer, echte Seriensieger." Was nützte es, dass sie insgesamt fünfmal siegten, darunter auch beim Finale in Russland, ein Sturz in Winterberg und zwei schwächere Rennen (5./7.) kosteten den Pokal. Im olympischen Run von Park City bei Salt Lake City schrieben die Gold-Brüder so nebenbei noch Geschichte mit ihren Landsleuten und Herausforderern Fischler-Penz. Erstmals teilten sich Österreicher mit einer auf die Tausendstel gleichen Zeit einen somit historischen Weltcupsieg ...

Für Prock, Cheftrainer Friedl, Materialchef Manzenreiter und Ex-Weltmeister Tobias Schiegl (Technik-Bereich) hat inzwischen schon der Sotchi-Countdown begonnen. Einerseits mit Trocken- und Eistraining, dem Tüfteln und Basteln an den Rodeln, aber auch den Rahmenbedin-

Sieger: Die Rodel-Asse Andreas und Wolfgang Linger holten sich im Eiskanal von Cesena den zweiten WM-Titel ihrer Karriere.

gungen, um die sich in erster Linie der Sportdirektor kümmert, auch dank seiner guten Kontakte zu wichtigen Instanzen wie zur Wirtschaft. „Wir haben", sagt Prock, „große Aufgaben und Ziele vor uns. Derzeit bauen wir noch an der neuen Werkstatt nahe dem Tivoli-Stadion, dort haben's die Fahrer nahe zur Bahn in Igls und zur HSZ. In Bludenz sind wir immer noch am Kämpfen um eine Kurzbahn im Leistungszentrum." Mit von der Partie ist dabei auch die ehemalige Olympiadritte von Lillehammer, die zweifache Mama Andrea Tagwerker. „Seit ihre Buben schon größer sind, hilft sie tatkräftig aus und mit", freut sich Prock, dessen 16-jähriges Fräulein Tochter, eine Nina wie die Olympiazweite 2010, demnächst um ihre erste Olympiachance rodelt. Sie gehört zu den Anwärterinnen auf einen österreichischen Startplatz bei den ersten olympischen Jugend-Winterspielen (YOG) in Innsbruck. Und da hätte sie schließlich Heimvorteil. Was vom Eiskanal in Sotchi zu erwarten ist, lässt sich nicht einmal noch erahnen. Erst Ende der kommenden Saison dürfen „einige Auserwählte die Bahn testen." Wie auch immer das (Vor-)Urteil ausfallen sollte, Prock reibt sich die Hände, dass der neue Teambewerb ins Sotchi-Programm aufgenommen wurde. Dabei starten der Reihe nach ein Damen- und Herreneiner sowie ein Doppelsitzer - in dem Moment, wo ein Schlitten ins Ziel kommt, startet der nächste, also eine dramatische Geschichte. Der dreifache olympische Medaillengewinner sieht eine weitere Medaillenchance. „In Vancouver hätten wir mit der Form unserer Leute die Goldene oder Silberne geholt." Was noch nicht war, kann ja noch werden.

EINE BESCH... SAISON

Normalerweise sollte man ja nicht sagen oder gar schreiben, dass eine Saison beschissen war. Aber bei den rot-weiß-roten Biathleten, die in Vancouver noch mit Einzel- und Team-Silber wie noch nie zuvor geglänzt hatten, traf das im wahrsten Sinn des Wortes zu. Und was war schuld daran, dass der Winter buchstäblich in die Hosen ging? Verunreinigtes Trinkwasser vor dem Trainingsauftakt in Finnland! „Wir haben uns Parasiten eingehandelt, bei denen medizinische Fachleute lange gebraucht haben, bis sie gewusst haben, wer sie sind", erinnert sich Haudegen Christoph Sumann, Jahrgang 1976, also 35 und zwei Jahre jünger als Norwegens Ikone Björndalen. „Unser Immunsystem, ohnehin durchs harte Training angegriffen, war total geschwächt. Bis ich mich erholt hab, war die halbe Saison schon vorbei und jede Menge Punkte waren weg. Der Dominik (Landertinger) hat sich den ganzen Winter lang nicht erholt davon." In erster Linie war davon die Gruppe von Cheftrainer Rainer Gössweiner betroffen, weniger die zweite unter Alfred Eder, bei der sich Trainersohn Simon Eder und die Eberhard-Brüder auf die Weltcup-Rennen vorbereiten. „Der Simon war eigentlich der Einzige, an dem das fast spurlos vorbeigegangen ist", verrät Sumann. „Darum auch hat er schon im Dezember in Hochfilzen als Zweiter einen Stockerlplatz herausgelaufen." Sumanns Zimmerkollege, der Kärntner Mittdreißiger Daniel Mesotitsch, durchbrach schließlich im Jänner mit einem angesichts der Handicap-Vorgeschichten doch eher überraschenden Weltcuptriumph im slowenischen Pokljuka die Sieglosigkeit.
Aber ganz ließen sich verlorenes Terrain und fehlende Kraft wie Energie doch nicht wettmachen. Vor der späten WM im sibirischen Kanthy-Mansysk, jenem Ort, in dem sich Sumann eigentlich für den (durchs inzwischen abgeschaffte Reglement) verlorenen Weltcup 2010 hatte revanchieren wollen, lief trotz Aufschwungs die Zeit davon. Und trotzdem wäre dem ehemaligen Studentenweltmeister der Langläufer im Massenstart zum WM-Finale doch noch ein goldener Schuss gelungen, hätte er als Führender in der Loipe im 20-km-Rennen just am letzten Schießstand sein Visier besser eingestellt. Statt Gold gab's für den Steirer nur WM-Bronze und ein paar (beschissene) Gedanken, die er aber schleunigst wieder verjagte. „Diese Bronzene hat für mich einen sehr hohen Stellenwert, wenn ich daran denke, was alles schief gelaufen ist in dieser Saison." Fast Gold wert, obwohl er Gold um einen knappen Zentimeter verfehlt hatte. Unter anderen Voraussetzungen

hätte sich der Routinier wohl am liebsten in den Hintern gebissen – so aber nahm er es als Lohn für den verzweifelten Kampf um den Anschluss. „Wär' ich fünf Sekunden langsamer gewesen", so resümiert Sumann, „hätt' ich gar keine Medaille gehabt. Und der erste Schuss hätt' ja auch schon daneben sein können. Also darf ich mich nicht beklagen, dass ich nicht gewonnen hab. Immerhin hab ich jetzt in jeder der drei letzten Saisonen eine Medaille geholt – und im Weltcup bin ich als Achter noch unter die Top 10 gekommen!"

Aus dem alle Jahre wieder verjüngten Veteran unter Jungvätern spricht eben die Weisheit des Alters und das Wissen, wie schnell man im Biathlon vom Leaderboard und von der Bildfläche verschwinden kann. Dem Mannschafts-Quartett, in Vancouver noch sensationeller Zweiter, wurde der Spiegel dieser Biathlon-Realität geradezu brutal vor Augen gehalten. „Wir waren nicht schnell, haben nicht einmal riskiert am Schießstand, mit Strafrunden bist gleich weg vom Fenster. Da ist das Tempo einfach zu hoch und die Dichte zu groß, dass man sich so was erlauben könnte." Die Moral aus der beschissenen G'schicht? Hände weg von finnischem Wasser! „Heuer haben wir uns nördlich von Lillehammer vorbereitet." Um derart von vornherein zu vermeiden, dass Durchfall einen sportlichen Reinfall auslöst. Zu viele Jahre haben die Biathleten gegen schlechtes Image und unerfüllte Hoffnungen gekämpft, dass sie so etwas noch einmal verdient hätten. Aber das steht wieder auf einem anderen (Gerichts-)Blatt.

Christoph Sumann holte mit WM-Bronze im sibirischen „Eiskasten" Kanthy-Mansysk die Biathlon-Kastanien aus dem Feuer.

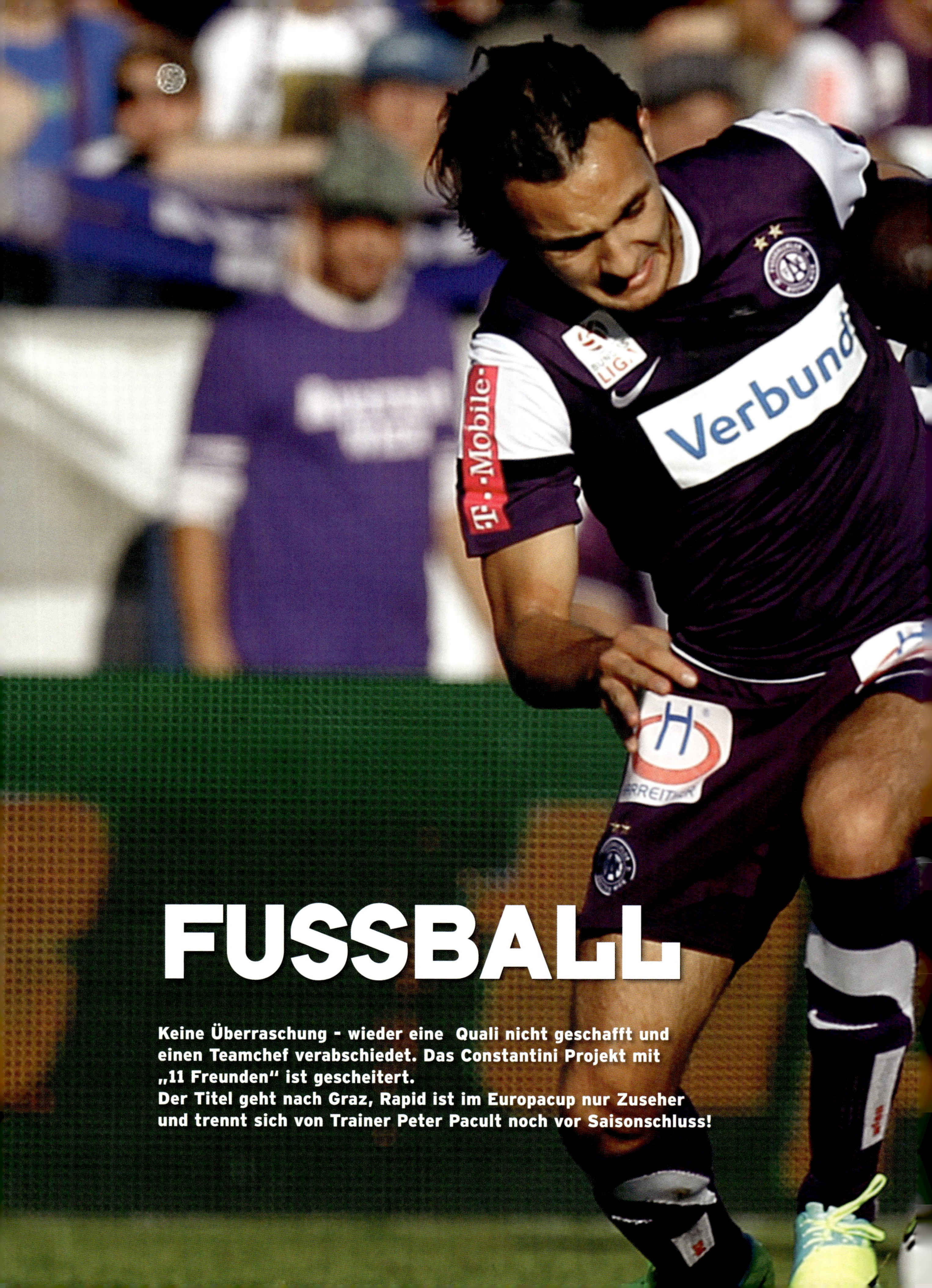

FUSSBALL

**Keine Überraschung - wieder eine Quali nicht geschafft und einen Teamchef verabschiedet. Das Constantini Projekt mit „11 Freunden“ ist gescheitert.
Der Titel geht nach Graz, Rapid ist im Europacup nur Zuseher und trennt sich von Trainer Peter Pacult noch vor Saisonschluss!**

BUNDES
LIGA

„MISTER FACEBOOK“

Wochenlang rätselte Österreich im Herbst über den Nachfolger von Fußball-Teamchef Didi Constantini, viele, viele Namen schwirrten durch das Land: Sturms Meistermacher Franco Foda galt lange Zeit als großer Favorit, die Österreicher Andreas Herzog, Paul Gludovatz, Kurt Jara wurden auch immer wieder genannt, ebenso ausländische Kaliber wie Christoph Daum oder der ehemalige schwedische Teamchef Lars Lagerbäck. Alle hatte ÖFB-Präsident Leo Windtner kontaktiert, stets in seinem Windschatten dabei Sportdirektor Willi Ruttensteiner – keiner wird wohl je genau erfahren, was die beiden Oberösterreicher in ihrer Heimat so alles miteinander plauderten ...

Einen Tag nach dem Heim-0:0 gegen die Türkei war Didi Constantini Anfang September seinen Teamchefjob los – der „Rückzug auf Raten" war bald ein endgültiger.

Erfahren hat die Öffentlichkeit dann sehr wohl den Namen des neuen österreichischen Teamchefs – nicht, wie von Windtner erhofft, auf einer Pressekonferenz, sondern schon einen Tag zuvor. „2011 Österreich" – diese zwei Worte hatten Windtners Pläne durchkreuzt. Denn sie waren am Abend vor der Pressekonferenz im Internet zu finden gewesen. Suchbegriff Marcel Koller eingeben, dann die Wikipedia-Seite mit seinem Namen anklicken, dann auf Stationen als Trainer schauen – so waren die Journalisten fündig geworden!

Typisch, dass der erste Schweizer, der das rot-weiß-rote Team betreut, auf diese Art und Weise „entdeckt" worden ist. Schließlich ist Koller selbst einer, der sich des Mediums Internet hervorragend bedient, für den „Facebook" nicht der Name eines englischen Stürmers ist ...

Aber warum eigentlich „Facebook", „Wikipedia", Koller?

Weil es auch Didi Constantini nicht gelungen war, Österreich auf sportlichem Weg erstmals zu einer Fußball-Europameisterschaft zu bringen (2008 war man ja als Veranstalter automatisch qualifiziert). Zu unterschiedlich hatte sich die Mannschaft präsentiert, standen tollen Leistungen wie jener beim 4:4 in Belgien oder der unglücklichen 1:2-Heimniederlage gegen Deutschland (K.o. erst in der Nachspielzeit) ernüchternde wie jene beim „Frühjahrs-Doppel" 2011 gegen Belgien (0:2 daheim) und die Türkei (0:2 auswärts) oder dem 2:6 in Gelsenkirchen gegen Deutschland gegenüber.

Also war die „Ära Constantini" im Herbst 2011 Geschichte – nach einer „Leistung", die ähnlich jener der Mannschaft war. Am Abend des 6. September, nach dem 0:0 im Happel-Stadion gegen die Türkei und dem damit verbundenen endgültigen Aus in der Qualifikation, war klar, dass Didi weg ist. Was tags darauf passiert – als eine Art „Rückzug auf Raten": Constantinis Ende des Jahres auslaufender Vertrag werde nicht verlängert, teilte Windtner der Öffentlichkeit mit, allerdings werde Constantini im Oktober bei den Spielen in Aserbaidschan und Kasachstan das Team noch betreuten. Der ÖFB-Angestellte Didi C. musste dies so akzeptieren. Wenigstens diese kuriose Konstellation wurde bald darauf been-

Wer weiß, wie alles gelaufen wäre, wenn Harnik und Co. am 3. Juni nach einem großartigen Spiel nicht gegen Deutschland in der Nachspielzeit noch 1:2 verloren hätten …

det: Constantini ging sofort, Ruttensteiner sprang als Interims-Teamchef ein ...

... und präsentierte dann noch vor der „Asien-Tournee" gemeinsam mit Windtner den Neuen: Marcel Koller, Schweizer Ex-Teamspieler, „Urgestein" von Grasshoppers Zürich (er spielte in seiner 18-jährigen Profikarriere nur für diesen Klub), später dann Trainer beim FC Wil, dem FC St. Gallen (1 x Meister), Grasshoppers (1 x Meister) und in der deutschen Bundesliga bei Köln und Bochum.

„Er erfüllt alle Kriterien, die im Anforderungsprofil standen, am besten. Er hat eine soziale Kompetenz, ist international erfahren, hat Qualität, spricht Deutsch, ist ein akribischer Arbeiter und zudem bereit, den österreichischen Weg mitzugehen. Koller ist neutral, unbelastet und in der Lage, gemeinsam einen neuen Boden zu legen", begründete Windtner seine „Erfindung".

Die für Kritik sorgte. Viel Kritik sogar. Fußball-Ikonen wie Herbert Prohaska und Hans Krankl zeigten sich weniger über die Person Koller als über Windtners Begründungen verärgert (gemeinsamer Tenor: „Die österreichischen Kandidaten haben alle Anforderungen genauso perfekt erfüllt."), auch die „junge Trainergarde" fühlte sich auf den Schlips getreten. Stellvertretend für diese Wr. Neustadts Peter Stöger: „Die Optik ist nicht ideal. Was soll man im Ausland über österreichische Trainer und deren Ausbildung denken, wenn für den ÖFB keiner gut genug ist, um den Teamchefjob zu machen?"

Koller respektierte all diese Meinungen, meinte aber auch: „Ich will alle mit meiner Arbeit überzeugen, werde meinen Weg gehen und bin überzeugt, dass ich hier etwas bewegen kann. Sonst hätte ich ja diesen Job gar nicht annehmen dürfen." Ein Job aber, bei dem ihm Ruttensteiner immer ein bisschen über die Schulter schauen wird – mit diesem „Makel" wird Koller leben müssen ...

Eines hat der Schweizer bald nach seinem Amtsantritt gelernt – dass es in Österreich sieben Millionen Teamchefs gibt: „Und darum werde ich es sowieso nie allen recht machen können."

Die „Königsmacher": ÖFB-Präsident Leo Windtner und Sportdirektor Willi Ruttensteiner waren bei der Entscheidung für Marcel Koller als neuen Teamchef federführend.

In Aserbaidschan durften Österreichs Kicker rund um Heimkehrer Andreas Ivanschitz (6) nach längerer Zeit wieder einmal jubeln – mit und unter Marcel Koller soll es noch mehr aufwärts gehen.

BEGEHRTE WARE

Rot-Weiß-Rot und Fußball-Europa: Alexander Dragovic trat mit Basel in der Champions League bei Manchester United auf, der Mainzer Andreas Ivanschitz im Duell mit Superstar Raul, der mit Christian Fuchs (ganz unten) beim Kultklub Schalke spielt.

Die Vielfliegerkarte von Neo-Teamchef Marcel Koller „raucht" seit Beginn seiner Amtszeit, Meilen sammeln gehört für ihn fast zur Tagesordnung. Kein Wunder angesichts der Vielzahl österreichischer „Fremdarbeiter" auf Europas Fußballplätzen.

Die ja mittlerweile zu einer begehrten Ware geworden sind. Die deutsche Bundesliga, die englische Premier League, die holländische Eredivisie, um nur drei Beispiele zu nennen – überall setzt man auf „Qualität made in Austria". Gute Qualität made in Austria, die auch bei „Austria" immer gefragter wird – im Oktober begann Interims-Teamchef Willi Ruttensteiner bei der Asien-Tournee mit zehn (beim 4:1 in Baku gegen Aserbaidschan) bzw. neun (beim 0:0 in Astana gegen Kasachstan) Legionären.

Legionäre, die mit europäischen Stars auf „Du und Du" sind: Entweder spielen sie gemeinsam mit ihnen (wie David Alaba bei Bayern München, der neben der halben deutschen Nationalmannschaft auch einen Frank Ribery oder Arjen Robben zu seinen Kollegen zählen darf, oder Christian Fuchs, der beim deutschen Kultklub Schalke 04 keinen geringeren als den spanischen Superstar Raul als Mitspieler hat), oder sie duellieren sich mit ihnen: Paul Scharner muss sich in England mit West Bromwich fast wöchentlich gegen Superstars wie Rooney, Aguero, van der Vaart und viele anderen beweisen, Aleksandar Dragovic darf sich mit dem FC Basel in der Champions League bewähren, Marc Janko bekommt es bei Twente Enschede oft mit holländischen Vizeweltmeistern als Gegenspielern zu tun.

Aber das können die Herren Arnautovic, Ivanschitz, Harnik, Prödl, Baumgartlinger, Pogatetz und und und auch alle von sich behaupten – Kollers Vielfliegerkarte braucht sich keine Sorgen zu machen, zu „verstauben". Im Gegenteil: Geht's so weiter, werden noch viele weitere Destinationen hinzukommen!

Akrobat schön: Marc Janko sorgt in Holland für Furore, David Alaba (unten links) trifft mit Bayern auf Giganten wie Barcelonas Villa, Paul Scharner (West Bromwich/ unten rechts) bekommt es in der Premier League mit Rafael van der Vaart und ähnlichen Kalibern zu tun.

TRAUM VOM FÜNFERPACK

Salzburg (unten Ulmer und Svento), Austria (Barazite/rechts oben) und Sturm (Haas/rechts unten) vertraten Österreich in der Europa League mehr als nur würdig.

Es war soweit, die Millionen waren schon auf dem Teller angerichtet – bereit, um Sturm Graz „serviert" zu werden. Ein 1:1 hatte Österreichs Meister im Hinspiel der letzten Qualifikationsrunde zur Champions League bei Weißrusslands Champion BATE Borisow geholt, nur noch 90 Minuten fehlten, um den Traum von Messi, Ronaldo und Co. Wirklichkeit werden zu lassen.

Doch der Traum wurde zum großen Albtraum – 0:2, Champions League ade. Als am Tag danach in Monaco die Gruppenphase der europäischen „Königsklasse" ausgelost wurde, Borisow als Gegner den FC Barcelona und den AC Milan erhielt, hatte in Graz kein Sturm-Kicker den Fernseher aufgedreht und in „Eurosport" die Live-Übertragung verfolgt.

Man war erst 24 Stunden später an der Reihe – als einer von drei österreichischen Klubs in der Europa League, denn neben dem heimischen Meister (war als Verlierer der Champions-League-Play-offs automatisch für die Europa-Lea-

gue-Gruppe qualifiziert) hatten auch die Austria und Salzburg den Einzug in die Gruppenphase geschafft. Nur Ried, das in der Runde zuvor nach einem „Thriller" Bröndby Kopenhagen ausgeschaltet hatte (2:0 daheim , dann auswärts nach 55 Minuten 0:4 zurück, Hadzic gelang in der 88. Minute das 2:4 und damit Aufstieg dank Auswärtstorregel), musste gegen den holländischen Spitzenklub PSV Eindhoven europäisches Lehrgeld zahlen, die kleinen Aufstiegshoffnungen nach dem Heim-0:0 wurden in der Fremde bald zerstört – 0:5 ...

Sturm, Austria und Salzburg durften dann fast bis Weihnachten (der letzte Gruppenspieltag stand am 15. Dezember auf dem Programm) Fußball-Österreich in Europa vertreten – was für die heimischen Fans bedeutete: Himmel, aber auch Hölle. Begann zum Beispiel alles mit einem „schwarzen Donnerstag" (drei Niederlagen zum Auftakt), so folgte diesem dann gleich der „goldene Donnerstag" – drei Spiele, drei Siege. Und das gegen Klubs, die man nicht zu europäischen Nobodys zählen darf:

• Slovan Bratislava, beim 0:3 in Salzburg chancenlos, hatte in der letzten Qualifikationsrunde immerhin den italienischen Spitzenklub AS Roma hinausgeworfen.

• Malmö FF, das sich daheim der Austria 1:2 geschlagen geben musste, Meister in Schweden, hatte zuvor in der Champions-League-Qualifikation nur ein Tor zum Einzug in die Gruppenphase gefehlt.

• AEK Athen, von Sturm in Griechenlands Hauptstadt dank zweier Last-minute-Tore (Burgstaller/87., Haas/90.) mit 2:1 besiegt, hat auf seiner Visitenkarte elf Meistertitel und dreizehn Cupsiege stehen.

Und da Austria (2:2 bei AZ Alkmaar nach 2:0-Führung) und Salzburg (2:2 bei Athletic Bilbao nach 2:0-Führung) unter anderem auch in Holland und Spanien aufgeigten und aufzeigten, wichtige Punkte für die Fünfjahres-Wertung der UEFA holten, darf davon geträumt werden, dass in zwei Saisonen die halbe österreichische Bundesliga auf internationalem Parkett auftreten kann. Fünf Klubs im Europacup (zwei davon in der Qualifikation zur Champions League) sind keine Utopie mehr!

FODAS „MEISTER-GLATZE“

Binnen zwölf Jahren vom Meister zum Konkurs-Klub und wieder zurück – unmöglich? Nicht, wenn es sich um Sturm Graz handelt...
1998 und 1999 hatten die „Blackies“ zweimal in Folge den Meistertitel geholt, in Europa im Konzert der Großen, sprich Champions League, mitgespielt, Millionen eingenommen. Aber auch wieder ausgegeben – was dazu führte, dass der Klub in den Konkurs musste, wieder von Null begann. Der „Trainer-Glücksgriff“ Franco Foda musste zuerst einiges verdauen, verlor er doch Jahr für Jahr seine besten Spieler: 2007 Christoph Leitgeb, 2008 Sebastian Prödl, Jürgen Säumel, Klaus Salmutter, 2010 Jakob Jantscher, Daniel Beichler, Mario Sonnleitner. Da war aufgrund der Finanzlage ein goldenes Händchen in der Transferpolitik umso wichtiger – „Kracher“, wie sie Ex-Präsident Hannes Kartnig in der guten, alten Sturm-Zeit jährlich reihenweise an Land gezogen hatte (und von denen sich viele als Flops erwiesen ...), waren nicht drin. Foda (schon als Spieler mit Sturm Meister) murrte nie, arbeitete hart und unermüdlich weiter, wurde dafür belohnt: 2010 Cupsieger, 2011 Meister. Sein Titelversprechen löste er gerne ein: Franco musste Haare lassen, wurde zum Glatzkopf.

Der SK Sturm Graz österreichischer Meister – da musste Trainer Franco Foda sein Versprechen einlösen und Haare lassen ...

BUNDES
LIGA

TRIUMPH MIT WERMUTSTROPFEN

Am 29. Mai 2011 war für Oliver Glasner die Fußball-Welt noch in Ordnung – da hatte er im Happel-Stadion als Kapitän des SV Ried nach dem 2:0-Finalsieg gegen Austria Lustenau als erster die Cuptrophäe in die Höhe stemmen dürfen.
Doch dann kam dieser 3. August 2011: Kopfschmerzen hatte er nach dem Abschlusstraining für das Qualifikationsspiel zur Europa League in Kopenhagen gegen Bröndby verspürt. Folgen eines Zusammenstoßes wenige Tage zuvor mit Rapids Mario Sonnleitner, bei dem Glasner sich ein Cut über dem Auge und eine Gehirnerschütterung zugezogen hatte. Glasner entschied sich, nicht zu spielen – was ihm das Leben rettete. Denn während seine Kollegen um den Aufstieg kämpften, kämpften wenige Kilometer entfernt in einem Krankenhaus die Ärzte um sein Leben: Gehirnblutung, Notoperation!
Die OP verlief gut, der 36-Jährige zog aber nach 410 (!) Pflichtspielen für Ried, in denen er alle Höhen und Tiefen mitgemacht hatte (vom ersten Rieder Bundesliga-Sieg über Rapid 1995, den Abstieg, den Wiederaufstieg, bis zu den Cupsiegen 1998 und 2011) den – logischen – Karriere-Schlussstrich. Fußball ist nicht alles im Leben …

Ried feierte seine „Glory Boys" – besonders Kapitän Oliver Glasner, der wenige Monate nach dem Cuptriumph seine Karriere verletzungsbedingt beenden hatte müssen.

CUPFINALE
2011

RAUSWURF IM DOPPELPACK

Fünf Punkte Rückstand auf die Austria, zwei auf Sturm Graz - für Salzburg war Anfang April die Titelverteidigung in weite Ferne gerückt. Da kam die 28. Runde gerade recht: Während man daheim einem Pflichtsieg gegen den Letzten LASK entgegensah, musste die Austria nach Kapfenberg und Sturm zu Rapid.

Doch ein Mail veränderte dann alles ...

„Trainer Huub Stevens und Sportchef Dietmar Beiersdorfer mit sofortiger Wirkung entlassen, der bisherige Techniktrainer Ricardo Moniz wird der Nachfolger von Stevens, Niko Kovac der Assistent von Moniz" - so der Inhalt des Mails im Telegrammstil.

Eine „Bombe", mit der keiner gerechnet hatte, erstmals in der Ära Red Bull war ein Trainer während einer Saison entlassen worden. Gründe? Klar, die Ergebnisse waren nicht zufriedenstellend, aber das waren sie bei anderen „Bullen-Dompteuren" auch schon nicht gewesen, ohne dass man sie deswegen hinauswarf. Klar hatte Stevens einiges „geliefert", das der Firmenzentrale in Fuschl nicht gefallen hatte - wie zum Beispiel im Winter-Trainingslager in der Türkei einen handfesten Streit mit Co-Trainer Eddy Achterberg samt dessen Abreise.

Aber deswegen gleich die „Fristlose"? Und warum dazu Beiersdorfer? Von Boss Didi Mateschitz gab es dazu keine Stellungnahme, was die Medien wild spekulieren ließ: Beiersdorfer, bei Red Bull für alle Fußballprojekte zuständig, könnte über das „Projekt Leipzig" gestolpert sein - der Viertligist, mit dem Mateschitz so gerne in Deutschlands Eliteliga mitspielen will, hatte wieder den Aufstieg verpasst. Und Stevens könnte über seinen Sohn Maikel gestolpert sein - dieser soll beim nicht gerade billigen Transfer von „Uru-Flop" Joaquin Boghossian involviert gewesen sein.

Die Wahrheit kennt nur Didi Mateschitz - und bei diesem wird sie auch bleiben.

Übrigens: Salzburg verlor damals daheim gegen den LASK 0:1, während Sturm (2:0 bei Rapid) voll punktete, Austria einen Punkt in Kapfenberg (3:3) holte. Auch wenn man danach unter Moniz eine beeindruckende Erfolgsserie hinlegte, gab's Blech statt Gold - sprich „Vize" statt Meister ...

Auf Huub folgte Ricardo: Der Holländer Stevens (unten links) musste Salzburgs Trainersessel im Frühjahr überraschend räumen, sein Landsmann Moniz übernahm.

Samba-Zauber: Salzburg-Stürmer Alan im Spiel und beim Jubel – der Ausfall des Toptorjägers (Kreuzbandriss Ende August) tat dem Vizemeister sehr weh.

DER BITTERE APRIL

Wenn dieser April 2011 nicht gewesen wäre ... Drei Punkte betrug der Vorsprung der Austria nach dem 2. April auf den ersten Verfolger Sturm – knapp vier Wochen danach hatte Violett auf die Grazer vier Punkte Rückstand! In einem „rabenschwarzen Monat“ hatte die Austria nicht nur die Meisterschaft verspielt, sondern sich auch noch aus dem Cup verabschiedet – mit einer blamablen 0:4-Heimniederlage im Viertelfinale gegen Austria Lustenau. „Dieser Monat hätte zu unserem goldenen werden sollen – und ist zum bittersten der ganzen Saison geworden“, wusste auch Sportdirektor Thomas Parits, wo sein Klub die Punkte auf dem Weg zum Titel liegen gelassen hatte.

Bitter ist's ja auch tatsächlich gewesen, denn nichts hatten sich alle bei Violett so sehr gewünscht wie einen Titel zum 100. Geburtstag. Da mag es für Trainer Karl Daxbacher auch nur ein Mini-Trost gewesen sein, dass sich sein Vertrag angesichts des Erreichens eines Europacup-Startplatzes automatisch verlängerte, er damit 2011/2012 in seine vierte Saison in Folge auf der Betreuerbank ging. Das ist übrigens nach dem zweiten Weltkrieg außer Daxbacher nur zwei Mann gelungen: Heinrich Müller und Ernst Ocwirk.

Nicht einmal ein Herbert Prohaska, die violette Ikone schlechthin, hat dies auf seiner Visiten-

karte stehen – was aber keinen Fan nur im geringsten daran hinderte, den „Schneckerl" Mitte Juni groß zu feiern. Da durfte er im großen Jubiläumsspiel mitspielen, gegen eine Mannschaft, die an Stars nicht zu überbieten gewesen war: Luis Figo, Ronaldo, Cafu, um nur Einige zu nennen, waren dem Ruf von Figo gefolgt und nach Wien gekommen. Insgesamt waren es fünf Weltmeister und zwölf Champions-League-Sieger, die in der Generali-Arena Violett gratulierten – besonders Robert Sara, der nach Luigi Hussak, Walter Nausch, Ernst Fiala und Prohaska zum fünften Ehrenkapitän der Austria ernannt worden war.

Auch wenn es kein Titel gewesen ist – würdig gefeiert hatte Violett trotzdem!

Die Austria feierte ihr 100-Jahr-Jubiläum mit einem Spiel gegen eine von Luis Figo zusammengestellte Weltauswahl – der größte Stars war Brasiliens Ronaldo, auch wenn er nicht mehr sein Idealgewicht hat ...

EINE SAISON ZUM VERGESSEN

2010/2011 - eine grün-weiße Saison zum Vergessen. Schon allein aus sportlicher Sicht, da kein Europacup-Platz erreicht wurde. Aber daran denken die wenigsten, wenn sie diese Saison Rapids Revue passieren lassen:

• Der Trainerrauswurf: Mitte April endete unrühmlich die Ära Peter Pacults in Hütteldorf. Nachdem Gerüchte über Verhandlungen Pacults mit Red Bull die Runde machten, kam's zum Krach zwischen Präsident und Trainer. Der damit endete, dass der Klub Pacult wegen eines „massiven Vertrauensbruches" entließ. Dieser wurde einen Monat danach als Trainer der Leipziger Red-Bull-Filiale präsentiert ...

• Der Platzsturm: Der 22. Mai 2010 geht als einer der schwärzesten Tage in Rapids Geschichte ein. Nachdem die Austria in Hütteldorf 2:0 in Führung gegangen war, stürmten Chaoten nach nur 26 Minuten den Platz - Abbruch mit drastischen Folgen: 50.000 Euro Geldstrafe und zwei Meisterschaftsspiele unter Ausschluss der Öffentlichkeit.

Die Strafe wurde später auf ein „echtes" Geisterspiel plus eines auf Bewährung umgewandelt, dennoch blieb dem neuen Trainer Peter Schöttel nicht erspart, dass er sein Debüt auf der grün-weißen Bank vor leeren Rängen geben musste ...

Ein Rapid-Trainer hat's nicht immer leicht – davon konnte Peter Schöttel bald ein Lied singen. Sein Debüt gab er übrigens vor leeren Rängen – ein Folge des Derby-Platzsturms.

card complete

GRAU IST OUT

Die „graue Maus Admira" aus der Südstadt? Das war einmal. Denn erstens gibt es die Südstadt gar nicht mehr, heißt es jetzt doch „Trenkwalder-Arena" (benannt nach dem großen Gönner Richard Trenkwalder, der im Hintergrund der Architekt der „neuen Admira" ist), zweitens spielte sich die Mannschaft unter Neo-Trainer Didi Kühbauer mit erfrischendem Fußball in die Herzen der Fußball-Fans.

Und das noch dazu als Aufsteiger, was aber nach knapp einem Drittel der Meisterschaft fast keiner mehr im Hinterkopf hatte. Denn da hieß der Tabellenführer Admira, hatte man alle „Großen" das Fürchten gelehrt. Sturm, Salzburg, Rapid, Austria – alle hatten Federn, sprich drei Punkte, lassen müssen. Weil es Kühbauer gelungen war, eine perfekte Mischung aus Routiniers (Jezek, Plassnegger) und jungen Wilden (Dibon, Windbichler, Neo-Teamspieler Hosiner) zu bilden, die ihn selbst überraschte: „Ich wusste zwar, was in den Burschen steckt, welch verschworene Einheit sie sind – aber dass alle so über sich hinauswachsen, ist einzigartig!" Einzigartig wie die Wandlung des Didi K. – gegenüber früheren Wutausbrüchen auf dem Feld ist er nun auf der Bank fast ein „Opa" geworden …

So jubelt ein Sensations-Aufsteiger: Trainer Didi Kühbauer feiert Erfolge stets mit seinen Töchtern, die Spieler (Ouedraogo) toben sich vor den TV-Kameras aus …

TV

LEHRSTUNDEN IN SÜDAMERIKA

Wochenlang hatte er Klubs in Europa abgeklappert, um Freistellungen ersucht – doch so richtig glücklich war Andreas Heraf im Sommer 2011 dann doch nicht nach Kolumbien gereist. Der Teamchef des U20-Teams musste nämlich bei der WM auf einige Leistungsträger verzichten: David Alaba (Bayern), Aleksandar Dragovic (FC Basel) und Raphael Holzhauser (VfB Stuttgart) war von ihren Klubs die Freigabe verweigert worden (die U20-WM ist kein Pflicht-Abstelltermin!), dazu fehlten einige Spieler verletzungsbedingt. Das feucht-heiße Klima, Erkältungen, Magen-Darm-Probleme und auch taktische „Unstimmigkeiten" (Heraf hatte in jedem der drei Vorrundenspiele ein anderes System gewählt, war dafür auch von ÖFB-Sportdirektor Willi Ruttensteiner kritisiert worden) taten dann ihr Übrigens – 0:0 gegen Panama, 0:3 gegen Brasilien, 0:4 gegen Ägypten, Gruppenletzter.
Der große Traum, wie vor vier Jahren in Kanada (Platz vier) für Furore sorgen zu können, wurde für die rot-weiß-roten „jungen Wilden" zur großen Lehrstunde. Aber aufgegeben wird auch beim ÖFB höchstens ein Brief, die nächste Generation steht schon in den Startlöchern.

Teamchef Andi Heraf und seine „jungen Wilden" konnten sich bei der U20-WM in Kolumbien nicht in heldenhaftes Licht rücken.

TENNIS

T – wie Tennis, Triumph, Traumpaar, Tom: Jürgen Melzer gehörten 2011 nicht nur mit wegen seiner zwei Grand-Slam-Erfolge in Wimbledon (Mixed) und New York (Doppel) die Tennisschlagzeilen, seine Liaison mit Mirna Jukic ließ ihn auch öfters in den Klatschspalten auftauchen. Mittlerweile ist das Sportler-Traumpaar Geschichte, ebenso wie der Tennisspieler Thomas Muster – sein bewegender Abschied in der Wiener Stadthalle war der emotionelle Höhepunkt des Tennisjahres.

ZWEI GRAND SLAMS, RÜCKFALL UND LIEBES-AUS

Ein Empfang vor dem Beginn des Wimbledon-Turniers. Mehr oder weniger zufällig lernt Jürgen Melzer gemeinsam mit seinem Doppel-Partner Philipp Petzschner zwei junge Damen kennen. Die eine heißt Iveta Benesova, ist Tschechin und Tennisspielerin. Um nach den Rückenproblemen zusätzliche Matchpraxis zu sammeln, beschließt der Österreicher, mit ihr im Mixed-Bewerb anzutreten. Aber noch vor dem ersten Aufschlag lässt er wissen: „Selbst wenn wir so weit kommen würden, könnte ich Halbfinale und Finale nicht spielen – weil ich da schon bei einer großen Party auf Mallorca eingeladen bin."
Rund zwei Wochen später beherrschen einerseits die Berichte über das Liebes-Aus zwischen Jürgen Melzer und Mirna Jukic die Medien. Und andererseits sein Triumph in Wimbledon: Mit Benesova gewinnt er sensationell den Wimbledon-Bewerb und damit seinen bereits insgesamt vierten Grand-Slam-Titel nach dem Junioren-Doppel in Australien, dem Junioren-Einzel in Wimbledon sowie dem Doppel-Triumph in Wim-

Mit der Tschechin Iveta Benesova holte Jürgen Melzer im „Tennis-Mekka" Wimbledon den Titel im Mixed-Bewerb.

Beim Daviscup im Hangar des Flughafens Schwechat hatte Mirna Jukic ihren Jürgen Melzer noch unterstützt – im Sommer erfolgte dann die Trennung des „Sport-Traumpaars".

bledon im Vorjahr. Knapp einen Monat später sollte bei den US-Open im Doppel, wo abermals mit seinem deutschen Freund und Partner Petzschner spielte, sogar der fünfte Streich folgen. Aber trotz der zwei Grand-Slam-Erfolge wird 2011 nicht unbedingt als erfolgreichstes Jahr in der Karriere des Niederösterreichers in die Geschichte eingehen. Aufgrund seiner Vorjahrs-Erfolge stieß er zwar als erster Österreicher nach Thomas Muster in die Top 10 der Weltrangliste vor, war kurzfristig sogar Achter und schaffte in Monte Carlo mit dem Sieg über Roger Federer das Kunststück, nach Novak Djokovic und Rafael Nadal innerhalb weniger Monate die drei besten Tennisspieler der Gegenwart zu besiegen. Weil er danach nie wirklich fit war, sich Probleme mit Rücken und Schulter mehr oder weniger abwechselten, fiel Melzer dennoch wieder aus den Top 20. Von Juli bis zum Heimturnier in der Wiener Stadthalle hatte er deshalb keine zwei Einzel-Matches in Serie gewinnen können ...

ABSTIEG STATT FLUGHAFEN-HÖHENFLUG

Nach vielen Jahren des Dahindümpelns wurde 2011 auch im Daviscup wieder ein rot-weiß-roter Meilenstein gesetzt. Zumindest stimmungsmäßig. Die Atmosphäre beim Match gegen Frankreich im Hangar des Flughafens Schwechat erinnerte an die glorreichen Schlachten von Thomas Muster oder Horst Skoff in den 90er-Jahren. Sportlich stand am Ende statt des erhofften Flughafen-Höhenflugs ein bitteres 2:3 und damit der „Abstieg" in die Relegation. Dort kehrte das Team um Melzer aber gegen Belgien souverän in die Weltgruppe zurück.

TAMIRA UND IHR WIMBLEDON-MÄRCHEN

„Tamira im Wunderland". So lauteten die Schlagzeilen in österreichischen Medien, als ein junges Mädchen aus Vorarlberg 2007 die große Welt des Tennissports eroberte: Tamira Paszek war noch nicht einmal 17, als sie ins Achtelfinale des Wimbledon-Turniers einzog. Aber so schnell sie zum Höhenflug angesetzt hatte, so rasch schien sie wieder abzustürzen. Sie flog sogar aus den Top 300 der Weltrangliste, wurde von vielen bereits für immer abgeschrieben. Bis sie in den letzten Monaten auszog, um sie alle eines Besseren zu belehren: Im Herbst 2010 gewann sie als Qualifikantin das Turnier in Quebec, vor allem aber in Wimbledon sorgte sie erneut für Furore. Auf dem berühmtesten Rasen des Tennissports zog sie diesmal sogar ins Viertelfinale ein und war wenig später im Ranking wieder auf Platz 35 zu finden – womit sie innerhalb von ein paar Monaten fast 300 Plätze gutgemacht und ihr bis dato bestes Karriere-Ranking eingestellt hatte.

Tamira Paszek trumpfte in Wimbledon mit dem Einzug in das Viertelfinale groß auf.

Gefeiert wurden auch Tennis-Legende Thomas Muster, der Ende Oktober beim Turnier in der Wiener Stadthalle endgültig „Adieu" sagte, und Stefan Koubek, der 2011 seine Karriere beendete.

DAS JAHR DES ABSCHIEDS

Für Österreich stand das Tennisjahr aber auch im Zeichen des Abschieds. Zuerst beendete Stefan Koubek mit einer Exhibition im Rahmen des Turniers von Kitzbühel offiziell seine Karriere, wenige Wochen später Sybille Bammer in Linz auf ganz ähnliche Art und Weise. Und Ende Oktober hieß es dann auch für den großen Thomas Muster ein für allemal: „Game over"! In der

Stadthalle in Wien trat der mittlerweile 44-Jährige, der mit seinem Comeback vor allem bei den Heimturnieren eine ähnliche Euphorie wie in seinen vergangenen großen Tagen entfacht hat, für immer ab. 2012 will er nur mehr das eine oder andere Challenger-Turnier bestreiten, um sich körperlich halbwegs fit zu halten. Tom, merklich emotional: „Es ist Zeit, wieder nach Hause zur Familie zu kommen. Meine Tochter soll ihrem Papa nicht nur beim Kofferpacken zusehen ..."

ES LEBE DIE ZUKUNFT

Unzählige Erfolge der Vergangenheit gingen mit Koubek, Bammer und vor allem Muster in Pension. Aber 2011 zeigte auch, dass Tennis-Österreich dennoch eine Zukunft hat. Die gehört vor allem Dominic Thiem. Er durfte bereits mit den ganz Großen des Sports wie etwa Rafael Nadal trainieren und er war erst 17, als er in Paris als erster Österreicher seit dem „Tominator" ins Junioren-Finale der French Open einzog, dort nur knapp verlor. Ivan Lendl geriet aber danach über den Niederösterreicher förmlich ins Schwärmen: „Er ist der beste Jugendliche, den ich seit vielen Jahren gesehen habe!"
Österreichs Tennissport hofft, dass er Recht behält.

Die Zukunft: Dominic Thiem zog in Paris als erster Österreicher nach Thomas Muster in das Junioren-Finale ein - der Kreis zu Muster schloss sich im Oktober, als Thiem den Helden beim Wiener Turnier schlug und in den „Tennis-Ruhestand" verabschiedete.

SPORT-MIX

Österreichs Sportfans hatten auch 2011 wieder allen Grund zum Jubeln – unsere Stars holten WM- und EM-Titel, zeigten eindrucksvoll, dass wir sehr stolz auf sie sein dürfen. Aber bei allem Jubel darf man auch nie die Schattenseiten vergessen, wie zum Beispiel den Abschied von Claudia Heill. Der uns auch zeigt, dass letztendlich nie der Sportler, sondern der Mensch im Vordergrund steht ...

TOTO

DOCH ZWEI ASSE

Er ist ein Kerl von einem Mann, der sich vor nichts und niemanden fürchtet, sich auch bei den Schwimmgiganten schon großen Respekt verschafft hat, selbst in Amerika. Aber am 24. Oktober 2011 stand dem 1,94 m großen Dinko Jukic noch der Angstschweiß auf der Stirn, als ihm eine fünfköpfige Rechtskommission in den NADA-Räumen am Rennweg in Wien nach fünf langen Monaten, drei Verhandlungstagen und zweistündiger Abschlussberatung schließlich doch die Absolution erteilt hatte. „Kein Kommentar", so lautete die erste Aussage, ganz so, als ob er sich nicht die Zunge verbrennen wollte. Dann aber sagte Jukic, dem vorgeworfen worden war, am 24. Mai im Stadionbad eine Urin- und Blut-Dopingprobe verweigert zu haben, „dass ich immer von meiner Unschuld überzeugt war. Die Kommission ist letztlich auch meiner Darstellung gefolgt." Und nicht jener des Kontrollors, eines Golf-Funktionärs, mit dem es Kommunikationsprobleme gegeben haben soll. „Und jetzt wird weiter so intensiv und hart für das Ziel London gearbeitet", meinte Dinko, der sich einerseits bei OSV-Präsident Schauer für die (juristische und ideelle) Unterstützung bedankte, andererseits aber klarstellte: „Ich trainiere nicht für die NADA, nicht für den OSV, sondern in erster Linie für mich, weil ich etwas erreichen will. Und weil ich mir keiner Schuld bewusst war, war das auch in den letzten Monaten Motivation genug, oder?"

Dinko Jukic sorgte mit einem verweigerten Dopingtest für viel Aufsehen – das NADA-Verfahren gegen ihn endete letztendlich mit einem Freispruch.

Mit Jukic durften auch Trainervater Zjelko, Schauer und OSV aufatmen. Der Kelch ging vorüber. Und jetzt hat der Schwimmverband neben Markus Rogan doch zwei olympische Trümpfe im Talon, die im Rennen um Medaillen vielleicht doch stechen können. Schwer genug, wie die Langbahn-Weltmeisterschaft 2011 in Shanghai vor Augen geführt hat. Sowohl Rogan über 200 m Lagen (1:57,74) als auch Jukic (200 m Delfin) schienen nach fabelhaften Semifinalläufen nach Medaillen zu greifen, konnten aber in extrem schnellen Endläufen diese Option nicht einlösen. Rogan rührte als Fünfter, wieder einmal abgehängt vom Ungarn Laszlo Cseh, aber auch vom Briten Goddard, ebenso die Blechtrommel wie Jukic, der gar nur auf Platz 7 gelandet war. Rogan, dem drei Zehntel auf die Bronzemedaille fehlten, die er für realistisch und greifbar gehalten hatte, ärgerte sich über sich selbst. „Mir ist es nicht gelungen, mich im Finale noch einmal so zu konzentrieren und zu motivieren wie im Semifinale. Ich wollte schneller sein, war aber langsamer. Darum tun die drei Zehntel weh."

Es wäre aber nicht Markus Rogan, hätte er nicht noch ein wenig tiefer gebohrt und weiter geblickt, um die nötigen Konsequenzen aus seiner erst dritten medaillenlosen Weltmeisterschaft zu ziehen. Er ist nicht, wie viele meinen, ein

Oberg'scheiter oder Neunmalkluger, sondern scharfer Denker und Analytiker, der den Dingen auf den Grund geht. Und für Rogan, der seine (Körper-)Werte mit jenen eines Michael Phelps oder Ryan Lochte verglich, den Mega-Stars der Szene, war das Rätsel seiner Stagnation trotz Mammut-Trainings schnell enttarnt. „Ich war mit 95 kg bei 1,95 Größe einfach viel zu schwer", erklärte Rogan, der sich eine Hunger- und Diätkur verordnete, bei der er binnen weniger Wochen acht Kilo verlor. Und weitere Pfunde abspecken, aber auch den Anteil an Körperfett auf ein Minimum reduzieren wollte. „Das ist meine letzte und einzige Chance, um in London eine Medaille zu gewinnen!" Motto: Je weniger Gewicht, desto schneller flutscht der Mensch durchs Wasser, umso größer die Chance, auch die vermeintlich Unschlagbaren zu fordern.

Nur Markus, der 30-jährige Evergreen, der in London seine bereits vierten Sommerspiele bestreitet, und Dinko, der 23-jährige Wiener aus Kroatien, an dem sich Geister nicht nur der Doping-Causa wegen scheiden, sind die einzig realistischen Final- und Medaillenhoffnungen, alles andere scheint Illusion – oder aber ein Vorgriff auf eine spekulative Zukunft mit den Grazer Talenten Christian Scherübl (200 m , 400 m Kraul), Eva Chaves-Diaz (100 m Kraul, Delfin), Christina Strigl (100 m Brust) oder Daniel Pilhatsch (200 m Brust), dessen Vater bereits vor 23 Jahren olympische Luft in Seoul geschnuppert hatte. Aber wer weiß, vielleicht schaffen es neben dem vom eigenen Freund betreuten „Trainingstiger" Jördis Steinegger (400 m Lagen), auch noch der stets verbesserte, aber trotzdem stets im Schatten populärerer Schwimmer stehende Grazer Martin Spitzer (100 m Delfin) oder gar Alt- und Ex-Vizeweltmeister Maxim Podoprigora (200 m Brust), 34, den Sprung über den Ärmelkanal. „Podo" übrigens hätte mit seiner besten Zeit seit 2008 (EM-Eindhoven) das WM-Limit für Shanghai erbracht, da er aber das Duell um den Titel gegen den Ungarn-Import Hunor Mate verlor, musste er daheim bleiben. Und Mate ging in China total unter ...

Nicht der einzige aus einem großen WM-Team, das in Shanghai nicht hielt, was man sich erwartet oder zumindest erhofft hatte. Mit wenigen Ausnahmen war der erste auch schon der letzte

Markus Rogan quält sich für sein letztes großes persönliches Ziel: Eine Medaille bei den Olympischen Sommerspielen 2012 in London.

Jördis Steinegger konnte sich in Shanghai über 400 m Lagen zwar nicht für das WM-Finale qualifizieren, schaffte aber das Limit für Olympia 2012.

Start, finale Träume erwiesen sich (außer bei Rogan und Jukic) nicht nur im Swimmingpool, sondern auch beim Wasserspringer Constantin „Coco" Blaha (Totalverhau) als Schäume. Auch die Synchronnixen Nadine Brandl, Nichte von Ex-Europameisterin Alexandra Worisch, und Livia Lang waren weit entfernt von Endkämpfen, wie sie Tante Xandi so oft samt Medaillen erreicht hatte. Die Mittvierzigerin erwartete übrigens im November ihr erstes Kind - angesichts der Worisch-Familientradition sollte der Storch auch Schwimmer- oder Springernachwuchs ins Nest legen.

„GANZ BAFF!"

Stell dir vor, du wirst Weltmeister und kriegst es gar nicht mit? Unsinn? Irrtum! Das Paradoxon hat's im Sportjahr 2011 tatsächlich gegeben, frag nach bei Viktoria Schwarz, 26, der Flachwasser-Paddlerin aus Linz. Sie und ihre Partnerin im Kajak-Zweier, Yvonne Schuring, 31, Sozialarbeiterin aus Urfahr, hatten im ungarischen Mekka des Kanusports, Szeged, nur ein Ziel vor den Augen gehabt: „Wir wollten unbedingt unter die ersten Sechs kommen, einen olympischen Quotenplatz holen, wir haben auf nichts sonst geachtet." Also war in der allgemeinen Hektik an beiden tatsächlich vorbeigegangen, dass sie gewonnen hatten. „Erst als wir zu unserm Team kamen, haben's geklatscht - und als wir g'fragt haben, was wir geworden sind, haben sie gesagt: Weltmeister. Da waren wir ganz baff!"

Unglaublich, aber wahr. Eine Story, die Gold wert ist, nicht nur weil eine der Siegerinnen - *nomen est omen* - Viktoria heißt. Auch und vor allem deshalb, weil das alles in Szeged geschah, das im Kanusport das ist, was Streif und Ganslern in Kitzbühel im alpinen Skirennsport sind. Oder Holmenkollen für die Nordischen. Schwarz: „Dort sind die Tribünen mit 30.000 begeisterten Fans prall gefüllt, dort herrscht eine unglaubliche Stimmung, dort ist immer die Hölle los. Wenn du da gewinnst, dann ist das so, als würdest du in Wembley gegen England den WM-Titel im Fußball gewinnen!" In diesem Fall noch dazu mit ihrem neuen ungarischen Trainer Nandor Almassy, mit dem sie sich bestens verstehen. Und der viel vom Geschäft versteht, „er hat auch schon Erfolg mit den Briten und Südafrikanern gehabt, auch schon Olympiamedaillen gewonnen!"

Stichwort London und Olympia 2012. Plötzlich sind Schlagfrau Yvonne, beruflich im Sozialamt Urfahr engagiert, und Viktoria nicht nur vorne mit dabei wie fast immer, seit man sie vor Peking 2008 (Olympiafinale) in ein Boot setzte, sondern mittendrin im engsten Favoritenkreis für die kommenden Sommerspiele. Und stehen damit als erste Kanuten seit dem legendären Duo Pfaff und Seibold auch unter echtem Erfolgs- und Erwartungsdruck. Viktoria spielt's eher herunter, schließlich wär's ja keine Belastung, die von außen herangetragen werde. „Wir haben uns ja durch unsere Goldene selbst in diese Position gebracht. Und man muss auch lernen, mit so etwas umgehen zu können." Beide sind schließlich keine Frischg'fangten mehr, sondern haben über viele Jahre hinweg mit viel Routine auch viele Erfolge, zahlreiche Weltcup-Spitzenplätze und im Vorjahr auch schon EM-Bronze in Posen, gesammelt. Und anders als die Ex-Deutsche Schuring (Kanu-Verbandspräsident Aumayr: „Nichts freut sie mehr als Siege gegen Ex-Landsleute!") hat Viktoria auch schon eine WM-Medaille im Schrank. „Vor sechs Jahren mit Petra Schlitzer - wir haben uns aber dann getrennt, weil sie sich mit dem Trainer nicht mehr verstanden hat." So kam's nach einem Kajak-Einer-Test („Yvonne hat vor mir gewonnen!") zur Bildung des neuen Kajak-Zweiers, der nun ein Jahr vor Olympia zum WM-Gipfelsturm ansetzte.

Und weil der Olymp ruft, legen sich beide in der Vorbereitung unglaublich ins Zeug - selbst dann, wenn sie durch Tausende Kilometer getrennt sind wie im kommenden Winter. „Ich bin vom November bis Februar allein in Australien, trainiere da mit anderen Partner(innen) aus Australien, Schweden, Ungarn - Yvonne kriegt von der Arbeit nicht so lange frei, sie kommt nur einen Monat." Nicht nur da arbeiten die beiden Medaillenhoffnungen mit einer Härte, die an Brutalität grenzt. Viktoria Schwarz: „Natürlich kommt's auf die Trainingsphasen an, ob Umfänge oder Schnelligkeitstraining anstehen, aber immer so viel, dass wir Muskelkater kriegen."

Im Klartext: Wenn möglich, dann viermal Training pro Tag, zweimal zu Wasser, eine Stunde Kraftkammer, dazu noch Laufen. „Und nach jedem Wassertraining gibt's für jede immer noch 100 Liegestütze." Stachanow lässt grüßen - nicht Zwangsarbeit als Strafexpedition, sondern freiwilliger (Erfolgs-)Zwang. Allein beim Hinhören kommt man da ins Schwitzen. Motto: Ohne Schweiß kein Preis. Mittel zum Zweck, den Traum von Gold, Silber oder Bronze zu realisieren. Es wären, wie gesagt, die ersten olympischen Kanu-Flachwasser-Medaillen seit Mexiko City 68. Und das ist inzwischen schlichte 44 Jahre her. Übrigens gab's in Szeged noch eine weitere Goldmedaille für Rot-weiß-rot, die zwar weniger Aufsehen erregte, aber alle (Hoch-)Achtung verdient - Markus Swoboda, der Para-Kanute, holte sie an Land ...

Weltmeister! Für Yvonne Schuring und Viktoria Schwarz schien im ungarischen Szeged die Kanu-Sonne.

GOLDENER DOPPELPACK

Unverhofft kommt nicht so oft. Noch seltener, wie die Geschichte lehrt, ist hingegen eine erfolgreiche Titelverteidigung in einer anderen Paddeldisziplin, dem Wildwasserslalom, im Gegensatz zur Regatta ebenfalls olympisch und darum ein Jahr vor London doppelt wertvoll. Wer hat diesen Doppelpack, mit dem vor ihr erst eine Kanutin in die Annalen eingegangen war, diesen Sommer nahe der Heimat in Bratislava geschafft? Erraten, Corinna Kuhnle, 24-jährige Fast-Wienerin aus Höflein bei Greifenstein an der Donau. Und diesmal nicht mit körperlichem Handicap wie vor einem Jahr in Tacen, Slowenien, als aus einem eingequetschten, genähten ein Goldfinger geworden war, dafür aber mit sportlichen Rückschlägen. Zu viel gewollt, weniger erreicht, meist im Schatten der Slowakin Jana Dukatova, der Weltcup-Dominatorin ohne WM-Titel. „Ich hab", sagt Corinna, „bei der EM und bei Weltcups einfach zu viel riskiert, mir viele Strafsekunden eingehandelt, auch wenn's oft ganz knapp war." Devise: Wer nichts wagt, kann nichts gewinnen. Oder andersrum: Herantasten an die Grenze des Möglichen, ohne ans Unmögliche zu stoßen.

Corinna Kuhnle gelang die Titelverteidigung im Wildwasser-Slalom. Das hatte vor ihr erst eine Kanutin geschafft.

Corinna tat's so lange, bis beim wichtigsten Rennen des Jahres, der WM in Bratislava, der Mut zum Risiko mit der zweiten Goldenen in Folge belohnt wurde. „Ich hab den Kurs studiert und gesehen, dass es zwei heikle Torkombinationen gibt, da hab' ich mich entschieden, die sicherere Variante zu wählen, es ist ja auch um einen olympischen Quotenplatz gegangen." Sicher, schnell, fehlerlos, zweiter WM-Titel – aber Endstation Sehnsucht, was den Olympiastart 2012 betrifft? London, ich komme? Mitnichten! Da auch die Olympiadritte von Peking 2000, als WM-Finalistin noch einen Anspruch auf einen London-Start reklamiert, muss sich Corinna, die historische Doppelweltmeisterin, erst im Frühjahr 2012 qualifizieren. Unter anderen bei der EM im Olympia-Kanal von Augsburg.
Fast schon so harte Gesetze wie bei den Ski-Slalomdamen, die die HTL-Maturantin und Bundesheer-Zeitsoldatin im Kampf um den Titel einer Sportlerin des Jahres 2011 übrigens herausforderte. „Mehr als zweimal Weltmeisterin hab ich nicht werden können, Weltcupzweite war ich auch, EM- und U23-WM-Medallen auch schon, ich hab meinen Teil dazu beigetragen ..." Bei der Gala-Nacht des Sports, so hatte Corinna anklingen lassen, werde sie womöglich fehlen. Nein, nein, nicht etwa als beleidigte Leberwurst, vielmehr des Olympia-Countdowns wegen, der längst eingesetzt hat. „Ich werde höchstwahrscheinlich die Zeit nützen, um die künstliche olympische Regattastrecke im Nordwesten Londons ebenso wie das 9 kg leichte Karbon-Boot in den offiziellen Trainingswochen ausgiebig zu testen.
Akribie, Konsequenz, Begeisterung sind alles Trümpfe der alten, neuen Weltmeisterin, die als Vierjährige fast zwangsweise zum Paddelsport gekommen war. „Weil wir vis-a-vis vom Verein gewohnt haben!" Aus Gewohnheit wurde Leidenschaft und eine zweifache Weltmeisterin aus Passion, die auch aus einem ganz anderen Grund heimische Visionen, nein: fast Illusionen, verwirklichte. Am 17. Oktober fand der Spatenstich an der Neuen Donau in Wien für eine künstliche Wildwasser-Strecke statt, die auch für die zweifache Vergoldete noch Goldes wert sein kann. „Gut und schön, Bratislava war nicht

weit, aber das liegt ja jetzt für mich fast vor der Haustür, da kann ich sogar mit'm Radl hinfahren." Und hoffentlich in London 2012 nicht nur auf dem hohen Stahl-Ross sitzen. Nach Violetta hat auch Corinna gezeigt, wie man wilde Wasser bändigt.

BEREIT FÜR OLYMPIA

Ein zweiter Weltcup-Gesamtsieg in Folge für die 49er Nico Delle Karth und Niko Resch, zwei EM-Bronzemedaillen (Delle Karth-Resch bzw. Evergreen Andreas Geritzer im Laser), gleich vier Boote im Medal Race beim Weltcupfinale im Olympiarevier von Weymouth, dazu U20-WM-Gold für die Kärntner Jugend-Olympiasiegerin Lara Vadlau (mit Lara Frank), die obendrein auch noch mit ihrer neuen Partnerin Eva Maria Schirak im großen 470er schon etliche Talentproben abgeliefert hat – ein Jahr vor London zeigten unsere Segler immer wieder Flagge. „Wir sind gut aufgestellt, unsere Besten haben auch beim Olympiatest die Zielvorgabe, die Top 10 und das Medal-Race, erreicht. Und darum ist es ja in erster Linie gegangen. Ein Jahr vorher muss man schauen, dass das Material passt." Kaum hatte Langzeit-Sportdirektor Georg Fundak mit dem Blick zurück auch in eine erfolgreiche Zukunft geschaut, schon ereilte ihn eine Hiobsbotschaft. Bei einem Starkwind-Training am Gardasee verdrehte sich Nico Delle Karth das rechte Knie, dabei zog er sich einen Seitenbandeinriss zu, der ihn just im Countdown zur 40er-WM in Fremantle (Australien, Dezember) zu einer dreiwöchigen Trainingspause zwang. „Passiert ist's in einer Halse. Als es geschnalzt hat, hab ich gleich geahnt, dass es was Ärgeres ist." Nico ist nämlich vorbelastet, vor fünf Jahren ist es ihm im linken Knie passiert. Das einzig Gute an der schlechten Nachricht, die Fundak unvorbereitet traf – der WM-Start an sich, bei dem es auch um Nationen-Quotenplätze für London geht, ist nach Auskunft der Ärzte nicht in Gefahr. Trotzdem – mit Zajac-Czajka lauern hinter Nico und Niko aber noch zwei ehemalige Tornados und Hagara-Schüler auf die Chance, notfalls in die

Die Sonne soll auch 2012 für die rot-weiß-roten Boote scheinen – immerhin stehen die Olympischen Spiele auf dem Programm …

„Heiße" Boote: In der Extreme Sailing Series sind Roman Hagara und Hans Peter Steinacher mit bis zu 75 km/h schnellen Katamaranen unterwegs.

Bresche zu springen, wenn es sein muss. Immer zur Stelle, wenn's um viel geht, vor allem um Medaillen – wen sonst, wenn nicht Andi Geritzer, inzwischen 33-jähriger Nussschalen-Segler, sollte das auszeichnen. Sein neuer kroatischer Trainer Mate Arapow wirkte für Andi wie eine Motivationsspritze und Verjüngungskur. „Er versteht sich mit ihm ganz ausgezeichnet", betont Fundak, der den kroatischen Spezialisten sozusagen „an Land" gezogen hat. „Andi hat viel von ihm profitiert, aber bis London ist trotzdem noch einiges zu tun." Für Geritzer war es in Helsinki bereits die vierte Bronzemedaille, zu der er segelte. Schon davor hatte er mit Platz fünf, seinem besten Saisonresultat, bei der Kieler Woche seine Aufwärtstendenz angekündigt – wie die Weltcupsieger Delle Karth-Resch mit Platz drei, der den zweiten Weltcupsieg fixierte. Wenig später lösten die Weltranglisten-Spitzenreiter ihre Option auf Euro-Edelmetall im finnischen Meerbusen mit Bronze ein. Wenn sie fit werden und bleiben, können nicht nur Nico und Niko vor Weymouth olympische Wellen schlagen. Wobei Fundak nicht ausschließt, dass sich auch die 470er Matthias Schmid und Florian Reichstädter in den Kampf um Spitzenplätze mischen. Sie wären bisher oft unter ihrem wahren Wert geschlagen worden, so Fundak. „Aber jetzt haben sie ein neues Boot, neues Segel, neues Tuch, ich bin sicher, dass sie mit dem richtigen Material für die Top 6 gut sind." Ein Buch mit sieben Siegeln, so könnte man sagen, ist der 470er der Damen mit dem goldig-goldenen Kärntner Teenager Lara Vadlau, die auf Anhieb bewies, welch (Wasser- und Wind)Gespür sie besitzt. „Sie haben erst im Sommer begonnen, sie sind schon im Mittelfeld."Selbst einen olympischen Quotenplatz hält Fundak für kein Ding der Unmöglichkeit. Und was er sagt, das ist nicht Schönfärberei, diese typisch österreichische Sportkrankheit, sondern hat Hand und Fuß.

Während sich ihre ehemaligen Kollegen und Epigonen für Olympia rüsten, sind die beiden Doppelgold-Tornados Roman Hagara und Hans Peter Steinacher in der Extreme Sailing Series mit bis zu 75 km/h schnellen Katamaranen zwar immer öfter, aber nicht immer in ihrem Element. Kaum waren die beiden Doppelolympiasieger von Sydney und Athen in dieser ultraschnellen, superattraktiven Inshore-Serie mit ehemaligen America's-Cup-Haudegen mehrmals auf Siegeskurs eingeschwenkt, da stoppte bei der Regatta in Nizza ein Unfall den Vormarsch der roten Bullen. Hatte es Hagara im Vorjahr in Oman erwischt, so war diesmal Hans Peter Steinacher der Pechvogel, der so unglücklich ins Wasser stürzte, dass ihn dabei das Ruderblatt verletzte. Die Kopfwunde musste mit 16 Stichen genäht werden. Voller Galgenhumor meinte Hagara, der ja selbst schon oft genug lädiert war: „Diese Boote sind unglaublich schnell und sensibel, ich würde sagen, sie sind waffenscheinpflichtig. Ich bin echt froh, dass da nicht mehr passiert ist. Wir hatten wieder einmal Glück im Unglück." Gefahren sind dazu da, bewältigt zu werden. Inzwischen tägliches Brot für die Ströck-Segler.

MEISTER FALLEN NICHT VOM HIMMEL

Himmelhochjauchzend, zu Tode betrübt. Vom Ausland hofiert und mit Lob überschüttet, andererseits aber wieder ein Prophet, der im eigenen Land nichts gilt. In der Brust von Peter Kleinmann, Volleyball-Visionär der ersten Stunde vor mehr als 40 Jahren, Meistermacher, Manager und PR-Manager, Verbandspräsident und neuerdings auch im Europa-Vorstand, müssen zwei Herzen geschlagen haben – ein lachendes, erst recht aber eines, das vergebenen Chancen nachweint, nicht nur aus sportlichen Gründen, aber auch deshalb. Andersrum: Blick zurück nicht im Zorn, aber voll Wehmut.

Ja, was hatte man nicht alles der bestvorbereiteten österreichischen Nationalmannschaft zugetraut, die der deutsche Coach Michael Warm über Monate hinweg zusammengeschweißt hatte? Oder gar in die später verhinderten Helden hineininterpretiert, als sie im EURO-Countdown sogar einen Olympiasieger und Exweltmeister wie Brasilien geschlagen hatten? Zumindest ein Sieg in einem der drei Vorrunden-Spiele und damit der Aufstieg ins Play-off schienen da durchaus realistisch. Der Schein trog. Im Ernstfall rutschte den rotweißroten Recken das Herz in die Hose. Da konnten die 5000 Fans in der Stadthalle noch so laute Sprechchöre anstimmen, immer dann, wenn sich zum Auftakt gegen die Slowenen eine Chance ergab, wurde sie im Handumdrehen verjuxt.

Kaum hatte der künftige Paris-Legionär Zass mit Assen und Service-Krachern im ersten Satz ein 4:9 in ein 11:9 verwandelt, das Lust auf mehr machte, schon kamen die Rückschläge mit einfachen Fehlern oder übertriebenem Mut zum Risiko. Und das pflanzte sich nicht nur im Duell mit Slowenien fort, sondern wurde auch gegen die Türkei und Serbien prolongiert. Unterm Strich – drei Spiele, drei Niederlagen, kein einziger Satzgewinn. Kein Wunder, dass der ewige Optimist Kleinmann frustriert war: „Alles war angerichtet, bessere Rahmenbedingungen hätte man nicht schaffen können, die Vorbereitung

So sehr sich Österreichs Asse bei der EURO in Österreich auch bemühten – unterm Strich gab es drei Niederlagen und nicht einmal einen einzigen Satzgewinn ...

Die großen Champions: Serbien ließ sich in der Wiener Stadthalle als Volley-Europameister 2011 feiern.

war optimal, die Stimmung in der Halle sensationell – spielen aber müssen die Burschen schon selber." Die Größe des Augenblicks hatte sie nicht beflügelt, sondern übermannt. Alles, was in der Vorbereitung geklappt hatte, ging unter dem EURO-Druck schief. Meister fallen eben gerade in diesem Sport nicht vom Himmel. Ein österreichisches Schicksal. Schade drum.
Schon deshalb, weil Medien-Interesse da und Zuschauer-Echo dort alle Erwartungen übertrafen. Insgesamt sahen in Wien, Innsbruck, Prag und Karlsbad nicht weniger als 138.632 Fans die Euro-Spiele, knapp 60.000 davon waren es in Österreich, ein Schnitt von 4236 Zuschauern. Kurzum, Volleyball erwies sich als Publikumsmagnet – kein Vergleich zur ersten EM vor vielen Jahren. Vor allem den Serben rannten die Fans die Türen ein, schon das Match gegen die Österreicher sahen 6800 Zuschauer. Das Endspiel, in dem die Serben dann den „Russen-Riesentöter" Polen mit 3:1 abschmetterten, fand in der ausverkauften Stadthalle statt. Kleinmann: „Fast 10.000 Leute beim Volleyball, so etwas hat es in Österreich noch nie gegeben."
Aber lange lachte Kleinmann, zu seinem 64er in den CEV-Vorstand gewählt („Eine Ehre, wenn man Österreich dort vertreten darf!"), das Herz nicht mehr im Leibe. Die EURO-Bilanz konnte sich sehen lassen, bei seinen Vienna hotVolleys aber gingen die Lichter aus. Aus welchen Gründen auch immer – Sponsoren, um die er jahrelang wie ein Löwe gekämpft hatte, drehten den Geldhahn ab. Auch ein medialer Hilfeschrei verhallte ungehört. „Wir können uns keinen Profibetrieb mehr leisten, wir müssen auf Amateurbasis weiter arbeiten, uns ist nichts anderes übrig geblieben", gestand Kleinmann, dessen einstige Abonnement-Meister von Titelverteidiger Hypo Tirol und zuletzt auch von Aich/Dob, den mit Legionären gespickten Kärntner Slowenen, in der Liga überholt worden waren. „Aber den Cup haben wir gewonnen", erinnert Kleinmann, der jetzt mit einer besseren Junioren-Truppe und Österreichern um die (Liga-) Existenz kämpfen muss. Würde ihm Wien nicht die Halle (Budo-Center) zur Verfügung, sondern womöglich in Rechnung stellen, würd's noch trister aussehen für den erfolgreichsten Klub und dessen Manager, der Volleyball hierzulande mit seinem nimmermüden, geradezu fanatischen Einsatz erst zu dem gemacht hat, was es ist. Mit ein Grund, warum ihn, obschon politisch im anderen Lager, ein Spitzenmann wie Peter Schröcksnadel so schätzt. Als Funktionär – und als Freund ...

Okay, durch die Beach-Girls Barbara Hansel und Sarah Montagnolli gab's eine EM-Silberne im Sandkasten von Kristiansand, die Schwaiger-Sisters sind trotz einiger Rückschläge immer noch auf Kurs Richtung Olympia, aber trotz der Glamour- und Top-Events wie Klagenfurt-Grand-Slam oder Volleyball-EM in Wien und Innsbruck waren es sozusagen wieder Außenseiter der Teamgesellschaft, die für Furore und Medaillen im Ballsport sorgten. Andersrum gesagt: Mauerblümchen, die aufblühten, als es um alles oder nichts, zumindest aber ums Prestige und in einem Fall auch um Olympiaträume ging. Vom wem da die Rede ist, der sonst eher selten ins Gerede kommt? Zum einen vom Faustball, zum anderen vom Hockey, Hallen- und Feldhockey, wohlgemerkt. Da wie dort blütenreine Amateure aber mit einem Ehrgeiz, um den sie manch Profi beneiden sollte.

EIN BUNDESLAND VIZE-WELTMEISTER

Die heimischen Faustball-Asse sorgten bei der WM im eigenen Land für rassige Szenen und viel Euphorie – der ganz große Wurf, sprich Titel, blieb ihnen leider verwehrt.

Faustball, das hatte einst Gewicht im ganzen Land. Inzwischen gehen die Uhren anders. Wien, früher eine Hochburg mit 50 Vereinen, ist praktisch von der Bildfläche verschwunden, der Westen mehr oder weniger auch. Aber nicht nur, weil's mitten im Lande liegt, blieb und ist Oberösterreich das Zentrum einer der wenigen (Ball)Sportarten, in denen Rotweißrot zu den ganz Großen zählt. Übrigens mit lauter Oberösterreichern im Nationalteam. Und viel hätte nicht gefehlt, dass sich quasi ein einziges Bundesland zum Weltmeister gekürt hätte, notabene bei einer Heim-WM in der Heimatregion mit zwölf Mannschaften, die sich als absoluter Publikumshit erwies. „Zu den Finalspielen", resümiert Ex-Teamspieler und Nationaltrainer Martin Weiss, „sind 7800 und 7000 Fans nach Pasching gekommen, ein Riesenerfolg, nicht zu vergleichen mit der WM 1990 in Vöcklabruck." Nicht nur, weil Faustball an Donau und Traun lange Tradition genießt, auch deshalb, weil der Amateurverband diese WM jener Profi-Agentur anvertraut hatte, die sich auch um Eishockey und Co. kümmert. Einziger Wermutstropfen? Das Happy End, die Titelverteidigung, wurde

knapp verpasst, im hochdramatischen Endspiel gegen den Mitfavoriten Deutschland kosteten ein paar Bälle auf oder ab („Zuspielfehler, zu weit weg vom Netz, um zu punkten") den Heimtriumph, in fünf Sätzen (2:3) musste sich Österreich geschlagen geben. „Wir waren", bilanzierte Weiss, „in jedem Satz dran, aber die jüngeren Deutschen waren viel konstanter, als wir gedacht hätten. Sie haben letztlich verdient gewonnen!" Hauptsache, Faustball lebt mit etwa 5000 bis 6000 Aktiven, ganz besonders in Oberösterreich, wo auch die erfolgreichsten Klubs (Freistadt, Grieskirchen, Urfahr, Kremsmünster, ebenfalls WM-Schauplatz) daheim sind. Profi gibt's im ganzen Faustball nur einen. „Und das bin ich", sagt Weiss. „Ich bin 40 Stunden die Woche vollberuflich tätig." Natürlich ein Oberösterreicher, der auch weiß, warum sich Faustball im Gegensatz zu anderen heimischen Regionen dort etabliert hat. „Weil Landesligaspieler es als Lehrer mit in die Schulen übernommen haben. Und weil's dort gespielt wird, kommen immer neue Spieler nach." Auch Welt- und Vizeweltmeister, denen trotz allem ein Schattendasein kaum erspart bleibt. Ein österreichisches Schicksal. Nichts Neues ...

WM-BRONZE NACH EM-GOLD

Getrennt marschieren, vereint schlagen – Erfolgsprinzip im heimischen (Land)Hockey. So groß die Rivalität im Vereinssport, vor allem bei den Herren der Schöpfung, wo sich vor allem Arminen und AHTC, aber auch HC Wien und WAC, mitunter in die Haare geraten, ist, so schnell verbrüdern sich die verfeindeten Hockey-Söhne, wenn es um internationale Reputation geht. Schließlich ist man ja wer als Sensations-Halleneuropameister von 2010 in Holland, einer der Hochburgen der Hockey-Welt. 2011 war's nicht anders. Da ärgerten sich die entthronten, entzauberten bis entgeisterten Hallen-Titelverteidiger vom AHTC mit der Mehrzahl an Europameistern über die 1:6-Blamage im Fi-

nal-4-Finale gegen den Erzrivalen SV Arminen, um sich im Handumdrehen zum höheren Wohle des Verbandes unter der Trainerregie des Deutschen Frank Hänel wieder zu einer schlagkräftigen Einheit zu versöhnen. Schließlich stand die Hallen-EM in Posen an, wo es nicht zuletzt darum ging, frischen Ruhm und neue Popularität – ein von Ex-Teamkapitän Karin Cech-Proksch fotografierter Dessous-Kalender attraktiver Hockey-Girls, präsentiert vor Stargästen wie Krankl, Hadschieff, Hunyady, Sieber, Kary, Podoprigora etc war einer der Hot-Spots, der für Aufsehen gesorgt hatte – eindrucksvoll unter Beweis zu stellen. „Unser Ziel", umriss Verbandspräsident Walter Kapounek bei einer Pressekonferenz, ehe es im Februar nach Polen ging, „ist eine WM-Medaille, die haben wir noch nie gewonnen. Und wenn's auch nur die Halle ist, es wäre ein wichtiger Selbstvertrauensschub für die Olympia-Qualifikation 2012!"
Nach Schützenfesten im WM-Countdown verlief der Auftakt mit Siegen gegen den professionell geführten Iran (5:1/beim Moskauer Turnier hatte es im Vorfeld noch eine knappe Niederlage im Penalty-Schießen gegeben) und die USA (5:0)

auch verheißungsvoll, ehe es den Knacks gab – in doppelter Hinsicht! Beim 1:1 gegen Tschechien zog sich nämlich Rekordnationalspieler und 1:1-Torschütze Peter Proksch, 35, eine so schwere Knieverletzung zu, dass er nicht nur für die weitere WM, sondern für das ganze Jahr ausfiel, mehr noch: der Herr Rat (Richter in Hernals) musste nach 205 Länderspielen vor der Knorpel-Transplantation im Krankenhaus Krems sogar um die Karriere bangen. Der Schock saß tief, keine Frage, aber die Österreicher um Teamkapitän Armin Stremitzer und Hallenhockey-„Messi" Benni Stanzl (Harvestehude Hamburg) steckten den Tiefschlag doch noch weg. In einem wahren Krimi gegen England, eines der Hockey-Geburts- und Mutterländer, verteidigten sie mit Händen und Füßen, Zähnen und Klauen, den 3:2-Sieg, der den Aufstieg ins Semifinale bedeutete. „Und hätten wir dort gegen die polnischen Hausherren", so Armin Stremitzer, „nicht zwei, drei tolle Torchancen verhaut, hätten wir wieder in einem Endspiel stehen können." Konjunktiv. Aber im Spiel um Bronze, um jene historische

Hübsch und attraktiv sind sie, unsere Hockey-Girls – was sie in einem ein von Ex-Teamkapitän Karin Cech-Proksch fotografierten Dessous-Kalender eindrucksvoll unter Beweis stellten.

Erfolgsserie prolongiert: Nach EM-Gold 2010 holten Österreichs Hockey-Herren rund um Kapitän Armin Stremitzer 2011 WM-Bronze.

WM-Medaille, die das deklarierte Ziel gewesen war, schossen sich die österreichischen Hockey-Cracks den Frust über die verpasste Chance auf eine finale Sensation gegen den ehemaligen Olympiasieger Deutschland von der Seele. Die Rechnung mit den Russen (fürs 0:1) wurde spektakulär beglichen - 5:0.

„Es war nicht leicht, der Kräfteverschleiß war groß, die Ausfälle kamen noch dazu, überdies ist die Dichte enorm im Hockey", so Teamchef Frank Hänel. „Aber wir haben bewiesen, dass wir Klasse sind. Die erste, historische WM-Medaille ist eine tolle Bestätigung, dass wir uns immer weiter verbessern." Und warf dann einen Blick voraus in die Zukunft. „Jetzt sind wir voll motiviert für die nächsten Aufgaben - die Europameisterschaft, Gruppe B, bei der es um die Qualifikation für die Olympia-Quali für uns geht. Wir wollen wieder erleben, was wir vor zwei Jahren in Amsterdam erlebt haben." Damals war Österreich auf Platz 7 (EM, Erste Division) gelandet.

Nein, mit dem Aufstieg wurde es nichts, hätte es auch schwer was werden können angesichts der Personalsorgen, die Teamchef Frankie Hänel, die Berliner Schnauze, plagten. Nicht nur, dass man von vornherein auf „Poppa" Proksch und Christian Minar (Rüsselsheim), zwei Eckpfeiler der Stammformation, verzichten musste, erwischte es beim Nationen-Turnier in Lille, der EM-Generalprobe, auch noch Hamburg-Legionär Benny Stanzl. Eine mittlere Katastrophe, zugleich aber auch eine zusätzliche Herausforderung und Motivation für die Truppe, von der Kapitän Stremitzer sagt: „Bei uns ist nicht Geld im Spiel, höchstens eines, das wir selbst zuschießen, dafür aber viele Emotionen und große Leidenschaft!" Trümpfe, die trotz Ersatz in der westukrainischen Kleinstadt Vinnitsa stets dann stachen, wenn es um alles oder nichts ging - wie beim 2:1 gegen Weißrussland, dem 2:2 gegen Schottland und dem 3:2 gegen die Ukraine. Gegen den Gastgeber hatten die Österreicher erst groß aufgespielt, dann ein 2:0 verschenkt, ehe der Ausgleichsschock die Hänel-Herren wieder aufrüttelte. Mit dem Siegestor durch Manuel Greutter waren sowohl Halbfinale als auch das erklärte Ziel, das Ticket für eines der drei Olympia-Qualifikationsturniere, erreicht. Darauf wurde in einer Sport-Bar zu Recht angestoßen. Der Medaillentraum allerdings blieb unerfüllt, weil's nach dem 1:3 im Kampf ums Finale gegen Polen auch noch ein 3:4 gegen die Schotten im Spiel um Bronze gab. „Wir waren am Anschlag und am Zahnfleisch, die Luft war draußen", gestand Armin Stremitzer, fügte aber an, dass alles hätte noch besser kommen und schöner enden können. „Hätten wir die Ukraine, was drin war, mit 4:2 besiegt, wären im Semifinale die Tschechen unsere Gegner gewesen. Und die wären uns mehr gelegen als Polen!" Und dann hätte es trotz der Handicaps und Defizite in Vinnitsa zum Quali-Ticket auch noch eine Medaille samt

Comeback im A-Pool der besten acht Teams in Europa geben können. Hypothesen, Hypothesen – Fakt aber ist, dass die Olympiachance noch lebt.
So nebenbei sollte man auch das Lichtlein der Hockey-Damen um Corinna Zerbs und Co nicht unter den Scheffel stellen – Platz 7 nach einem 2:1 gegen die „Kängurus" zeigte ihren Aufwärtstrend, den sie bei der EM (Gruppe C) in Wien auch auf dem Kunstrasen mit dem Aufstieg in die zweite Division und darunter dem Sieg gegen den zweiten Aufsteiger, Litauen, deutlich unterstrichen. Anders als andere heimische MannschaftssportlerInnen sind die Hockey-Amateure kein Kanonenfutter (mehr). Vielmehr Olympiakandidaten. Zumindest die Herren, die nur bedauern, dass sich die zaudernde Obrigkeit nicht nur aus finanziellen Gründen nicht traute, das von Belgien (fix qualifiziert für London) zurückgelegte Quali-Turnier im März 2012 zu organisieren. Für die Golden Boys und Bronze-Gewinner eine verpasste Gelegenheit, als erstes Herrenteam bei Sommer-Olympia seit Helsinki 1952 wieder Sportgeschichte zu schreiben.
Wie sehr sich die Hockey-Granden mit vermeintlich Übermächtigen steigern können, bewies Feldmeister AHTC beim zweiten Auftritt seit 2007 in der Euro Hockey League, dem Pendant zur Champions League im Fußball – 1:3 gegen Mühlheim, Deutschlands Vizemeister, und vor allem beim 2:3 (in vorletzter Minute) gegen Spanien-Meister Terrassa, zwei Klubs, von denen Teamkapitän Stremitzer behauptet, „dass man sie mit Bayern München und Real Madrid beim Fußball vergleichen kann." Kurzum, Hockey auf Augenhöhe mit den Allerbesten der Branche, wer hätte das noch vor einigen Jahren gedacht? Das „Urteil" aus berufenem Munde von Richter Peter Proksch: „Bei allem Respekt vor unseren talentierten Jungen, ich fürchte, dass es eine so gute Hockey-Generation mit so vielen guten Spielern auf einmal so schnell nicht mehr geben wird." Mit Heimvorteil um die historische Olympia-Chance zu kämpfen wäre jedenfalls sicher aussichtsreicher gewesen als im fernen Japan, das mit hohen Reisekosten obendrein teuer zu stehen kommt.

WIE GEWONNEN, SO ZERRONNEN

Erinnern Sie sich noch an die Handball-EURO 2010 und die unglaubliche Euphorie, die die rot-weißroten Wurfkanonen in Linz und sogar in Wien ausgelöst hatten? Wie gewonnen, so zerronnen! Und alles sozusagen noch im Doppelpack – erst kam die Pleite bei der WM-Endrunde in Schweden, dann das Aus in der EM-Qualifikation, obwohl Österreich nach einem sensationellen Unentschieden in Deutschland (26:26 in Göppingen) und einem Heimsieg gegen den Olympiazweiten Island (28:23) schon alle EURO-Trümpfe in der Hand zu haben schien.
Ja, wie der Schein oft trügen kann, nicht wahr? Was hatte man nicht alles erwartet von Magnus Andersson, dem Nachfolger des Isländers Geir Sigurdsson als Teamchef? Welthandballer als Aktiver, eine Ikone in Schweden, ein Guru aus dem Bilderbuch, was sollte da noch schief gehen, erst recht in seiner Heimat Schweden, wo

Christian Edelmüller und die Margaretner „Fivers" waren in der Saison 2010/11 nicht zu stoppen gewesen: erstmals Meister!

Konrad Wilczynski kehrte 2011 nach fünf Jahren in Deutschland zu seinem Stammverein West Wien zurück – zuvor gab's bittere Pillen mit der Nationalmannschaft …

er doppelt motiviert schien? Erstens kommt es anders, zweitens als man denkt. Nach dem WM-Einstand nach Maß, einem 34:24 gegen Brasiliens Handballer, allerdings höchstens entfernte Neffen der Kicker-Künstler, kam im zweiten Match die kalte Dusche, besser gesagt: Österreichs Hurra-Offensive, ganz auf zweiten Sieg eingestellt, lief den wieselflinken, konterstarken Söhnen Nippons direkt ins scharf geschliffene Messer - 30:33. Welch ein Schock! „Das war", so meint auch Konrad „Conny" Wilczynski, einst deutscher Schützenkönig mit den Berliner Füchsen, inzwischen wieder zurück bei seinem Stammverein West Wien, „der Knackpunkt bei der WM. Wir haben zwar weiter gekämpft, viel Pech gehabt, aber nichts mehr gewonnen, sondern alles unglücklich verloren." Etwa 23:26 gegen Island nach 16:12 zur Pause oder 30:32 gegen Ungarn nach einer 16:13-Halbzeitführung. Wilczynski, der fünf Jahre lang in Deutschland, der stärksten Liga der Welt, seinen Mann stand: „Wir haben Lehrgeld bezahlt, schließlich war's die erste WM-Teilnahme nach 17 Jahren. Wir haben zwar aufgeholt, wir können Große an guten Tagen ärgern oder sogar schlagen, aber wir sind noch nicht Spitze, sondern im guten Mittelfeld." Und was Magnus Andersson betrifft, den verhinderten Wunderwuzi, der zum Buhmann und inzwischen von einem anderen Isländer, Patrekur Johannesson, als Teamchef abgelöst wurde, so sieht ihn Wilczynski post festum als richtigen Mann am falschen Platz - oder umgekehrt. „Seine schwedische Philosophie ist auf Eigenverantwortung aufgebaut, das heißt, dass jeder Spieler auch Initiative ergreift. Damit waren viele überfordert. Wir Österreicher sind noch nicht so weit, wir brauchen einen klaren Auftrag." So gab's statt Kunst des Möglichen nur Dinge der Unmöglichkeit. Wie eine auf den Deckel gegen das vermeintliche Kanonenfutter Japan. Irren ist menschlich.

Kaum war das eher traurige WM-Kapitel geschlossen, eröffnete sich eine neue EURO-2012-Chance, zumindest gaukelten es Vorjahrssensationen und Pflichtsiege gegen die Letten im März samt Gruppen-Situation vor. In Innsbruck holte Österreich gegen die Deutschen im Juni zum ersten (Endrunden-)Matchball aus, den der weit größere Handballbruder aber im Stile eines (Ex-)Champions brutal abschmetterte (20:28), ganz so, als wollten die Schützlinge des legendären Heiner Brand ihrem Coach ein Abschiedsgeschenk bereiten. Von einem zweiten Matchball in Reykjavik gegen Island haben wohl nur noch unverbesserliche Optimisten geträumt. Die EURO-Illusionen fielen zusammen wie ein Kartenhaus. Im Land der Geysire gab's für uns kalt-warm - und nach Happy-End-Visionen mit einem 29:44-Debakel ein Ende mit Schrecken. Oder, wie es der in Berlin geeichte Realist Wilczynski sagt: gutes Mittelfeld, aber noch nicht (Welt)Spitze.

Was auch für den Vereinshandball gilt, in dem es heuer nach vielen Jahren zur Wachablöse kam - bei den Herren, versteht sich. „Ich glaube, wir hätten einen Bregenz-Komplex bekommen, hätte es auch diesmal wieder nicht geklappt", gestand Thomas Menzl, Manager der Aon Fivers aus Wien-Margareten, die die Vorherrschaft der Bregenzer beendet hatten - im sechsten Anlauf in drei Spielen mit 31:25, 27:29 und schließlich dem Meisterstück, einem 30:26. Und welchem Trainer gelang es endlich, das Gesetz der Serie triumphal zu durchbrechen? Keinem Star-Coach, sondern einem gewissen Peter Eckl. Vom Namen her ein Nobody, „aber er kam vom Nachwuchs, hat sehr viele gute Jugendliche herausgebracht." Und in die Mannschaft um Routiniers wie Žiura oder Abadir perfekt integriert, ein Team mit wenig Ausländern oder solchen, die schon als Jugendliche geholt worden waren wie der Litauer Romas Kirveliavičius, aber vielen Österreichern. Verständlich, wenn Menzl voll Stolz sagt: „Wir haben den Titel nicht erkauft, sondern erkämpft." Nicht der einzige, den die Fivers kassierten, es gab auch noch andere Auszeichnungen. Eckl wurde Trainer des Jahres, David Brandfellner, Jahrgang 1992, zum Newcomer des Jahres gewählt. „Wir haben", frohlockt Menzl, „heuer fast alles gewonnen, was es zu gewinnen gab - außer den Cup." Pokalsieger wurde, noch dazu in Krems, in der Höhle des Löwen, wo das Final Four ausgetragen wurde, nicht etwa der favorisierte Hausherr und Gastgeber, sondern sensationell der krasse Außenseiter Schwaz aus Tirol. Auch im Handball hat der Pokal eigene Gesetze.

Auch wenn das Nationalteam nicht halten konnte, was man sich nach dem EURO-2010-Highlight versprochen hatte, so schlug sich in Wien die Euphorie nieder. „Es kommen so viele Kinder wie noch nie zum Handball", sagt Menzl. „Wir haben allein 50 zwischen 6 und 9 Jahren." Die Zukunft hat also längst begonnen bei den Fivers, die in der Hollgasse in Margareten meist vor vollem Haus („Mehr als 1500 gehen nicht rein") ihre Meisterschafts- und Europacupspiele absolvieren. Der Champions-League-Traum allerdings ist schon ausgeträumt. Menzl: „Minsk war eine Nummer zu groß für uns, auch deshalb, weil wir viele Verletzungsprobleme gehabt haben." Darunter Martin Abadir, nach Knieoperation schon lange außer Gefecht. Trotzdem lag Margareten nach sechs Runden wieder vor Bregenz an der Spitze - und ein Ex-Margaretener, Romas Magelinskas, half kräftig dabei mit, dass der Lokal- und Erzrivale West Wien nach einem total verpatzten Start die Trendwende schaffte. Unter Magelinskas, der den glücklosen, vor allem bei der Jugend erfolgreichen Grabner nach einer Niederlagen-Serie als Trainer ablöste, gab's wieder Erfolgserlebnisse. Und damit auch Balsam auf die Wunden für Heimkehrer Conny Wilczynski, der bei seinem Stammklub in Doppelfunktion tätig ist: da als Wurfkanone, die für Tore garantiert, dort als Manager, der sich auch

Keine bitteren Pillen gab es für die Fivers und vor allem Manager Thomas Menzl, die „gute Seele" des Klubs, der nach jahrelanger Aufbauarbeit 2011 die Ernte einfahren konnte.

um Sponsoren kümmern muss. „Ganz schön stressig", gesteht Wilczynski, der sich von seiner Handgelenksverletzung inzwischen erholt hat. Und zum Trainerwechsel merkte Wilczynski, bei den Füchsen zum schlauen Fuchs gereift, trocken an: „Es war der richtige Schritt in die richtige Richtung." Abfertigungen, so sagt man in der Wirtschaft gerne, sind die besten Startinvestitionen. Wie Gunnar Prokop darüber denkt, der sich für immer von den Hypo-Damen verabschiedet hat, steht auf einem anderen Blatt. Auch wenn sie in Österreich immer noch einsame Spitze sind – international ist die Multikulti-Truppe aus der Südstadt nur noch ein Schatten von ehedem.

KLEINER MANN, GANZ GROSS

Erinnern Sie sich noch an Karl Schweitzer, Turnprofessor und Sport-Staatssekretär i. R? Aus den Augen, aus dem Sinn? Ganz im Gegenteil! Man könnte auch sagen: Kleiner Mann, ganz groß im Land der Riesen! Oder: General für Admiral in Anspielung auf den wichtigsten Basketball-Sponsor. Als alter neuer Präsident der Admiral-Bundesliga hat sich der burgenländische Realist mit Erfolg zum Ziel gesetzt, zumindest vorderhand die Kirche im Dorf zu lassen. Und nicht nur deshalb, weil außer Graz und BC Vienna nur Dorf- und Kleinstadtvereine auf Korb- und Titeljagd gehen wie die Beispiele Klosterneuburg, Möllersdorf bzw. Traiskirchen, St. Pölten, Kapfenberg, Gmunden, Wels, Fürstenfeld und heuer erstmals auch Oberwart mit den Gunners beweisen. „Wir haben erstmals in der Bundesliga ein Lizenzierungsverfahren eingeführt, damit alles professioneller wird", verweist Schweitzer auf einen wichtigen (Fort)Schritt in die richtige Richtung. „Und wir haben auch Langzeitverträge mit unseren Sponsoren und dem Premiere-TV abgeschlossen. Der ORF war leider an Basketball nur ganz selten mit Kurzberichten interessiert." Daran, so Schweitzer, hätte sich auch mit dem neuen Sportkanal nichts geändert. Motto: Lieber groß im Bild im Privaten für die wachsende Fangemeinde als höchstens manchmal auf Fürbitten beim Öffentlich-Rechtlichen.

Und Schweitzer kann auch von Hallen berichten, die bei Bundesliga-Hits aus den Nähten platzen. „Ob Gmunden, ob Oberwart, Güssing, Fürstenfeld etc – die Hallen sind ausverkauft, mehr als 2000 gehen nicht rein." Das hat nicht nur mit Lokalpatriotismus zu tun, sondern auch mit der Ausgeglichenheit der Admiral-Liga. „Inzwischen ist es so, dass eigentlich jeder jeden schlagen kann." Fast jedes Match steht auf des Messers Schneide oder geht mitunter sogar in die Verlängerung, so eng geht's zu. Der neue Meister und Titelverteidiger Oberwart musste das zu Beginn der neuen Saison mehrmals schmerzlich feststellen, nicht nur gegen Gmunden, das sich mit Cup und Supercup für die – übrigens in einem Final-Krimi in fünf Akten – verlorene Meisterschaft revanchierte. Im Jahr eins nach Ex-Legionär Volcic läuft's für die Truppe von Teamchef Nenad Asceric alles andere denn rund ...

Präsident Karl Schweitzer (unten links) und Teamchef Nenad Asceric (unten rechts) lassen Österreichs Basketball von neuen Höhenflügen träumen.

Rasid Mahalbasic, 21 Jahre jung, gehört die Basketball-Zukunft – auf ihn und einige weitere hoffnungsvolle Talente zählt Teamchef Asceric.

Apropos Nationalteam. Die Kellerkinder von vorgestern sind unter seiner Führung mittlerweile auf der Wendeltreppe unterwegs ins Mezzanin, wenn auch noch nicht in die Beletage, da fehlt doch noch einiges. Seit aber eigener Nachwuchs (auch mit Migranten-Hintergrund wie der Kärntner Mahalbasic) mehr zählt als ältere fremde Federn, hat Rotweißrot dem Statistendasein einen Korb gegeben. Auch da haben neue, straffere Regeln schon Wirkung gezeigt. Wer sich zu viele Ausländer leisten will, muss das teuer bezahlen - schon mit der Anmeldegebühr. „Für einen fünften Legionär muss man 4000 Euro hinblättern, ein Batzen Geld bei Budgets zwischen 80.000 bis 200.000 Euro. Unsere Spitzenklubs haben nicht mehr als Landesligaklubs im Fußball!"

Aber trotzdem fehlte heuer nicht viel, dass Österreichs Basketball-Nationalteam nach Jahren in der Versenkung wieder einmal Höhenluft hätte schnuppern können. In der EM-Qualifikation der zweiten Division, Gruppe A, landete Rotweißrot mit gleicher Sieg- und Punkteanzahl wie Estland (im Baltikum ist Basketball Nationalsport Nr. 1) und Holland, nur getrennt durchs schlechtere Korbverhältnis, auf Platz drei, befand sich aber mit den höher eingeschätzten Gegnern auf Augenhöhe. „Und in St. Pölten ist uns sogar ein 77:76-Sensationssieg gegen die Niederlande gelungen - und die haben mit zwei NBA-Stars gespielt." Auch Estland wurde daheim geschlagen, ebenso wie Luxemburg in beiden Duellen.

Darauf kann Asceric, der ja jahrelang selbst in Österreich gespielt und als Coach gewirkt hat, jedenfalls aufbauen. Und dabei sollen nicht nur routinierte heimische Legionäre ihren Obolus beisteuern wie der 2,06 m große Pivot Benjamin Ortner, Meisterschafts- und Pokalfinalist mit dem italienischen Traditionsklub Cantu (bei Mailand), sondern auch die Teilnahme an dem vor kurzem in Barcelona beschlossenen Euro Cup, vergleichbar der Europa League im Fußball. Schweitzer: „Da sind 48 Klubs in acht Sechsergruppen vertreten, da hat jeder Verein zehn Spiele, das ist ganz wichtig, um internationale Erfahrung zu sammeln." Gelegenheit, so sagt ein Sprichwort, macht Diebe. Man muss sie den Klubs nur geben. Frag nach bei den Welsern, die nach ihrem ersten Titelgewinn drei von vier Heimspielen in der Euro-Challenge gewann. Oder Gmunden, das noch früher ausgeglichen bilanziert hatte. Vergessen wir nicht, dass UBSC Wien unter verschiedenen Sponsoren-Namen in den siebziger Jahren zum Establishment in Europa zählte. Wie das Nationalteam, das 1977 sogar in der Elite-Gruppe A mitspielte ...

NFL-FLAIR IM TRIPLEPACK

In den Basketball-Hochburgen wehte ein Hauch von NBA - in Innsbruck, Graz und Wien wieder gab's nicht nur, aber vor allem im Sommer ein Flair von NFL, noch dazu im Triplepack. Zuerst holten die Swarco Raiders aus Tirol vor der Rekordmenge von 8600 Football-Fans am Innsbrucker Tivoli die Euro-Bowl mit einem 27:12-Finaltriumph über Vorjahressieger Adler Berlin zurück nach Österreich, dann verteidigten sie vor fast 10.000 Zuschauern im Happel-Stadion mit einem 23:13 gegen die Raiffeisen Vikings ihren Meistertitel, ehe die erste American-Football-WM in Österreich über die Bühne ging. „Ein historisches Ereignis für unseren Sport, es ist das erste Mal, dass alle Großen dabei sind", jubelte Verbandspräsident Michael Eschlböck schon vor dem Anpfiff zu den Titelkämpfen, die zum zweischneidigen Schwert wurden. „Sportlich", gestand Senior-Vizepräsident Karl Wurm, Mann der ersten Stunde im heimischen American Football, „hätten wir lieber um den dritten als um den 7. Platz gespielt, dafür war's aber sonst rundum eine Super-Sache. 70.000 Zuschauer sind zu den Spielen gekommen, alles bezahlte Tickets und keine verschenkten Karten, dazu gab's TV-Übertragungen in viele Länder. So etwas wäre vor 20 Jahren höchstens ein feuchter Traum gewesen!"

Die Swarco Raiders stemmten sich doppelt und mit Erfolg den Gegnern entgegen, holten sich gegen die Berliner Adler die Eurobowl und gegen die Raiffeisen Vikings die heimische Meisterschaft.

American Football, vor 40 Jahren noch ein spanisches Dorf hierzulande, ehe es auch durch den leider so früh verstorbenen Texas- und Wembley-Toni Fritsch (Superbowl-Sieger mit Dallas Cowboys) bekannt wurde, befindet sich zweifellos im Vormarsch. Und nicht nur durch US-Legionäre wie Kyle Callahan, den alten und auch neuen Quarterback der Raiders, sondern vor allem durch den eigenen Nachwuchs, der durch strikte Ausländerbeschränkungen – Karl Wurm: „Es dürfen nur zwei Legionäre am Roaster und zwei am Feld sein, in Zukunft sogar nur noch einer, daher holt man nur solche, die den Unterschied ausmachen" – schneller und besser in verantwortungsvolle Rollen hineinwachsen kann. Ein Trend, der mit dazu beitrug, dass Österreichs Football-Nachwuchs heuer Geschichte in Sevilla schreiben konnte – als ungeschlagener Junioren-Europameister! Nach Siegen gegen Deutschland (14:7) und Dänemark (21:16) drehten die Jung-Austrianer im Finale gegen *Les Bleus*, also die Franzosen, das Spiel noch um, verwandelten ein 10:14 in einen 24:14-Triumph. Und acht Österreicher wurden obendrein ins Allstar-Team gewählt. Die Zukunft hat längst begonnen, auch wenn die Heim-WM der Großen mit nur einem Sieg (48:10 gegen Australien) und drei Pleiten (Japan, Kanada, Frankreich) die hochgesteckten sportlichen Erwartungen nicht ganz erfüllen konnte.

Football profitiert nicht zuletzt auch durch die vielen Live-Übertragungen der NFL-Thriller durch die privaten TV-Sender, darunter auch Puls 4, das unter anderem auch bei der inzwischen legendären Superbowl-Party im Vienna Marriott Hotel im Bild, am Wort und damit am Ball ist. Bei diesem mitternächtlichen Kult-Event tummeln sich im Hotel fast so viele Fans wie bei den Matches. Wurm: „Wir haben mittlerweile etwa 2500 Leute, die zuschauen. Eine unglaubliche Entwicklung, wenn man bedenkt, dass wir auf der Schmelz mit 40 Leuten angefangen haben. Viele Österreicher haben mit dem Begriff Super Bowl gar nichts anfangen können!" Inzwi-

Tolle Stimmung herrschte bei der Football-WM in den heimischen Stadien – für die rot-weiß-roten Cracks gab es aber nicht viel zu holen ...

schen wird sie sicher nicht mehr mit Pfirsich-Bowle verwechselt ...

„Im Vergleich mit anderen Verbänden", betont Wurm, „gehören wir in Österreich sicher zu den erfolgreichsten." Die Zahlen, Daten und Fakten sprechen für sich und seine Aussage. Zu den Pflichtspielen der Raiders wie der Vikings kommen im Schnitt zwischen 3000 und 4000 Zuschauer. Und wie die Zuschauerzahlen, so können sich auch die Erfolge sehen lassen. Für die erst 1992 aus der Taufe gehobenen Swarco Raiders (Sponsor ist eine Swarovski-Firma, die auf Ampeln etc. spezialisiert ist) war's heuer schon der dritte Eurobowl-Triumph, verbunden mit dem Double. Raiders-Generalmanager Daniel Dieplinger – sein Bruder war bis zur WM als Spieler-Trainer tätig, ehe er zur Fortbildung wieder in die USA wechselte – erinnert sich an die Anfänge des aus dem Nachlass der Eagles hervorgegangen Meisterklubs. „Wir haben Raiders West geheißen, weil wir nicht in Innsbruck, sondern in Zirl trainiert und gespielt haben. Und da bin ich mit Stirnband am Radl hingefahren." Amateure sind die Footballer immer noch und selbst die Legionäre gemessen an Profifußballern eher arme Schlucker. Der Tiroler Dieplinger bestätigt, was der Wiener Wurm sagt: „Sie spielen um etwa 800 bis 1000 Euro im Monat, kriegen eine Wohngelegenheit, U-Bahn oder Bus-Jahreskarte und eine Mahlzeit am Tag." Für Amis, die den Sprung in die NFL nicht schaffen, trotzdem die (Österreich-)Reise wert.

ABSCHLAG IN EINE ROSIGE ZUKUNFT

„Nur einen Sieg auf der European Tour haben wir heuer ganz knapp verpasst", resümierte Sportdirektor Niki Zitny, einst selbst Profi, schon vor dem Saisonende, „aber sonst war's sicher das beste Golf-Jahr, das Österreich je gehabt

Martin Wiegele etablierte sich auf der Tour, hält mit Bernd Wiesberger und Markus Brier die rot-weiß-roten Golffahnen hoch.

hat!" Sowohl auf professioneller Ebene als auch und vor allem auf Amateurbasis schlugen Österreicher der Golf-Welt mehr als nur einmal ein Loch. Zum epochal-historischen Schlag holte in Halmstad, Schweden, der 22-jährige Vorarlberger Manuel Trappel mit dem Triumph in der Amateur-Europameisterschaft aus, noch dazu unter mentalem Druck, dem er aber im Stile eines eiskalten Routiniers standhielt - Sieg im Stechen. „Echt cool, ein geiles Gefühl", jubelte der Jung-Twen aus Vorarlberg, der in Innsbruck studiert, für Igls golft und sozusagen ein Apfel ist, der etwas weiter vom Stamm fiel.

Frau Mama zählte unter ihrem Mädchennamen Ingrid Eberle als Teamkollegin von Annemarie Moser-Pröll in den 1970er-Jahren zu den Stars der Ski-Szene, landete mehrmals am Podest, wurde Sechste in der Olympia-Abfahrt von Lake Placid 1980 und gewann die - damals nicht olympische - WM-Bronzemedaille in der (Dreier-) Kombination (Abfahrt, Slalom, Riesentorlauf). Warum aber wurde aus Manuel kein Ski-Stern, sondern vorerst einmal ein Golf-Starlet? „Weil ich ein Sommer-Typ bin - ich geh zwar auch Skifahren, aber im Winter ist's mir zu kalt." Als Golfer überwintert er daher immer wieder in südlichen Gefilden. Mit EM-Gold bestätigte Trappel, der erst als Neunjähriger mit Golf begonnen hatte, seinen Durchbruch, der sich mit dem Sieg in der Nationalen Offenen, Platz zwei in der internationalen Meisterschaft, Platz drei in der Alps-Tour (Lyoness-Open Leoben) und dem Cut für die Challenge-Tour in Kärnten längst abgezeichnet hatte. Als Draufgabe schaffte Trappel schließlich auch noch die Qualifikation für die beiden Finalrunden bei seiner Austrian-Open-Premiere - im Gegensatz zum Hausherrn und Lokalmatador Markus Brier, der wie der (disqualifizierte) US-Star John Daly die Koffer packen musste.

Nicht nur Golden Boy Trappel bewies, welch Potenzial in Österreichs Golf-Nachwuchs steckt. Schon zuvor hatten die Burschen bei der Jugend-Mannschafts-EM in Prag für Schlagzeilen gesorgt und Geschichte mit der Silbermedaille geschrieben. Der Erfolgslauf des Sextetts mit Matthias Schwab, Robin Goger, den Straka-Zwillingen, Maukner und Murray endete erst im finalen Duell gegen Spanien, davor war unter anderen Frankreich im Semifinale eliminiert worden, jene Franzosen, die die deutschen Jugend-Golfer besiegt hatten. Im Golf-Nachwuchs hat Rotweißrot den großen Bruder Deutschland inzwischen überholt. Und steht auch auf höchster Profi-Ebene auf einer Stufe. „Sie haben drei Spieler auf der European Tour, wir sind drei Mann auf der Tour", zieht Brier den Vergleich. Und Bernd Wiesberger legt noch nach: „Hätten's nicht den Martin Kaymer, wären wir sogar noch besser." Mit dem Stegersbach-Absolventen Florian Prägant aus Kleinkirchheim klopfte ein vierter Profi an der Tour-Tür an. Er hätte sie auch längst aufgestoßen, hätte er nicht immer wieder Führungen nach zwei oder drei Tagen verbockt. Beim Golf spielt sich eben noch mehr im Kopf als in Händen und Füßen ab. Gesteht auch Martin Wiegele, der sich nach Paternoster-Jahren auf der Tour etabliert hat. „Wenn du als kleiner Österreicher auf die große Tour kommst, dann glaubst du, dass es so weiter geht wie daheim. Ich hab meine Lektionen inzwischen gelernt!" Jetzt hat er einen Sieg und so viel Preisgeld auf dem Konto, dass er mit Brier und Bernd Wiesberger, Österreichs neuer Nr. 1 (Platz 2 in Gleneagles im Stechen, 3. Irland, 5. Austrian Open), auch 2012 wieder die Fahnen hochhält. Worauf auch Golf-Beauty Stefanie Michl, 23, vom GC Murstätten hoffen darf. Sie lag nach drei Tagen der French Open in Paris vorn, dann ereilte sie die Angst vor der eigenen Courage. Fazit? Statt Sieg-Premiere gerade mal Top 12.

Und was ist so nebenbei gesagt aus Matthias Schwab geworden, dem Aufsteiger des Jahres 2010? Beim erst 16-jährigen Radstadt-Gymnasiasten aus Ramsau wechselten Licht und Schatten, EM-Mannschaftssilber und Platz 4 bei den „Internationalen" gehörten zu den Highlights, während er sich selbst mit zu viel (Über)Mut zum Risiko selbst um weitere Höhepunkte brachte. So etwa lag er nach der ersten Runde der Amateur-EM auf Platz 2, um anderntags abzustürzen. Und bei den Austrian Open, wo er im Vorjahr zum Golf-Darling der Nation geworden war, schien ihm als Halbzeitfünfter ein noch größerer Schlag zu gelingen. Irrtum. Zu viel gewollt, weniger erreicht, am Ende nur Platz 45 als drittbester von sieben Österreichern, die den Cut geschafft hatten. „Aber da kannst", sagt Vater Andi Schwab, der NADA-Chef, „einen jungen Menschen schwer bremsen, er muss es selbst erkennen." Nachsatz: „Es ist auch uns nicht so wichtig, wie gut er mit 16 oder 17 spielt. Entscheidend ist, dass er Anfang bis Mitte Zwanzig ein Klassespieler wird." Und dafür sprechen mit Vorschüssen auch viele junge Rivalen und damit Herausforderungen. Golf ist am Abschlag in eine rosige Zukunft.

Markus Trappel, der sich in Halmstad den Amateur-Europameistertitel sicherte, und Matthias Schwab, der bei den Austria Open wieder für Furore sorgte, gehört die Zukunft.

Michael Grabner (oben rechts) avancierte bei den New York Islanders zur Torfabrik, Andreas Nödl (unten links) und Thomas Vanek duellierten sich öfters in der besten Eishockey-Liga der Welt.

HEISSES EIS

Für Österreichs Eishockey gab's wieder einmal ein Wechselbad der Gefühle oder kurz gesagt: kalt-warm. Die Erste-Bank-Liga (EBL), die auch Sky-TV gute Einschaltquoten und Reichweiten liefert, erlebte wieder ein Boom - nicht zuletzt durch das finale Best-of-7-Play-off zwischen Rekordmeister KAC und den roten Bullen aus Salzburg, den Vorjahrsmeistern, die letztlich doch wieder ihren Titel verteidigten. Geld, so sagt ein geflügeltes Wort, regiert eben die Welt. Andersrum gesagt: Wer sorglos aus dem Vollen schöpfen kann, hat nicht immer, aber in der Regel meistens die Nase vorn.

Der Höhenflug der Vienna Capitals war zwar zum sechsten Mal en suite im Semifinale gestoppt worden, wie im Jahr davor vom späteren Meister, aber Klubchef Hans Schmid durfte trotzdem einen Triumph feiern: den Aus- und Umbau der Albert-Schultz-Halle in Kagran, die jetzt eine um 40 % höhere Zuschauerkapazität, mehr Eisflächen und damit flexiblere Trainingszeiten bietet. Schade nur, dass die Mannschaft

im Herbst der neuen Saison vorerst wenig Kapital daraus schlagen konnte, vielmehr unter dem neuen schwedischen Coach Samuelsson (statt des Nordamerikaners Kevin Gaudet) noch um Zusammenhang rang, der das Glück zwingen soll.

Wellen von der NHL bis zu uns schlug gleich ein ganzes Trio: Thomas Vanek, Herz und Hirn, Torjäger und Spielmacher der Sabres in Buffalo, wie gehabt, auch wenn er im (gerade noch geschafften) Play-off-Viertelfinale an den Philadelphia Flyers und somit auch an seinem Wiener Landsmann Andi Nödl gescheitert war. Und

Die Bullen stellten den Rotjacken wieder ein Bein: Salzburg verteidigte mit einem Sieg im siebenten und letzten Spiel der hochdramatischen Finalserie gegen den KAC seinen Vorjahrestitel.

kaum war Michael Grabner in Florida aussortiert worden, aber nicht gestrandet, weil ihn die New York Islanders aus Long Island im letzten Moment an Bord geholt hatten, da verwandelte sich die vermeintliche Sternschnuppe in einen neuen NHL-Star – einen jener Senkrechtstarter, der am Ende fast noch zum Aufsteiger des Jahres gewählt worden wäre. Logisch, weil Grabner bei den Islanders zur Torfabrik avancierte, mit 33 Treffern sich zum besten Schützen der Mannschaft mauserte. Und dafür mit einem Millionenvertrag belohnt wurde – fast so schön wie der Tag, an dem er Vater geworden war.

Väter einer erfolgreichen Rückkehr Österreichs zur Eishockey-Weltmeisterschaft, Gruppe A, in Bratislava und Košice (Slowakei) konnten (oder wollten) die drei NHL-Stars nicht spielen, aus welchen echten Gründen oder fadenscheinigen Entschuldigungen auch immer. Bei Andreas Nödl war's logisch, schließlich waren seine Flyers noch im Stanley-Cup-Rennen, als Österreich bereits mit einem Bein wieder abgestiegen war. Grabner schützte gleich eine Verletzung, Erschöpfung und Vaterrolle vor, während es um das WM-Comeback des gebürtigen Steirers Vanek eine Schmierenkomödie gab. Erst wartete ab, was das Play-off gegen Philadelphia ergeben würde, dann kam eine Zusage, die Verbandspräsident Dieter Kalt, Teamchef Gilligan und die Mannschaft mit Freuden vernahmen, ehe sich das Blatt um 180 Grad wendete. Plötzlich hieß es, die Buffalo Sabres würden die Freigabe verweigern, Vanek müsste den Sehnenriss in einem Finger kurieren – jener Verletzung, die ihn nicht daran gehindert hatte, die sieben Play-off-Matches zu spielen.

Wie eingangs erwähnt – Geld regiert die Welt. Bei der WM erwiesen sich die NHL-losen Austrianer als Prügelknaben, die eine nach dem anderen auf den Deckel bekamen, sich nur mit einem 3:2 gegen Slowenien, dem einzigen kleinen Erfolgserlebnis, gegen den Abstieg stemm-

Symbolhaft – Österreichs Eishockey-Team lag nach der A-WM in der Slowakei auf dem Boden: letzter Platz, Abstieg ...

ten, mit einem Debakel gegen die Letten aber wieder einmal in den Orkus gestoßen wurden. Und wie das Paternoster-WM-Dasein prolongiert wurde, so ging auch das Drittabschlagen an der Teamspitze weiter. Statt Bill Gilligan, der doch keine Wunder gewirkt hatte, soll jetzt Emanuel Viveiros, sein Assistent und ehemaliger KAC-Crack, für ein Comeback in der WM-Beletage sorgen. Klingt alles nach Refrain.

PIROUETTEN AM STAND

Neuauflagen, was Erstklassigkeit betrifft, stehen beim Kunst- wie Schnelllaufen noch auf der Warteliste. Man dreht sich dort seit Jahren am Stand im Kreise, ohne dass sich was bewegt. Mit Viktor Pfeifer gibt's (wieder) einen alten Bekannten als unantastbare Nr. 1 in Österreich, mit Belinda Schönberger eine neue junge Dame, ein neues Tanzpaar und sogar wieder Paarläufer - was die Zukunft betrifft, so scheint aber nur Victoria Hübler, das Trainer-Töchterl, echte Perspektiven zu besitzen Zumindest lieferte sie beim European Youth Olympic Festival in Liberec mit Platz 10 und einer tollen Kür, bei der sie drei Plätze übersprang, einen kleinen Vorschuss auf bessere Kunstlaufzeiten. An die guten alten Eislauftage erinnerte nicht nur Emmi Danzer, als er die Meisterschaften in St. Pölten bewarb, sondern auch Österreichs letzte Europameisterin (1982), Claudia Kristofics-Binder, als sie im Marchfelderhof mit Eltern, Kinder und Freunden ihren Fünfziger feierte.

„FROSTIGE" KURVEN

Ganz anders gehen die Uhren im Eisschnelllaufen. Kaum hatte man Timo Järvinen, Ehemann von Emese Hunyady, früher finnischer National- und Nachwuchstrainer, für einige Monate auf Probe engagiert, kaum hatte Veronika Windisch bei der EM in Heerenveen mit Silber über 1500 m eine historische erste Short-Track-Medaille gewonnen und den 5. Gesamtplatz belegt, schon wurde Timo vom immer wiederkehrenden Präsidenten Manfred Zojer wieder verabschiedet. Und wer tauchte im Herbst 2011 als neuer Schnelllauf-Chef wieder auf - erraten, Marek Stanuch, einst Emese-Coach, dann mir ihr über Kreuz, jetzt ein Herz und eine Seele mit Zojer, der sich mit Timo Järvinen nicht einigen konnte, um es sanft zu formulieren. Und wer wurde vom Verband hochgejubelt als EM-Elfte? Erraten, Anna Rokita, Trainertochter aus Tirol, die dabei aber vor allem davon profitierte, dass etliche Spitzenläuferinnen auf den Mehrkampf gepfiffen hatten. Rokita, vor sechs, sieben Jahren als Star von morgen betrachtet, hinkt mittlerweile sogar weit hinter jenen Zeiten her, mit denen sie sich für Olympia in Turin 2006 qualifiziert hatte. Und Christian Pichler, einst Junioren-Vizeweltmeister von Innsbruck (5000 m), hat nach schweren Operationen und verpasstem Anschluss vorerst das Handtuch geworfen Abwarten, was Vanessa Bittner und andere Hoffnungen über kurz oder lang schaffen. Oder ob sich auch bei ihnen wieder alles nur im Kreise dreht. Emese Hunyady übrigens, die als Ungarn-Import der 80er-Jahre olympisches Gold, Silber, Bronze, WM- und EM-Titel sowie Weltcupsiege errungen hatte, saß samt Ehemann in Baden solange (finanziell) am Trockenen, bis sie gezwungen war, ins Ausland zu gehen - als Ordinationshilfe bei ihrem (Zahnarzt-)Bruder in Zürich. Dabei hätte sie sich als Teilzeit-Coach so gerne vor allem um Eiskinder gekümmert. Wen wundert's, dass hierzulande der Frost nur so klirrt, wenn's ums Eis geht?

„MEIN ZWEITES RENNLÄUFER-LEBEN“

Man schreibt Mittwoch, den 19. Oktober 2011. Fast wie Jahre ist es her, dass der fürchterliche Sturz im norwegischen Kvitfjell das Leben des Skirennläufers Matthias Lanzinger mit einem Schlag total veränderte. Sein linker Unterschenkel war danach nicht zu retten, der Unfall schien ihm all seine Träume und Visionen geraubt zu haben.

„Aber sie wurden nur unterbrochen“, sagte er eben an diesem 19. Oktober des Jahres 2011. Um im nächsten Atemzug sein Comeback bekannt zu geben. „Ich werde im Behinderten-Sport Rennen fahren – und hoffe so, mir die Visionen meiner Jugendzeit mit einer Medaille bei den Paralympics doch noch erfüllen zu können.“

Bereits im Winter 2010/2011 war die Lust auf Rennen wieder so richtig hochgekommen. Von Tag zu Tag wurde sie größer. Bis sich Matthias eines Tages endgültig entschloss: „Ich probier's noch einmal!“ Er holte die Meinung seiner Gattin Eva ein, die nach einer gar nicht so kurzen Bedenkzeit schweren Herzens ebenfalls zustimmte, und begann wieder mit dem Training. „Von der ersten Sekunde an habe ich gemerkt, wie groß meine Freude ist, wieder Sportler zu sein. Und jetzt brennt wieder überall in mir das alte Rennläufer-Feuer.“

Bereits im November und Dezember 2011 fuhr er seine ersten Rennen, um die Mindestzahl an Punkten zu sammeln, die ihn zum Start bei den folgenden des Winters berechtigen. Lanzinger fing komplett bei null an, musste sich mit Nummern jenseits der 100 über ausgefahrene Grusel-Pisten kämpfen. „Aber es war der Startschuss in mein zweites Rennläufer-Leben – und ich habe trotz der Umstände jeden Moment in vollen Zügen genossen ...“

Matthias Lanzinger gibt sein Comeback, will sich im Behindertensport seine Visionen von einer Medaille bei den Paralympics erfüllen – die Skifans freut's!

SIEGE FÜR CLAUDIA

Die Nachricht traf Österreichs Judo- und Sportwelt wie der Blitz, die Meldung verbreitete sich Ende März 2011 wie ein Lauffeuer – Claudia Heill, die sich in Athen 2004 als erste Österreicherin olympisch versilbert und insgesamt fünf EM-Medaillen gewonnen hatte, ist erst 29-jährig aus dem Leben geschieden. Fenstersturz, Fenstersprung, Selbstmord oder Unfall zu später Nacht- oder früher Morgenstunde in Wien-Landstraße – die Ursachen der Tragödie, die nicht nur die Judo-Familie tief erschütterte, blieben ungeklärt, in allen Nachrufen wurde gerätselt, wie und warum das passieren konnte, war Claudia doch kurz zuvor noch in einer Freundesrunde beim Abendessen gewesen. Auch in der Trauerrede des Verbandspräsidenten Hans Paul Kutschera, eines Mediziners und Chirurgen: „Claudia war ein so lebensfroher Mensch, der viele Visionen hatte und der sein ganzes Leben dem Sport widmete. Unser Mitgefühl gilt ihrer Familie. Österreichs Judosport hat einen schweren Verlust erlitten. Wir werden Claudia stets in bester Erinnerung haben."

Ende März musste die Judo-Welt, nein: die ganze österreichische Sport-Familie Abschied von einer Großen nehmen: Man trauerte um Claudia Heill.

Ein Schock, der vor allem die Judoka im Countdown zur EM 2011 in Istanbul anfangs paralysierte. „Es war, als hätte mir jemand den Boden unter den Füßen weggezogen. Ich war so schwer getroffen, dass ich mir nicht einmal zugetraut hätte, jetzt für Claudia zu kämpfen", gestand Sarina Filzmoser, ihre langjährige Teamkollegin und Weggefährtin. „Ich war mental total aus der Fassung, psychisch völlig down." Aber dann habe sich die (Euro-)Mannschaft nach dem Heill-Begräbnis am Wiener Zentralfriedhof – sie liegt dort in einem Ehrengrab – zusammengesetzt, um „sich ehrlich und vorbehaltlos gedanklich auszutauschen, alles auszudiskutieren, was im Raum stand, allen Emotionen freien Lauf zu lassen." Sozusagen eine Schock-Therapie, um ihn auszutreiben. Mit Erfolg.

Filzmoser (Klasse bis 57 kg) kam, sah und siegte in der Türkei, revanchierte sich für die Wiener Final-Niederlage im Vorjahr gegen die Rumänin Caprioriu schon im Semifinale, ehe sie sich im Duell mit der Portugiesin Monteiro zur Europameisterin krönte – und dabei nicht in lauten Jubel oder ekstatische Euphorie ausbrach. „Es war ganz anders, ganz still, irgendwie losgelöst von allen", schildert die zweimalige WM-Dritte die Gefühle bei ihrem zweiten EM-Triumph nach 2009 „Ich wollte diesen Sieg so unbedingt für Claudia erringen – es war so, als wär' mir ein Stein vom Herzen gefallen!" Die Bronzemedaille der Wienerin Hilde Drexler (Klasse 63 kg/Samurai) war sozusagen noch eine Draufgabe als „Abschiedsgeschenk" für Claudia Heill, für die sich alle besonders, wenn auch nicht alle erfolgreich am Bosporus ins Zeug legten. Filzmoser: „Der Gedanke, für sie alles geben zu wollen, hat mir vor allem mental die Kraft zum Sieg gegeben." Und zur siebenten großen EM-Medaille, inklusive Nachwuchsbereich schon zur zehnten.

Weniger gut lief's nicht nur für die Salzburgerin, die von Nationaltrainer Udo Quellmalz, dem Olympiasieger i. R. betreut wird, im Verlaufe der weiteren Saison. Wie für Ludwig „Lupo" Paischer (Klasse bis 60 kg) kam bei der Paris-WM (Drexler lieferte als Siebente das beste Resultat) schon in Runde zwei das Aus, ehe es für Sabrina in diesem zwiespältigen, vorolympischen Jahr noch schlimmer kam. Beim Training fiel sie bei einem Wurf so unglücklich, dass sie sich dabei

Sabrina Filzmoser konnte bei der EM die Erwartungen erfüllen und sich den Titel sichern – für Ludwig Paischer war das Jahr 2011 auch durch eine Fingerverletzung nicht mehr als „durchwachsen".

den Knöchel brach. Trotz der längeren Zwangspause und verkürzten Vorbereitung hoffte die Nr. 4 der Weltrangliste („Mein Olympia-Startplatz ist fix abgesichert") auf ein schnelles Comeback beim Weltcup in Amsterdam (Ende November), wenn nicht, „dann gleich beim Grand-Slam-Turnier in Tokio."

Apropos Japan. Fünf Wochen Fernost-Training im Spätherbst sollten auch Lupo wieder zu einem (sieges)hungrigen Wolf machen. Nach einem durchwachsenen Judo-Jahr, in dem eine Daumenverletzung die Grifffertigkeit seiner Finger vor allem in der ersten Saisonhälfte schwer beeinträchtigt hatte, fühlt sich der Olympiazweite von Peking auf dem Weg zurück nach oben und nach London. Die Trendwende war mit dem Sieg beim Weltcup in São Paulo gekommen. Danach hatte Lupo bei der Paris-WM zunächst seinen Angstgegner eliminiert, einen unaussprechlichen Aserbeidschaner, ehe er am Russen Mudranow nach anfänglicher Führung und verweigerter zweiter Wertung mit Ippon scheiterte.

Die Aufwärtstendenz bestätigte sich mit Platz 5 beim Weltcup in Abu Dhabi, dem besten Österreich-Resultat dieses Turniers. Lupo ist überzeugt, dass mit dem Selbstvertrauen auch wieder der Erfolg kommt, obwohl sich in der Judo-Welt einiges verändert hat. Seine Spezialwertung ist nicht mehr erlaubt und wer heutzutage einmal verliert, ist aus dem Rennen, hat keine zweite Medaillenchance mehr über Hoffnungsrunden wie früher. Zumindest bei WM, EM und Olympia, womit neben dem Vorzeige-Spitzenduo auch noch Hilde Drexler, Peter Scharinger oder Max Schirnhofer spekulieren.

Am Rande erwähnt sei noch, dass sich auch in der Bundesliga ein Wechsel vollzog Nicht mehr Flachgau oder Rekordmeister Mühlviertel, die jahrelang dominiert hatten, sondern die Galaxy Tigers von Thomas Haasmann setzten sich in einem packenden, hochdramatischen Final-Krimi mit 7:6 gegen die Mühlviertler durch. Und holten damit den ersten Meistertitel seit 23 Jahren in die Bundeshauptstadt. Trotz Happy End blieb es aber ein Judo-Jahr, in dem Wien Trauer trug. Claudia Heill bleibt unvergessen.

„BLONDES GIFT“

Im Spätherbst 2010 hatte sie sich erstmals die WM-Krone (10-Ball) aufgesetzt, in Manila auf den Philippinen ihren (Pool-)Billard-Traum verwirklicht – für die 26-jährige Kärntner Blondine Jasmin Ouschan aber bei weitem kein Grund, nicht weitere Titel ins Visier zu nehmen. Gut und schön, ein totaler Vierfach-Sieg wie im Vorjahr bei der Zagreb-EM gelang Jasmin heuer in Berlin-Brandenburg nicht, aber dreimal Gold und ein Viertelfinale dazu hört sich ja auch nicht so schlecht an, oder? Jedenfalls ist das „blonde Gift" aus Viktring bei Klagenfurt die beste und erfolgreichste heimische Billard-Lady aller Zeiten, noch erfolgreicher als etwa eine Gerda Hofstätter, der erste Topstar dieser Liga. Jasmins Story ist längst bekannt, sie wuchs nicht nur mit der Muttermilch, sondern auch den Kugeln auf, weil sie mit Papa und Onkel daheim auf einem kleinen Tisch spielte. Früh krümmt sich eben, was ein Häkchen werden will. Ihr erster Trainer auf großen Tischen mit großen Kugeln, Michael Neumann, ist immer noch ihr Betreuer und zugleich Manager, der alles tut, um Jasmin möglichst gut zu vermarkten. Gar nicht so einfach für einen Billard-Weltstar, der einen Großteil des Jahres weltweit auf Achse verbringt, nur selten daheim ist, um zu regenerieren, den Akku aufzuladen und, man höre und staune, als Weltmeisterin auch den heimischen Nachwuchs zu trainieren. Ein besseres Vorbild, so meint ÖPBV-Sportdirektor Kaserer, könnten die jungen Billard-Freaks kaum haben. „Jasmin ist eine unglaublich fleißige Arbeiterin, die nichts dem Zufall überlässt, was sie macht, das macht sie ganz genau." Schließlich weiß sie, dass sie von ihrem Hobby, den sie zum Beruf gemacht hat, leben muss. Und das funktioniert nur, wenn sie bei den Glamour-Turnieren in Asien und den USA, bei Welt- und bei Europameisterschaften, möglichst viele Siege feiert, Medaillen holt und Preisgelder gewinnt. Um die 20.000 bis 30.000 Euro ist ein WM-Gold über den Daumen wert. Das mag viel klingen, ist aber alles brutto. Und nicht nur Steuern werden davon abgezogen, auch die (Reise- und Betreuer-)Spesen sind ganz schön hoch. Wer im Pool-Billard was werden will, ist zum Erfolg verdammt. Jasmin Ouschan hat sich selbst dazu verurteilt. Und sie kann sich auch nur selbst schlagen. So wie im Herbst in Amerika, als sie sich beim Kürbisschneiden verletzte …

Bildhübsch und erfolgreich: Jasmin Ouschan, Kärntens Sportlerin des Jahres (im Bild rechts mit ihrem männlichen Pendant Thomas Morgenstern), lehrt im Billard auch das „starke Geschlecht" das Fürchten.

HÖHENLUFT UND MEDAILLENFLUT

Wäre Wettklettern olympisch, würde Rotweißrot in London sicher Höhenluft atmen. Österreichs Gipfelstürmer laufen nämlich nicht gegen Wände, sondern schlagen ebendort reihenweise Siegerhaken. Ob WM, EM oder Weltcup, es regnet Titel und Medaillen, dass sogar die Ski-Stars mitunter vor Neid erblassen. Und alle Jahre wieder, so könnte man sagen, stürmt ein neuer Wunderknabe den Kletterhimmel. Wo Vorsteiger (oder Boulder), dort auch immer neue Aufsteiger. Wie heuer Jakob Schubert, Spitzname Jake oder Jogl, knapp 21-Jähriger Jungstudent aus Innsbruck, der als Sportsoldat auch bei der HSZ stationiert ist „Er war fast unschlagbar", resümiert Michael Schöpf, Sportmanager des jungen, von Heiko Wilhelm (CEO) geschupften Sportverbandes. Sieben Weltcups, sieben Siege, natürlich Weltcup-Gesamtsieger im Vorstieg. Umso ärgerlich, dass Jogl die einzige Niederlage just bei der WM im Kletter-Mekka Arco am Gardasee kassierte. Der einzige Wettkampf, der dem schlaksigen, 1,75 m großen Tiroler Spaßvogel die sonst so gute, besser gesagt: meistens goldene Laune, verdarb.

„Aber mit Jogl und Mario Lechner, dem Junioren-Europameister, schon jetzt Weltcup-Achter, sind wir auf Jahre hinaus sehr gut aufgestellt", schaut der Sportmanager höchst zuversichtlich in die Zukunft, die auch fürs heimische Kletter-Establishment noch lange nicht Vergangenheit ist. Beim Wettkletterverband wimmelt es ja nur so vor Größen – wo anfangen, wo aufhören? Da gibt's immer noch Kilian Fischhuber aus Niederösterreich, einen der Pioniergeister und Trendsetter der Szene, nicht nur auf privater Ebene, sondern als Boulder-Weltcupsieger („vier Siege in acht Bewerben") auch sportlich kongenialer Partner der Nummer 1 in der Damenwelt des Boulderns: Anna Stöhr. „Sie hat alles gewonnen,

Kilian Fischhuber, einer der Pioniergeister und Trendsetter der Kletterszene, holte sich mit vier Siegen in acht Bewerben souverän den Boulder-Weltcup.

Welt- und Europameisterin, Weltcupsiegerin, Weltranglistenerste – Anna Stöhr ist im Bouldern einfach das Nonplusultra ihres Metiers.

was es zu gewinnen gibt", sagt Schöpf. Anna, deretwegen Kilian endgültig ins Kletter-Eldorado Innsbruck wechselte, ist Welt- und Europameisterin, Weltcupsiegerin und Weltranglistenerste, einfach das Nonplusultra ihres Metiers. Selbst, wenn sie wie bei der WM in Arco nicht ihren besten Tag hat, klettert sie dem Tief und der Konkurrenz am Ende doch noch davon. Anna ist, um den vor allem bei den dominierenden Tirolern gängigen Ski-Vergleich zu strapazieren - die Lindsay Vonn des Kletterns. Mit Ausnahme dessen, dass Klettern halt (noch) nicht olympisch ist. Auch zum Leidwesen einer Angela Eiter, die jahrelang im Vorstieg-Bewerb so dominiert hatte wie Anna Stöhr jetzt im Bouldern. Aber Angie ist nach der Verletzungsserie, die sie zurückgeworfen hatte, längst wieder die alte. Understatement? Mit dem dritten, historischen WM-Titel ihrer Karriere, bis dato einzigartig, schrieb sie am Gardasee Kletter-Geschichte. Und mit ihr die ganze Damen-Mannschaft. Heiko Wilhelm war ganz hin und her. „Wir wussten, dass unsere Damen gut sind - aber gleich vier unter den ersten fünf und fünf unter den ersten sieben, das kenn ich sonst nur vom Ski!" Eine wie Johanna Ernst, vor zwei Jahren noch als Aufsteigerin des Jahres bei der Sport-Gala in Wien geehrt, rührte nur die Blechtrommel, vom Podest verdrängt von Landsfrau Magdalena Rock. Ein Talent jagt sozusagen das andere, so gut und schnell, dass auch ein Ausstieg wie jener des Wunderknaben von ehedem, des erst 21-jährigen David Lama („Er ist zum Alpinismus gewechselt, war zuletzt in Patagonien.") keine große Lücke mehr reißt. Schon jetzt ist der (Fern-)Blick 2012 nicht nur auf die drei heimischen Weltcups gerichtet, darunter den schon dritten in Wien, sondern vor allem auf Paris-Bercy, jenen Sportpalast, in dem einst Werner Schlager den WM-Titel im Tischtennis geholt hatte. Kurzum, ein goldener historischer Boden, auf dem die Kletterwand steht, umringt von einer Arena mit bis zu 20.000 Zuschauern. Nichts Neues für die Klettermaxe aus aller Welt und aus der Alpenrepublik, wie Schöpf verrät: „Auch beim Weltcup in Chamonix kommen mehr als 15000 auf den Hauptplatz, ein echtes Spektakel" Na, vielleicht wird's über kurz oder lang doch noch was mit Olympia. Attraktiver als manch andere Disziplinen ist das Klettern auch auf künstlichen Wänden sicher.

TITELHAMSTERIN

Sie setzte seit fast einem Jahrzehnt einen sportlichen Meilenstein nach dem anderen, sie ist das Beste, die ihre Branche bei uns je gesehen hat, trotzdem aber ein (mediales) Mauerblümchen geblieben, auch deshalb, weil bei ihrem Metier und ihrer Konkurrenz eine Medaille sozusagen Illusion ist. Von welchem wenig bekannten Wesen soll da die Rede sein? Erraten, von Caroline „Caro" Weber, 25, Sport-Gymnastin aus Dornbirn, die in Wien lebt und trainiert, seit es hier das Leistungszentrum des Turnverbandes gibt. Sie selbst weiß gar nicht mehr, wann sie daheim einmal verloren hat, weder im Mehrkampf noch mit einem der vier Geräte (Keule, Band, Seil, Ball). „Müsst' man nachschauen", sagt sie. Da findet man's dann Schwarz auf Weiß - seit 2003 hat Caro, deren alemannischer Zungenschlag immer noch unüberhörbar ist, alles gewonnen, insgesamt 45 Titel.

Und auch international gehört sie zu den ganz wenigen Gymnastik-Girls, die es mit der östlich von Weißrussland bis Usbekistan und Israel geprägten Szene aufnehmen können. Trotzdem dementiert sie, mangels realistischer Sieg- und Medaillenchancen bei WM, EM und Weltcup, um den inoffiziellen Titel einer West-Nr.-1 zu turnen. „Nein, nein - ich bin ja mit den Gegnerinnen aus den ehemaligen Sowjetländern aufgewachsen, für mich ist das normal." Vor 20 Jahren wär's anders gewesen, da hätte die große, schlanke, elegante und ausdrucksstarke Caro echte Chancen auf absolute Spitzenplätze gehabt, größere als ihre Vorgängerinnen Lisi Bergmann, Schielin und Taborsky, einst ebenfalls bei Olympia dabei. Wenn nur das Wörtchen wenn nicht wär ...

Vor drei Jahren war Weber in Peking nicht nur dabei, sondern landete auf Platz 17, das beste Österreich-Resultat, das es ja bei Olympia gab. Hätte sie heuer nicht einen Fehler mit dem Band

gehabt, hätte sie noch besser als WM-15. im Vierkampf werden können. Enttäuscht, dass sie das Ergebnis von Patras 2007 (14.) nicht toppen konnte? Mitnichten! „Ich war sehr zufrieden – und in erster Linie ist es ja um die Olympia-Qualifikation gegangen, die hab ich wieder geschafft!" Damit ist die Nonstop-Rekordlerin auch unsere erste Gymnastin, die sich für zwei Sommerspiele in Folge qualifiziert hat. Ihr Traum? Top 12? „Na, da müsst schon alles perfekt passen", sagt sie, nimmt sich aber vor, alles noch besser zu machen. „Ich werde neue Übungen einstudieren, die noch schwieriger, noch interessanter sind." Caro weiß, was Zuschauer und auch Kampfrichter wünschen. Obwohl sie bis zu sechs Stunden am Tag trainiert, Minimum 30 Stunden die Woche, vor allem an den Geräten, weniger mit den Muskeln („Wäre bei uns ja nicht so schön"), studiert sie nebenbei ja noch Theaterwissenschaften. Und gerade bei der Gymnastik gilt ja die Shakespeare-Devise: Die ganze Welt ist eine Bühne ...

Caro freut sich auf London – und hofft, dass sie dort Gesellschaft bekommt aus dem Kunstturnerinnen-Lager. Anders als WM-Versager Fabian Leimlehner, 24, Schweiz-Import aus Tirol, Top 15 unter den Reckturnern der Welt, behielt Barbara Gasser in Tokio die Nerven. Während der untröstliche Leimlehner, im Weltcup mehrmals sensationell auf dem Podest, mit sich und der verlorenen Quali-Chance („Ich hab alles verbockt, was man verbocken konnte") ebenso haderte wie Marco Baldauf, holte die in Kanada lebende Gasser das Maximum heraus. Sie qualifizierte sich zumindest einmal für die Endqualifikation im kommenden Jahr. Bei der letzten Ausscheidung eines komplizierten Systems will sich die Auslands-Vorarlbergerin als erste Österreicherin seit der Wienerin Henriette Parzer (Tokio 1964) einen olympischen Startplatz sichern. Fast schon historisch. Für das Mega-Talent Elisa Hämmerle, Top 12 bei Jugend-Olympia in Singapur, heißt es hingegen: Olympia, bitte warten. Auch in Rio ist sie ja noch jung genug, um dabei zu sein. Es sei denn, sie macht so früh Schluss wie die fesche OÖ-Gymnastin Selina Pöstinger, die als Meisterschaftsdritte in Enns absalutierte ...

SPIEGLEIN, SPIEGLEIN ...

Da unsereins jahrelang von SchwimmerInnen verwöhnt wurden, die in allen möglichen Medaillen und/oder sogar Weltrekorden badeten, empfand man das vorolympische Jahr samt Doping-Querelen als mittlere Pleite. Was aber sollen erst die Leichtathleten sagen? Was wird sich unter dem neuen Präsidenten Ralf Vallon, dem Marketingprofi, sportlich ändern, verbessern, entwickeln? Er hört und liest es nicht gerne, wenn nicht nur Kritiker meinen, die Ergebnisse wären unter jeder Kritik und die Perspektive alles andere denn rosig. Die WM 2011 in Daegu, Südkorea, hielt dem ÖLV kristallklar den Spiegel vors Gesicht, der ganz klar sagt: Schönfärberei wie Gutrederei wäre Selbstbetrug.

Das Faktum abzufeiern, dass es mit der jungen Beate Schrott endlich einer Hürdensprinterin gelungen ist, die 13-Sekunden-Barriere (12,95 in Fribourg, Sz) zu durchbrechen, würde nur bestätigen, wie tief ein ehemaliger olympischer Vorzeigesport gesunken ist. Mit den für sie nicht schlechten 13,06 Sekunden schied Schrott im 24er-WM-Semifinale jenseits der 20 aus. Und die neue Weltmeisterin lief bei der WM um sieben Zehntel schneller als Beate, die eine der wenigen von Schrot und Korn ist. Für das taktisch überforderte Mittelstreckentalent Andreas Vojta (1500 m), den schwächelnden Diskus-Hünen Gerhard Mayer und die Speerwerferin Eberl war schon nach den Vorkämpfen Endstation.

Man darf gespannt sein, ob der U-20-Europameister im Diskuswerfen (63,53 m/1,75er-Scheibe) und Europa-Olympia-Festival-Golden Boy im Kugelstoßen, Lukas Weißhaidinger, 19, sein großes Versprechen einlöst. Oder Jennifer Wenth (SVS) die großen Ziele, die sie auf ihrer Homepage nennt, im Mittelstreckenlauf über kurz oder lang erreichen kann. Erst spät im Sportjahr griff Ex-Berglaufweltmeisterin Andrea Mayr, die 32-jährige Nuklearmedizinerin, ins Geschehen ein, deutete aber in Graz mit einem Halbmarathonsieg in neuer Streckenrekordzeit (1:12,44) an, dass sie das Limit für London und ihre olympische Startpremiere in den Beinen hat. Schön wär's.

Seit 2003 hat Gymnastin Caroline Weber unglaubliche 45 Titel gewonnen ...

– davon ist Hürdensprinterin Beate Schrott noch weit entfernt.

IMMER AUF TRAB

Die Fête Impériale in der Spanischen Hofreitschule, von Elisabeth Gürtler initiiert und organisiert, wird Victoria „Vicky" Max-Theurer für immer in Erinnerung bleiben. Weil sie beim Tanz in Atemnot geraten war, wurde sie anderntags zur Kontrolle ins Spital geschickt – zum Glück! „Es war", verriet ihre Frau Mama, Reitverbandspräsidentin Gold-Sissy Max-Theurer, „wirklich dramatisch, es hätte schlimmer ausgehen können!" Die Ärzte konstatierten nämlich eine Lungenembolie und verlegten Vicky auf die Intensivstation, die sie aber bald wieder verlassen durfte. Nur einige Wochen danach, gehandikapt durch die Zwangspause im Training, konnte Dressur-Prinzessin Victoria ihre Klasse nur am ersten Tag der – übrigens von Regen und Organisationspleiten begleiteten – Europameisterschaft in Rotterdam ausspielen, Platz 9 bedeutete sogar eine mittlere Sensation. Am zweiten Tag allerdings kam der Rückschlag, Vicky verpasste als 20. die finale Kür und die Direkt-Qualifikation für London, die aber auf dem Umweg über die Weltrangliste (derzeit Platz 11 und Rang eins unter jenen, die nicht mit Teams qualifiziert sind) so gut wie fix sein sollte. Mama Sissy hofft auch noch, dass mit Renate Voglsang, die in München lebt, und dem Vielseitigkeitsreiter Harald Ambros zwei weitere Kandidaten ein Olympiaticket holen.
Und bei den Springreitern, die vor 20 Jahren in Barcelona mit den Zugpferden Simon, inzwischen 69, und Frühmann, 61, nach Leistenoperation rekonvaleszent, ein historisches Mannschaftssilber geholt hatten? „Der einzige, der das Pferd und auch da Talent dazu hat, ist Stefan Eder mit Chili van Dijk", sagt Thomas Frühmann, der seit einigen Monaten den Oberösterreicher aus dem Stall jenes Josef Göllner in Lamprechtshausen betreut, der im November 2011 dem Fest der Pferde in Wien zum Stadthallen-Comeback verhalf. Göllner, wer? Ein Pferde-Freak, der mit Pferdetransport und Pferdesolarien handelte, ehe er zu einem Großveranstalter wurde: Salzburg Amadeus Horse Indoors und Outdoors, früher auch Wiener Neustadt etc. „Gut, dass es ihn gibt", sagt Hugo Simon, der auch an der Schwelle zum Siebziger der Karriere immer dann, wenn es ihm Spaß macht, die Sporen gibt. Wie etwa als Sieger des ersten von drei

Victoria „Vicky" Max-Theurer einmal anders – die Dressur-Prinzessin ließ sich von einer Lungenembolie nur kurz stoppen, hat das „Unternehmen Olympia 2012" schon wieder voll in Angriff genommen.

Großen Preisen in der zweiten Auflage der Frühjahrs-Springtour im Magna Racino von Big Spender Frank Stronach, der sich auf seine alten Tage als Galopper-Fan und Pferdezüchter auf einmal auch fürs Springreiten interessierte. Er konnte auch allen Grund zur Freude haben, weil die Magna-Racino-Tour mit Promis für Schlagzeilen sorgte. Mit ihrem brasilianischen Ehemann Alavaro Alonso de Miranda war auch die Onassis-Milliarden-Erbin Athina eingeflogen, im Sacher mit Kind und Kegel abgestiegen und in Ebreichsdorf vor den Toren Wiens auch hervorragend geritten. Sie gab zwar keine Interviews, fühlte sich aber im Reiterkreise umso wohler – auch bei der Gala, die Frank Stronach im Magna Racino schupfte.

Die Reiterei, so nebenbei Nr. 8 in der heimischen Sport-Hitliste (knapp 50.000 Mitglieder, 240.000 Reiter) hinter Schwimmen und vor Rad, hat immer noch oder schon wieder Saison. Noch ehe in der Stadthalle wieder die Hufe donnerten, gab's das Warmup in der Arena Nova von Wiener Neustadt, die an den beiden Finaltagen zum Wochenende aus allen Nähten platzte. Einziger Wermutstropfen im Freudenbecher, fast eine Parallele zur Magna-Racino-Tour, als sich Simons Erfolgsstute Ukinda bei einem Fehltritt verletzt hatte – diesmal warf der übermotivierte Hugo im Grand Prix ausnahmsweise nicht das letzte Hindernis ab, sondern das erste. Und nahm dann logischerweise den Hut, weil's keinen Sinn mehr gemacht hätte. Seiner Stimmung und der Vorfreude auf die Rückkehr nach Wien tat's keinen Abbruch. Hugo „Nimmermüde" Simon: „Ganz wichtig, dass es wieder in Wien ein großes Turnier gibt – es ist der wichtigste Platz im ganzen Land." 2012 soll es übrigens vor dem Wiener Rathaus eine Olympiarevanche im Rahmen der Global Tour geben, veranstaltet von Daniel Frühmann (und Jörg Domaingo), dem Sohn der anderen Reitlegende. Damit die Vergangenheit doch wieder Zukunft hat. Auch im Pferdesport.

Mirko Bortolotti gewann die Formel-2-Meisterschaft, der Lohn war ein Formel-1-Testtag im Williams-Team – fährt er bald in der Königsklasse des Motorsports?

WER KÜSST DORNRÖSCHEN WACH?

In der Königsklasse des Motorsports sorgte Red Bull mit Sebastian Vettel für einen nie da gewesenen Siegeszug in Rotweißrot. Ansonsten lag PS-Österreich im Jahr 2011 aber im Dornröschenschlaf und ließ sich dabei auch vom Dröhnen der Motoren nicht wachrütteln. Die Routiners Beppo Harrach und Michi Staufer jubelten über die Meistertitel in Rallye und Motocross, von wirklich vielversprechenden Nachwuchstalenten war da wie dort wenig zu sehen. Im Märchen wird Dornröschen bekanntlich wachgeküsst – wer könnte diese Aufgabe 2012 im österreichischen Motorsport übernehmen, fragte man sich da ...

... Vielleicht Motorrad-Hersteller KTM, der 2011 sein WM-Comeback verkündete. Schon 2012 werde die oberösterreichische Traditionsfirma, so wurde verkündet, in der Moto3-Klasse wieder um Punkte kämpfen. Dass Engagements in den anderen WM-Kategorien folgen würden, war für alle die nur allzu logische Folge.

... oder aber Mirko Bortolotti. Der Österreich-Italiener, der die Doppelstaatsbürgerschaft besitzt, sorgte 2011, natürlich ganz abgesehen von Red Bull, für die erfreulichsten PS-Schlagzeilen in Rotweißrot. In ganz souveräner Art und Weise gewann der 21-Jährige die Meisterschaft in der Formel 2, der Vorstufe zur Königsklasse. Für den Titel bekam er neben Pokal und Anerkennung einen ganzen Formel-1-Testtag im Williams-Team in Abu Dhabi. Große Ehre und große Chance zugleich. Bortolotti, der davor schon für Ferrari sowie Toro Rosso Formel-1-Boliden testen hatte dürfen und dessen Eltern ein Eisgeschäft in der Wiener Mariahilfer Straße betreiben: „Man braucht immer eine gewisse Zeit, um solche Dinge zu realisieren – aber ich werde sie realisieren müssen, um meine Chance zu wahren."

Dabei ist 2012 bei den Motorrädern KTM – die oberösterreichische Traditionsfirma steigt in der Moto3-Klasse wieder ein.

FORMEL HISTORIC AUSTRIA

Österreich hat eine lange Tradition im Automobilrennsport sowohl als Veranstalter als auch an aktiven Sportlern in allen Fahrzeugkategorien. Es dauerte jedoch fast 20 Jahre, bis Österreich in der höchsten Automobilklasse, der Formel 1, einen Weltmeister stellte. Jochen Rindt war der erste, auch heute noch unvergessene österreichische Automobilweltmeister, dessen Vorbild so manchen zu diesem Sport motivierte. Einen Höhepunkt erleben wir in den letzten Jahren durch das Engagement von Red Bull. Es war daher naheliegend, an die große Tradition anzuknüpfen und die Autos von damals wieder auf die Rennstrecke zu bekommen und zu bewegen, bevor diese in so manchen Museum zu viel Staub ansetzen.

Elektrotechnik von A bis Z
ELEKTRO SCHOBER GmbH
GEHT NICHT GIBT ES NICHT!?

Kallco

Zu diesem Zweck wurde 1998 der Histo-Cup Austria ins Leben gerufen. Diese österreichische Motorsportserie entwickelte sich in Laufe der Jahre zu einer der größten in Europa. Seit nunmehr drei Jahren ist auch die Formel Historic wichtiger Bestandteil des Histo-Cups. In drei Klassen, die wesentlich zum österreichischen Aufstieg im internationalen Motorsport beitrugen, nämlich den unvergesslichen Formel VAU, Formel Ford und Formel 3 der Jahre 1962 bis 1988, wird der Meister ermittelt. Bis zu 25 Fahrzeuge nehmen bereits an dieser historischen Formel-Meisterschaft teil.

Die heurigen Dominatoren in der Meisterschaft waren wieder einmal mehr die Formel Ford, die in 2 Klassen unterteilt und zwar nach älterer Bauart mit außen und nach jüngerer mit innen liegenden Stossdämpfern gewertet werden. Die

Protagonisten dieses Jahres waren Manfred Schneider als „Junior" in der jüngeren Klasse und „Oldboy" Winfried Kallinger in der älteren Klasse. Beide duellierten sich vom 1. Rennen an am Red Bull Ring bis zum letzten Rennen am Salzburgring sprichwörtlich Rad an Rad. Die Duelle auf der Strecke entschied Manfred Schneider im Van Diemen 1987 für sich, musste aber hart kämpfen, um sich Winfried Kallinger im Merlyn 1969 vom Leib zu halten. Durch einen technischen Defekt am Hockenheimring verlor Schneider jede Meisterschaftschance, so dass Winfried Kallinger die Gesamtwertung der Formel Historic für sich entscheiden konnte und Manfred Schneider nur der Klassensieg blieb. Alt gegen Jung im historischen Rennsport. Ein Thema das zu viel „Schmunzeln" bei Teilnehmern sowie Zuschauern und für viel Gesprächsstoff im Fahrerlager sorgt. Für das Jahr 2012 sind weitere spannende Rennen in dieser Formel zu erwarten. Der Formel Historic Club Austria schreibt zusätzlich für das Jahr 2012 den Jochen Rindt Memorial Cup aus, um an den größten Rennfahrer Österreichs zu erinnern.

Manfred Schneider (links) und Winfried Kallinger (rechts) waren beim Histo-Cup Austria die großen Dominatoren.

DIE NACHT DER CHAMPIONS

Adi und Edi baten auch 2011 wieder zur großen UNA NOTTE SPORTIVA, zur großen Nacht der Champions, in die Wiener Hofburg. Das „Who's who" der heimischen Sportszene feierte einen glanzvollen Abend, bei dem natürlich auch große Stars von einst und jetzt geehrt wurden: Ding Ning, Tischtennis-Weltmeisterin im Einzel, erhielt zum Beispiel aus den Händen des Europadirektors von Eterna, Daniel Wechsler, eine wertvolle Eterna-Uhr (wie auch Marlies Schild, Elisabeth Görgl, Anna Fenninger, Michael Walchhofer oder Benjamin Karl). Herbert Czech, Geschäftsführer von Waldquelle, überreichte Alexandra Meissnitzer einen Sonderpreis für ihre großen Erfolge. Die beiden Moderatoren durften dazu viele weitere „Stammgäste" begrüßen, diesmal besonders stolz ging Hans Fedl (Bild oben rechts) durch die Hallen - kein Wunder, wenn man weiß, dass der erfolgreiche steirische Unternehmer Ehrenpräsident des österreichischen Fußball-Meisters Sturm Graz ist ...

500.000 BesucherInnen auf dem Heldenplatz – der 11. „TAG DES SPORTS" war ein

SPORTFEST DER „NEXT GENERATION"

Eine halbe Million Zuschauer zeigte sich beim Tag des Sports von den Darbietungen begeistert – und sammelte jede Menge Autogramme der Stars.

Das Rezept: Man nehme Österreichs Sportsstars, Sporttrends der „Next Generation", Sport in allen Facetten zum Ausprobieren, ein Riesen-Gewinnspiel – und einen Tag lang Kaiserwetter. Das Produkt: Ein „TAG DES SPORTS" der Rekorde, der bei seiner 11. Auflage auf dem Wiener Heldenplatz nicht nur rund 500.000 BesucherInnen anlockte, sondern diese auch begeisterte. Nicht nur sie. „Hier zu stehen, ist ein einmaliges Erlebnis und für alle von uns faszinierend", machte sich Skisprung-Olympiasieger Thomas Morgenstern zum „Sprachrohr" unserer Sportstars.

Angetan waren diese, wie auch Tausende Jugendliche, besonders von der erstmals aufgebauten „Next Generation"-Arena, die mit Bouldern, Slackline, Freerunning und Zumba-Dance jene innovativen Sporttrends präsentierte, die derzeit einen gewaltigen Boom erleben.

„Dieser TAG DES SPORTS war ein eindrucksvoller Beweis mehr, welchen gewaltigen Wert Sport in Österreich hat. Und auch einer dafür, dass unsere Botschaft, mit dem TAG DES SPORTS Menschen zu sportlicher Bewegung zu animieren, angekommen ist", bilanzierte Sportminister Mag. Norbert Darabos ebenso positiv wie Eventmanager Reg. Rat Christian Felner: „Unser aller Hauptziel war und ist es auch künftig, der Bevölkerung Sport mit all seinen vielfältigen Angeboten näher zu bringen."

Letzteres gelang heuer mit einem perfekt geschnürten „Eventpaket", zu dem die teilnehmenden Verbände gleichermaßen beitrugen wie die Eventpartner KRONE & CHEVROLET (Mach Mit-Gewinnspiel, Auto als Hauptpreis), INTERSPORT EYBL & RUEFA (VIP-Lounge und tolle Preise) sowie die ÖSTERREICHISCHEN LOTTERIEN.

Zurück zu Thomas Morgenstern, der nochmals allen Beteiligten aus der Seele sprach: „Wir freuen uns schon jetzt auf den nächsten TAG DES SPORTS."

Der kommt bestimmt – und zwar am 29. September 2012.

STATISTIK

AMERICAN FOOTBALL

Finale

Swarco Raiders Tirol – Vienna Vikings 23:13

BADMINTON

Herren

Einzel: Michael LAHNSTEINER
Doppel: Jürgen KOCH/ Peter ZAUNER

Damen

Einzel: Claudia MAYER
Doppel: Belinda HEBER/ Alexandra MATHIS

Mixed

Simone PRUTSCH/Roman ZIRNWALD

Staatsliga

ASKÖ TRAUN

BAHNENGOLF

Herren

Einzel: Günter INNMANN
Mannschaft: ASKÖ MGC WAT 21

Damen

Einzel: Elisabeth GRUBER
Mannschaft: BGCU ROT GOLD WIEN

BASEBALL UND SOFTBALL

Baseball Herren: VIENNA METROSTARS
Softball Damen: DORNBIRN SHARX

BASKETBALL

Herren

Grunddurchgang

1. Fürstenfeld	22	18	4	1663	1397	36
2. Traiskirchen	22	14	8	1885	1700	28
3. Fürstenfeld	22	14	8	1810	1664	28
4. Oberwart	22	13	9	1686	1596	26
5. Kapfenberg	22	13	9	1597	1522	26
6. Klosterneuburg	22	13	9	1666	1582	26
7. UBSC Graz	22	12	10	1643	1748	24
8. Wels	22	11	11	1735	1686	22
9. BC Vienna	22	9	13	1683	1755	18
10. Güssing	22	8	14	1562	1738	16
11. St. Pölten	22	6	16	1676	1769	12
12. Wörthersee	22	1	21	1554	2003	2

Meisterrunde

1. Gmunden	32	23	9	2374	2063	46
2. Oberwart	32	21	11	2437	2287	42
3. Traiskirchen	32	20	12	2651	2467	40
4. Fürstenfeld	32	19	13	2509	2387	38
5. Klosterneuburg	32	18	14	2400	2335	36
6. Kapfenberg	32	14	18	2273	2283	28

Viertelfinale (Best-of-5)

Oberwart – Wels 3:0
(79:67, 79:63, 80:75)
Gmunden – Graz 3:0
(75:50, 70:56, 87:76)
Traiskirchen – Kapfenberg 3:0
(82:69, 79:72, 72:66)
Fürstenfeld – Klosterneuburg 3:1
(64:53, 67:80, 83:91, 69:62, 77:84)

Halbfinale (Best-of-5)

Fürstenfeld – Traiskirchen 3:0
(86:78, 77:69, 72:73, 83:60)
Gmunden – Fürstenfeld 3:2
(86:78, 77:69, 72:73, 83:60)

Finale (Best-of-5)

Gmunden – **Oberwart** 2:3
(67:76, 63:56, 82:78, 67:78, 75:77)

Cup, Finale

Gmunden – Fürstenfeld 69:64

Damen

Meisterrunde

1. SVS Post	24	24	0	2394	956	48
2. Klosterneuburg	24	19	5	1760	1363	38
3. Vienna	24	13	11	1499	1404	26
4. Herzogenburg	24	13	11	1377	1423	26
5. Graz	24	12	12	1324	1414	24
6. Innsbruck	24	7	17	1252	1702	14

Halbfinale (Best-of-3)

SVS Post – Vienna 2:0
(92:57, 82:49)
Klosterneuburg – Herzogenburg 2:0
(66:46, 65:55)

Finale (Best-of-5)

SVS Post – Wels 3:0
(90:42, 94:51, 95:57)

BILLARD

POOL

Herren

8-Ball: Mario HE
9-Ball: Maximilian LECHNER
10-Ball: Mario HE
14-1 endlos: Albin OUSCHAN

Damen

8-Ball: Sandra BAUMGARTNER
9-Ball: Petra STADELBAUER
10-Ball: Sandra BAUMGARTNER
14-1 endlos: Petra STADELBAUER

SNOOKER

Alexander GAUSS

MATCHBILLARD

Herren

Freie Partie: Gerald CEROVSEK
Cadre 47/1: Arnim KAHOFER
Cadre 47/2: Arnim KAHOFER
Cadre 71/2: Gerhard RALIS
Einband: Arnim KAHOFER
Dreiband: Andreas EFLER

Damen

Freie Partie: Samira MÖLZER
Dreiband: Helga MITTERBÖCK

Mannschaft

Dreiband: BC ELITE WIEN
Pentahthlon: WBA

BOB UND SKELETON

BOB

Herren-Zweier: W. STAMPFER/M. LACHKOVICS
Herren-Vierer: Wolfgang STAMPFER/Jürgen MAYER/ Thomas SCHEIDL/Martin LACHKOVICS
Damen-Zweiter: Christina HENGSTER/Anna FEICHTNER

SKELETON

Herren: Matthias GUGGENBERGER
Damen: Janine FLOCK

BOCCIA

Einzel: Niki NATALE

BOGENSCHIESSEN

HALLE

Herren

Recurve Einzel: Bruno KOBATH
Recurve Mannschaft: OBERÖSTERREICH
Compound Einzel: Gerald BERNHUBER
Compound Mannschaft: STEIERMARK

Damen

Recurve Einzel: Daniela BEREITER
Recurve Mannschaft: KÄRNTEN
Compound Einzel: Helga WACHULKA

OUTDOOR

Herren

Recurve Einzel: Heribert DORNHOFER
Recurve Mannschaft: OBERÖSTERREICH
Compound Einzel: Michael MATZNER
Compound Mannschaft: STEIERMARK

Damen

Recurve Einzel: Laurence BALDAUFF
Recurve Mannschaft: SALZBURG
Compound Einzel: Petra GOEBEL

FELD

Herren

Recurve: Heribert DORNHOFER
Barebow: Franz HABERLER
Compound: Gerald BERNHUBER
Mannschaft: STEIERMARK

Damen

Recurve:	Elisabeth GRUBE
Barebow:	Reingild LINHART
Compound:	Petra GOEBEL

3D

Herren

Instinctive:	Kurt RIEGER
Barebow:	Andreas NICHTERL
Compound:	Alexander PARSCHISEK
Longbow:	Hannes GRUBER
Mannschaft:	STEIERMARK

Damen

Instinctive:	Christa OCENASEK
Barebow:	Reingild LINHART
Compound:	Petra GOEBEL
Longbow:	Andrea KARSCH

BOXSPORT

Herren

Leichtgewicht:	Khamsat MUSAEV
Halbweltergewicht:	Ivan OBRADOVIC
Weltergewicht:	Danijel OBRADOVIC
Mittelgewicht:	Arbi TSCHERKAEV
Halbschwergewicht:	Mikael GAGIEV
Schwergewicht:	Clemens TÜRTSCHER

Damen

Federgewicht:	Ines EICHWALDER
Leichtgewicht:	Nicole WESNER
Halbweltergewicht:	Melanie FRAUENSCHIEL

CASTING

Herren

Fliege Ziel:	Werner GATTERMAIER
Fliege Weit Einhand:	Helmut HOCHWARTNER
Gewicht Präzision:	Helmut HOCHWARTNER
Gewicht Ziel:	Gerhard LAY
Gewicht Weit 7,5 g:	Christian ZINNER
Fliege Weit Zweihand:	Harald MEINDL
Gewicht Weit 18 g:	Christian ZINNER
Fünfkampf:	Helmut HOCHWARTNER
Siebenkampf:	Christian ZINNER

Damen

Fliege Ziel:	Alena KLÄUSLER
Fliege Weit Einhand:	Alena KLÄUSLER
Gewicht Präzision:	Sabine STEINBERGER
Gewicht Ziel:	Alena KLÄUSLER
Gewicht Weit 7,5 g:	Sabine STEINBERGER
Fünfkampf:	Alena KLÄUSLER

CURLING

Herren Mannschaft:	CC Kitzbühel
Damen Mannschaft:	CC Kitzbühel

EISHOCKEY

Grunddurchgang

1. KAC	54	36	18	190	159	78
2. Salzburg	54	33	21	206	181	68
3. Vienna Capitals	54	31	23	200	162	67
4. Villach	54	29	25	180	167	63
5. Linz	54	26	28	156	166	59
6. MM Graz	54	27	27	164	153	58
7. O. Laibach	54	24	30	165	197	53
8. Zagreb	54	23	31	171	171	52
9. Fehervar	54	21	33	162	203	49
10. Jesenice	54	20	34	161	196	49

Viertelfinale (Best of 7)

KAC – Zagreb 4:1
(3:2, 3:2, 7:5, 1:4, 6:5 n.V.)
Salzburg – Laibach 4:1
(5:4 n.V., 5:1, 6:1, 0:5, 3:2 n.V.)
Vienna Capitals – Graz 4:0
(4:2, 4:1, 4:3, 4:3 n.V.)
Villach – Linz 4:1
(3:0, 3:0, 5:3, 0:2, 5:2)

Halbfinale (Best of 7)

Salzburg – Vienna Capitals 4:3
(6:2, 5:6 n.V., 2:1 n.V., 1:9, 6:4, 1:4, 4:1)
KAC – Villach 4:1
(2:5, 5:2, 2:1, 4:0, 6:4)

Finale (Best of 7)

KAC – **Salzburg** 3:4
(6:5, 3:6, 2:5, 2:1 n.V., 3:2 n.V., 2:5, 2:3 n.V.)

A-WELTMEISTERSCHAFT 2011
(29. April bis 15. Mai in der Slowakei)

Gruppe C

1. Schweden	3	2	1	13	7	7
2. USA	3	2	1	11	9	6
3. Norwegen	3	2	1	12	8	5
4. Österreich	3	0	3	1	13	0

Österreich – USA 1:5 (0:2, 1:1, 0:2); Österreich – Schweden 0:3 (0:1, 0:1, 0:1); Österreich – Norwegen 0:5 (0:3, 0:1, 0:1).

Abstiegsrunde

1. Weißrussland	3	2	1	17	9	6
2. Lettland	3	2	1	12	9	6
3. Slowenien	3	1	2	8	12	3
4. Österreich	3	1	2	6	13	3

Österreich – Weißrussland 2:7 (0:3, 0.2, 2:2); Österreich – Slowenien 3:2 (1:0, 1:2, 1:0); Österreich – Lettland 1:4 (0:2, 0:1, 1:1).

Damen-Bundesliga

1. Neuberg	15	14	1	98	34	41
2. Triglav	15	10	5	69	47	30
3. Sabres Wien II	15	8	7	68	54	24
4. Villach	15	6	9	42	65	18
5. Celeia	15	5	10	49	93	13
6. Klagenfurt	15	2	13	40	73	9

Meisterrunde

1. Sabres Wien	6	5	1	51	7	16
2. Salzburg Eagles	6	5	1	35	17	14
3. Vienna Flyers	6	2	4	13	28	6
4. Neuberg	6	0	6	10	57	0

Finale

Sabres Wien – Salzburg Eagles 2:0
(5:1, 10:0)

EISKUNSTLAUF

Damen:	Belinda SCHÖNBERGER
Herren:	Viktor PFEIFER
Paarlauf:	Stina MARTINI/Severin KIEFER
Eistanzen:	Kira GEIL/Tobias EISENBAUER

EISSCHNELLLAUF

Herren

Allround-Vierkampf:	Linus HEIDEGGER
Sprint-Vierkampf:	Armin HAGER
2 x 500 Meter:	Armin HAGER
1000 Meter:	Linus HEIDEGGER
1500 Meter:	Linus HEIDEGGER
5000 Meter:	Linus HEIDEGGER
10.000 Meter:	Linus HEIDEGGER

Damen

Allround-Vierkampf:	Anna ROKITA
Sprint-Vierkampf:	Anna ROKITA
2 x 500 Meter:	Vanessa BITTNER
1000 Meter:	Anna ROKITA
1500 Meter:	Anna ROKITA
3000 Meter:	Anna ROKITA
5000 Meter:	Anna ROKITA

EIS- UND STOCKSPORT

EISSTOCKSPORT

Herren

Weit:	Bernhard PATSCHG
Ziel:	Heinrich REICHER
Ziel, Mannschaft:	SALZBURG
Mannschaft:	TEKO PLASTIC JIMMY PREDING

Damen

Ziel:	Silvia GUTMANN-WILD
Ziel, Mannschaft:	STEIERMARK
Mannschaft:	MARCHTRENK

STATISTIK

AMERICAN FOOTBALL

Finale

Swarco Raiders Tirol – Vienna Vikings 23:13

BADMINTON

Herren

Einzel: Michael LAHNSTEINER
Doppel: Jürgen KOCH/ Peter ZAUNER

Damen

Einzel: Claudia MAYER
Doppel: Belinda HEBER/ Alexandra MATHIS

Mixed

Simone PRUTSCH/Roman ZIRNWALD

Staatsliga

ASKÖ TRAUN

BAHNENGOLF

Herren

Einzel: Günter INNMANN
Mannschaft: ASKÖ MGC WAT 21

Damen

Einzel: Elisabeth GRUBER
Mannschaft: BGCU ROT GOLD WIEN

BASEBALL UND SOFTBALL

Baseball Herren: VIENNA METROSTARS
Softball Damen: DORNBIRN SHARX

BASKETBALL

Herren

Grunddurchgang

1. Fürstenfeld	22	18	4	1663	1397	36
2. Traiskirchen	22	14	8	1885	1700	28
3. Fürstenfeld	22	14	8	1810	1664	28
4. Oberwart	22	13	9	1686	1596	26
5. Kapfenberg	22	13	9	1597	1522	26
6. Klosterneuburg	22	13	9	1666	1582	26
7. UBSC Graz	22	12	10	1643	1748	24
8. Wels	22	11	11	1735	1686	22
9. BC Vienna	22	9	13	1683	1755	18
10. Güssing	22	8	14	1562	1738	16
11. St. Pölten	22	6	16	1676	1769	12
12. Wörthersee	22	1	21	1554	2003	2

Meisterrunde

1. Gmunden	32	23	9	2374	2063	46
2. Oberwart	32	21	11	2437	2287	42
3. Traiskirchen	32	20	12	2651	2467	40
4. Fürstenfeld	32	19	13	2509	2387	38
5. Klosterneuburg	32	18	14	2400	2335	36
6. Kapfenberg	32	14	18	2273	2283	28

Viertelfinale (Best-of-5)

Oberwart – Wels 3:0
(79:67, 79:63, 80:75)
Gmunden – Graz 3:0
(75:50, 70:56, 87:76)
Traiskirchen – Kapfenberg 3:0
(82:69, 79:72, 72:66)
Fürstenfeld – Klosterneuburg 3:1
(64:53, 67:80, 83:91, 69:62, 77:84)

Halbfinale (Best-of-5)

Fürstenfeld – Traiskirchen 3:0
(86:78, 77:69, 72:73, 83:60)
Gmunden – Fürstenfeld 3:2
(86:78, 77:69, 72:73, 83:60)

Finale (Best-of-5)

Gmunden – **Oberwart** 2:3
(67:76, 63:56, 82:78, 67:78, 75:77)

Cup, Finale

Gmunden – Fürstenfeld 69:64

Damen

Meisterrunde

1. SVS Post	24	24	0	2394	956	48
2. Klosterneuburg	24	19	5	1760	1363	38
3. Vienna	24	13	11	1499	1404	26
4. Herzogenburg	24	13	11	1377	1423	26
5. Graz	24	12	12	1324	1414	24
6. Innsbruck	24	7	17	1252	1702	14

Halbfinale (Best-of-3)

SVS Post – Vienna 2:0
(92:57, 82:49)
Klosterneuburg – Herzogenburg 2:0
(66:46, 65:55)

Finale (Best-of-5)

SVS Post – Wels 3:0
(90:42, 94:51, 95:57)

BILLARD

POOL

Herren

8-Ball: Mario HE
9-Ball: Maximilian LECHNER
10-Ball: Mario HE
14-1 endlos: Albin OUSCHAN

Damen

8-Ball: Sandra BAUMGARTNER
9-Ball: Petra STADELBAUER
10-Ball: Sandra BAUMGARTNER
14-1 endlos: Petra STADELBAUER

SNOOKER

Alexander GAUSS

MATCHBILLARD

Herren

Freie Partie: Gerald CEROVSEK
Cadre 47/1: Arnim KAHOFER
Cadre 47/2: Arnim KAHOFER
Cadre 71/2: Gerhard RALIS
Einband: Arnim KAHOFER
Dreiband: Andreas EFLER

Damen

Freie Partie: Samira MÖLZER
Dreiband: Helga MITTERBÖCK

Mannschaft

Dreiband: BC ELITE WIEN
Pentahthlon: WBA

BOB UND SKELETON

BOB

Herren-Zweier: W. STAMPFER/M. LACHKOVICS
Herren-Vierer: Wolfgang STAMPFER/Jürgen MAYER/ Thomas SCHEIDL/Martin LACHKOVICS
Damen-Zweiter: Christina HENGSTER/Anna FEICHTNER

SKELETON

Herren: Matthias GUGGENBERGER
Damen: Janine FLOCK

BOCCIA

Einzel: Niki NATALE

BOGENSCHIESSEN

HALLE

Herren

Recurve Einzel: Bruno KOBATH
Recurve Mannschaft: OBERÖSTERREICH
Compound Einzel: Gerald BERNHUBER
Compound Mannschaft: STEIERMARK

Damen

Recurve Einzel: Daniela BEREITER
Recurve Mannschaft: KÄRNTEN
Compound Einzel: Helga WACHULKA

OUTDOOR

Herren

Recurve Einzel: Heribert DORNHOFER
Recurve Mannschaft: OBERÖSTERREICH
Compound Einzel: Michael MATZNER
Compound Mannschaft: STEIERMARK

Damen

Recurve Einzel: Laurence BALDAUFF
Recurve Mannschaft: SALZBURG
Compound Einzel: Petra GOEBEL

FELD

Herren

Recurve: Heribert DORNHOFER
Barebow: Franz HABERLER
Compound: Gerald BERNHUBER
Mannschaft: STEIERMARK

Damen

Recurve:	Elisabeth GRUBE
Barebow:	Reingild LINHART
Compound:	Petra GOEBEL

3D

Herren

Instinctive:	Kurt RIEGER
Barebow:	Andreas NICHTERL
Compound:	Alexander PARSCHISEK
Longbow:	Hannes GRUBER
Mannschaft:	STEIERMARK

Damen

Instinctive:	Christa OCENASEK
Barebow:	Reingild LINHART
Compound:	Petra GOEBEL
Longbow:	Andrea KARSCH

BOXSPORT

Herren

Leichtgewicht:	Khamsat MUSAEV
Halbweltergewicht:	Ivan OBRADOVIC
Weltergewicht:	Danijel OBRADOVIC
Mittelgewicht:	Arbi TSCHERKAEV
Halbschwergewicht:	Mikael GAGIEV
Schwergewicht:	Clemens TÜRTSCHER

Damen

Federgewicht:	Ines EICHWALDER
Leichtgewicht:	Nicole WESNER
Halbweltergewicht:	Melanie FRAUENSCHIEL

CASTING

Herren

Fliege Ziel:	Werner GATTERMAIER
Fliege Weit Einhand:	Helmut HOCHWARTNER
Gewicht Präzision:	Helmut HOCHWARTNER
Gewicht Ziel:	Gerhard LAY
Gewicht Weit 7,5 g:	Christian ZINNER
Fliege Weit Zweihand:	Harald MEINDL
Gewicht Weit 18 g:	Christian ZINNER
Fünfkampf:	Helmut HOCHWARTNER
Siebenkampf:	Christian ZINNER

Damen

Fliege Ziel:	Alena KLÄUSLER
Fliege Weit Einhand:	Alena KLÄUSLER
Gewicht Präzision:	Sabine STEINBERGER
Gewicht Ziel:	Alena KLÄUSLER
Gewicht Weit 7,5 g:	Sabine STEINBERGER
Fünfkampf:	Alena KLÄUSLER

CURLING

Herren Mannschaft:	CC Kitzbühel
Damen Mannschaft:	CC Kitzbühel

EISHOCKEY

Grunddurchgang

1. KAC	54	36	18	190	159	78
2. Salzburg	54	33	21	206	181	68
3. Vienna Capitals	54	31	23	200	162	67
4. Villach	54	29	25	180	167	63
5. Linz	54	26	28	156	166	59
6. MM Graz	54	27	27	164	153	58
7. O. Laibach	54	24	30	165	197	53
8. Zagreb	54	23	31	171	171	52
9. Fehervar	54	21	33	162	203	49
10. Jesenice	54	20	34	161	196	49

Viertelfinale (Best of 7)

KAC – Zagreb 4:1
(3:2, 3:2, 7:5, 1:4, 6:5 n.V.)

Salzburg – Laibach 4:1
(5:4 n.V., 5:1, 6:1, 0:5, 3:2 n.V.)

Vienna Capitals – Graz 4:0
(4:2, 4:1, 4:3, 4:3 n.V.)

Villach – Linz 4:1
(3:0, 3:0, 5:3, 0:2, 5:2)

Halbfinale (Best of 7)

Salzburg – Vienna Capitals 4:3
(6:2, 5:6 n.V., 2:1 n.V., 1:9, 6:4, 1:4, 4:1)

KAC – Villach 4:1
(2:5, 5:2, 2:1, 4:0, 6:4)

Finale (Best of 7)

KAC – **Salzburg** 3:4
(6:5, 3:6, 2:5, 2:1 n.V., 3:2 n.V., 2:5, 2:3 n.V.)

A-WELTMEISTERSCHAFT 2011
(29. April bis 15. Mai in der Slowakei)

Gruppe C

1. Schweden	3	2	1	13	7	7
2. USA	3	2	1	11	9	6
3. Norwegen	3	2	1	12	8	5
4. Österreich	3	0	3	1	13	0

Österreich – USA 1:5 (0:2, 1:1, 0:2); Österreich – Schweden 0:3 (0:1, 0:1, 0:1); Österreich – Norwegen 0:5 (0:3, 0:1, 0:1).

Abstiegsrunde

1. Weißrussland	3	2	1	17	9	6
2. Lettland	3	2	1	12	9	6
3. Slowenien	3	1	2	8	12	3
4. Österreich	3	1	2	6	13	3

Österreich – Weißrussland 2:7 (0:3, 0.2, 2:2); Österreich – Slowenien 3:2 (1:0, 1:2, 1:0); Österreich – Lettland 1:4 (0:2, 0:1, 1:1).

Damen-Bundesliga

1. Neuberg	15	14	1	98	34	41
2. Triglav	15	10	5	69	47	30
3. Sabres Wien II	15	8	7	68	54	24
4. Villach	15	6	9	42	65	18
5. Celeia	15	5	10	49	93	13
6. Klagenfurt	15	2	13	40	73	9

Meisterrunde

1. Sabres Wien	6	5	1	51	7	16
2. Salzburg Eagles	6	5	1	35	17	14
3. Vienna Flyers	6	2	4	13	28	6
4. Neuberg	6	0	6	10	57	0

Finale

Sabres Wien – Salzburg Eagles 2:0
(5:1, 10:0)

EISKUNSTLAUF

Damen:	Belinda SCHÖNBERGER
Herren:	Viktor PFEIFER
Paarlauf:	Stina MARTINI/Severin KIEFER
Eistanzen:	Kira GEIL/Tobias EISENBAUER

EISSCHNELLLAUF

Herren

Allround-Vierkampf:	Linus HEIDEGGER
Sprint-Vierkampf:	Armin HAGER
2 x 500 Meter:	Armin HAGER
1000 Meter:	Linus HEIDEGGER
1500 Meter:	Linus HEIDEGGER
5000 Meter:	Linus HEIDEGGER
10.000 Meter:	Linus HEIDEGGER

Damen

Allround-Vierkampf:	Anna ROKITA
Sprint-Vierkampf:	Anna ROKITA
2 x 500 Meter:	Vanessa BITTNER
1000 Meter:	Anna ROKITA
1500 Meter:	Anna ROKITA
3000 Meter:	Anna ROKITA
5000 Meter:	Anna ROKITA

EIS- UND STOCKSPORT

EISSTOCKSPORT

Herren

Weit:	Bernhard PATSCHG
Ziel:	Heinrich REICHER
Ziel, Mannschaft:	SALZBURG
Mannschaft:	TEKO PLASTIC JIMMY PREDING

Damen

Ziel:	Silvia GUTMANN-WILD
Ziel, Mannschaft:	STEIERMARK
Mannschaft:	MARCHTRENK

STATISTIK

STOCKSPORT

Herren

Weit: Bernhard PATSCHG
Ziel: Christopher SCHWAIGER
Ziel, Mannschaft: OBERÖSTERREICH
Mannschaft: UNION WALDING

Damen

Ziel: Hilde FINK
Ziel, Mannschaft: TIROL
Mannschaft: TREUBACH-ROSSBACH

FAUSTBALL

Herren

Feld: GRIESKIRCHEN/PÖTTING
Halle: KREMSMÜNSTER

Damen

Feld: ARNREIT
Halle: ARNREIT

Weltpokal

Herren: 1. Platz FREISTADT
Damen: 1. Platz ARNREIT

FECHTEN

Herren

Florett Einzel: Moritz HINTERSEER
Florett Mannschaft: AFC SALZBURG
Säbel Einzel: Matthias WILLAU
Säbel Mannschaft: WIENER SC
Degen Einzel: Florian SCHMID
Degen Mannschaft: FU LINZ

Damen

Florett Einzel: Sandra KLEINBERGER
Florett Mannschaft: AFC SALZBURG
Säbel Einzel: Dorothea TANZMEISTER
Säbel Mannschaft: ASC WIEN
Degen Einzel: Dorothea TANZMEISTER
Degen Mannschaft: BALMUNG

FLOORBALL

Herren: TVZ WIKINGS ZELL AM SEE
Damen: SU WIENER FV

FLUGSPORT

Fallschirmspringen

Ziel, Herren: Georg HEIMEL
Ziel, Damen: Marina KÜCHER
Ziel, Mannschaft: HSV RED BULL
8er Formation: 1. ÖFC 8-UNG
Free Flying: PARACLUB HALI HOP
Speedskydiving: Alexander DIEM

Motorflug

Präzision: Paul SZAMEITAT

Modellflug

F1E: Elfi RAMLER

Segelflug

Offene Klasse: F. Josef EDER
18-m-Klasse: Wolfgang JANOWITSCH
15-m-Klasse: Heimo DEMMERER
Standard-Klasse: Reinhard HAGGENMÜLLER
Club-Klasse: Fabian STUMPFL

Ballonfahrt:

Daniel KUSTERNIGG

Paragleiten

Helmut EICHOLZER

FRISBEE

Offene Klasse: THEBIGEZ
Damen: WADIES

FUSSBALL

EM-QUALIFIKATION 2012

Gruppe 1, Endstand

1. Deutschland	10	10	0	0	34	7	30
2. Türkei	10	5	2	3	13	11	17
3. Belgien	10	4	3	3	21	15	15
4. Österreich	10	3	3	4	16	17	12
5. Aserbaidschan	10	2	1	7	10	26	7
6. Kasachstan	10	1	1	8	6	24	4

25. März, Wien

ÖSTERREICH – BELGIEN 0:2 (0:1)

Österreich: Macho; Dag, Dragovic, Pogatetz, Fuchs; Alaba (54. Pehlivan), Baumgartlinger; Harnik, Junuzovic (69. Korkmaz), Arnautovic; Janko (54. Maierhofer).

Torfolge: 0:1 (6.) Witsel, 0:2 (50.) Witsel.

29. März, Istanbul

TÜRKEI – ÖSTERREICH 2:0 (1:0)

Österreich: Macho; Dag, Dragovic, Pogatetz, Fuchs; Scharner, Pehlivan (57. Korkmaz), Baumgartlinger (46. Hoffer); Harnik (69. Arnautovic), Alaba; Maierhofer.

Torfolge: 1:0 (28.) Arda Turan, 2:0 (77.) Gönül.

3. Juni, Wien

ÖSTERREICH – DEUTSCHLAND 1:2 (0:1)

Österreich: Gratzei; Klein, Scharner, Pogatetz, Fuchs; Dag (67. Junuzovic), Kulovits, Baumgartlinger, Alaba; Harnik (81. Royer), Hoffer (88. Janko).

Torfolge: 0:1 (44.) Gomez, 1:1 (50./Eigentor) Friedrich, 1:2 (90.) Gomez.

2. September, Gelsenkirchen

DEUTSCHLAND – ÖSTERREICH 6:2 (3:1)

Österreich: Gratzei; Klein, Schiemer, Pogatetz, Fuchs; Dag, Baumgartlinger, Alaba, Royer (73. Hoffer); Harnik, Arnautovic.

Torfolge: 1:0 (8.) Klose, 2:0 (23.) Özil, 3:0 (28.) Podolski, 3:1 (42.) Arnautovic, 4:1 (47.) Özil, 4:2 (51.) Harnik, 5:2 (84.) Schürrle, 6:2 (89.) Götze.

6. September, Wien

ÖSTERREICH – TÜRKEI 0:0

Österreich: Pascal Grünwald; Dag, Schiemer, Pogatetz, Fuchs; Scharner, Baumgartlinger; Royer (67. Hoffer), Harnik, Alaba; Arnautovic (93. Maierhofer).

7. Oktober, Baku

ASERBAIDSCHAN – ÖSTERREICH 1:4 (0:1)

Österreich: P. Grünwald; Dag, Prödl, Dragovic, Fuchs; Scharner, Baumgartlinger; Alaba, Arnautovic (67. Junuzovic), Ivanschitz (73. Royer); Janko (88. Hosiner).

Torfolge: 0:1 (34.) Ivanschitz, 0:2 (51.) Janko, 0:3 (62.) Janko, 1:3 (74.) Nadirov, 1:4 (91.) Junuzovic.

11. Oktober, Astana

KASACHSTAN –ÖSTERREICH 0:0

Österreich: P. Grünwald; Dag, Prödl, Dragovic, Fuchs; Scharner, Kulovits (74. Kavlak); Alaba, Arnautovic (83. Maierhofer), Ivanschitz (65. Junuzovic); Janko.

FREUNDSCHAFTSSPIELE

10. Februar, Eindhoven

HOLLAND – ÖSTERREICH 3:1 (1:0)

Österreich: Macho; Klein (72. Pehlivan), Prödl, Pogatetz, Fuchs; Schiemer; Junuzovic (62. Hoffer), Baumgartlinger, Alaba (85. Kavlak), Arnautovic; Maierhofer.

Torfolge: 1:0 (29.) Sneijder, 2:0 (48.) Huntelaar, 3:0 (71.) Kuyt (Elfmeter), 3:1 (84.) Arnautovic (Elfmeter).

7. Juni, Graz

ÖSTERREICH – LETTLAND 3:1 (0:0)

Österreich: Gratzei; Klein, Dibon, Ortlechner, Fuchs (97. Schrammel); Junuzovic (91. Weber), Baumgartlinger (62. Royer), Kulovits, Alaba (94. Drazan); Harnik, Kienast (62. Hoffer).

Torfolge: 0:1 (49.) Mihadjuks, 1:1 (75.) Dibon, 2:1 (81.) Harnik, 3:1 (95.) Harnik (Elfmeter).

10. August, Klagenfurt

ÖSTERREICH – SLOWAKEI 1:2 (0:2)

Österreich: Gratzei; Klein, Dragovic, Pogatetz, Fuchs; Baumgartlinger, Kulovits (46. Royer); Junuzovic (55. Hoffer), Harnik, Alaba; Janko.

Tore: 0:1 (21.) Kucka, 0:2 (30.) Jez, 1:2 (62.) Hoffer.

TIPP3-BUNDESLIGA

1. Sturm Graz	36	19	9	8	66	33	66
2. Salzburg	36	17	12	7	53	31	63
3. Austria	36	17	10	9	65	37	61
4. Ried	36	16	10	10	51	38	58
5. Rapid	36	14	11	11	52	42	53
6. W. Innsbruck	36	13	11	12	43	42	50
7. Wr. Neustadt	36	14	8	14	44	52	50
8. Kapfenberg	36	9	11	16	42	61	38
9. Mattersburg	36	7	10	19	29	56	31
10. LASK	36	3	10	23	22	75	19

ERSTE LIGA

1. Admira	36	23	6	7	85	45	75
2. Altach	36	22	8	6	76	37	74
3. Austria Lustenau	36	16	6	14	55	51	54
4. WAC/St. Andrä	36	15	7	14	56	50	52
5. St. Pölten	36	13	12	11	55	55	51
6. Grödig	36	12	10	14	51	60	46
7. FC Lustenau	36	11	9	16	51	60	42
8. Hartberg	36	10	9	17	44	60	39
9. Vienna	36	9	7	20	47	67	34
10. Gratkorn	36	9	6	21	47	82	33

ABSTEIGER: Gratkorn. – AUFSTEIGER: Blau-Weiß Linz. – Vienna sicherte sich in Relegation gegen Parndorf (3:0-Sieg auswärts, 2:1-Sieg daheim) den Verbleib in der ersten Liga.

CUP, FINALE

SV Ried – Austria Lustenau 2:0 (0:0)

EUROPACUP

Champions League

Qualifikation, 2.Runde

Sturm Graz – Videoton Szekesfehervar (Ung)	2:0
Videoton Szekesfehervar – **Sturm Graz**	3:2

Qualifikation, 3.Runde

FC Sestaponi (Geo) – Sturm Graz	1:1
Sturm Graz – FC Sestaponi	1:0

Qualifikation, Play-Offs

BATE Borisow (WRuss) – Sturm Graz	1:1
Sturm Graz – **BATE Borisow**	0:2

Europa League

Qualifikation, 2.Runde

Metalurgs Liepajas (Lett) – Red Bull Salzburg	1:4
Red Bull Salzburg – Metalurgs Liepajas	0:0
Rudar Pljevlja (Monten.) – Austria Wien	0:3
Austria Wien – Rudar Pljevlja	2:0

Qualifikation, 3.Runde

SV Ried – Bröndby IF Kopenhagen (Dk)	2:0
Bröndby IF Kopenhagen – **SV Ried**	4:2
Red Bull Salzburg – FK Senica (Svk)	1:0
FK Senica – **Red Bull Salzburg**	0:3
Olimpija Laibach (Slo) – Austria Wien	1:1
Austria Wien – Olimpija Laibach	3:2

Qualifikation, Play-Offs

SV Ried – PSV Eindhoven (Ho)	0:0
PSV Eindhoven – SV Ried	5:0
Omonia Nikosia (Zyp) – Red Bull Salzburg	2:1
Red Bull Salzburg – Omonia Nikosia	1:0
Austria Wien – Gaz Metan Medias (Ru)	3:1
Gaz Metan Medias – **Austria Wien**	1:0

DAMEN-BUNDESLIGA

1. Neulengbach	18	17	1	0	84	14	52
2. Südburgenland	18	13	3	2	64	31	42
3. Kärnten	18	12	1	5	45	24	37
4. Innsbruck	18	10	2	6	50	36	32
5. Landhaus Wien	18	8	1	9	29	33	25
6. LUV Graz	18	6	2	10	42	44	20
7. Hof	18	4	3	11	26	51	15
8. Ardagger/Neu.	18	4	3	11	24	55	15
9. Kleinmünchen	18	4	1	13	22	54	13
10. Stattegg	18	3	1	14	24	68	10

DAMEN-CUP, FINALE

Neulengbach – LUV Graz 4:0 (3:0)

GEWICHTHEBEN

Herren

Klasse bis 56 kg:	Michael FASSL
Klasse bis 62 kg:	Stefan EHRENGRUBER
Klasse bis 69 kg:	Jürgen GRUBMÜLLER
Klasse bis 77 kg:	Edvard NAZARIAN
Klasse bis 85 kg:	Patrick MANNINGER
Klasse bis 94 kg:	Andreas ZEINLINGER jun.
Klasse bis 105 kg:	Jürgen MATZKU
Klasse über 105 kg:	Wolfgang DUNAY

Damen

Klasse bis 58 kg:	Nina EICHHORN
Klasse bis 63 kg:	Jessica EMBACHER
Klasse bis 69 kg:	Anita NOWAK
Klasse bis 75 kg:	Pia STRASSER
Klasse über 75 kg:	Alexandra TICHY

GOLF

Zählspiel Herren:	Manuel TRAPPEL
Zählspiel Damen:	Sarah SCHOBER
Matchplay Herren:	Lukas NEMECZ
Matchplay Damen:	Marina STÜTZ

HANDBALL

HLA

Grunddurchgang

1. MM Krems	18	11	5	2	547	481	27
2. aon Fivers	18	12	3	3	613	561	27
3. Bregenz	18	12	2	4	570	505	26
4. Hard	18	12	2	4	556	497	26
5. Schwaz	18	9	2	7	502	488	20
6. Linz	18	9	0	9	489	492	18
7. Tirol	18	7	3	8	510	528	17
8. Westwien	18	3	3	12	519	563	9
9. Bärnb./Köfl.	18	2	1	15	460	546	5
10. Leoben	18	2	1	15	489	594	5

Meisterrunde

1. aon Fivers	10	7	0	3	307	271	18
2. Krems	10	6	1	3	306	272	18
3. Bregenz	10	6	0	4	282	288	15
4. Hard	10	5	1	4	271	280	13
5. Linz	10	3	0	7	271	284	6
6. Schwaz	10	2	0	8	253	295	5

Halbfinale

aon Fivers – Hard 2:1
(25:23, 24:25, 26:24)

Krems – **Bregenz** 0:2
(28:31, 26:28)

Finale (Best of 3)

aon Fivers – Bregenz 2:1
(31:25, 27:29, 30:26)

Cup, Finale

Schwaz – Krems 25:24

HERREN-WM IN SCHWEDEN

Vorrunde, Gruppe B

1. Island	5	5	0	0	157	119	10
2. Ungarn	5	4	0	1	148	133	8
3. Norwegen	5	3	0	2	139	136	6
4. Japan	5	2	0	3	141	161	4
5. Österreich	5	1	0	4	144	148	2
6. Brasilien	5	0	0	5	131	163	0

Österreich – Brasilien 34:24, Österreich – Japan30:33, Österreich – Norwegen27:33, Österreich –Island 23:26, Österreich – Ungarn 30:32.

Platzierungsspiele - Spiel um Plätze 17 bis 20

Österreich – Tunesien 26:25

Platzierungsspiele - Spiel um Platz 17

Österreich – Slowakei 35:39

STATISTIK

Damen, WHA

Grunddurchgang

1. Hypo NÖ I	22	22	0	0	898	357	44
2. SG Kärnten	22	18	1	3	676	514	37
3. MGA Wien	22	17	1	4	667	631	35
4. Dornbirn/Sch.	22	12	3	7	573	586	27
5. Hypo NÖ II	22	13	0	9	580	514	26
6. Fünfhaus	22	9	1	12	535	567	19
7. Tulln	22	9	0	13	596	645	18
8. Feldkirch	22	7	3	12	533	600	17
9. Wr. Neustadt	22	7	2	13	561	667	16
10. Atzgersdorf	22	5	2	15	540	679	12
11. Eggenburg	22	5	1	16	512	678	11
12. Stockerau	22	1	0	21	473	706	2

Finale

Hypo NÖ 1 – Kärnten 2:0
(35:18, 44:18)

Damen-Cup, Finale

Hypo NÖ 1 – Hypo NÖ 2 36:22

HOCKEY

Herren: AHTC Wien
Damen: Stahl Wels

JIU-JITSU

Herren

Klasse bis 62 kg: Oliver HAIDER
Klasse bis 69 kg: Raphael PAP
Klasse bis 77 kg: Raphael SLATNER
Klasse bis 85 kg: Matthias GASTGEB
Klasse bis 94 kg: Matthias GASTGEB
Klasse über 94 kg: Benjamin MADER

Damen

Klasse bis 55 kg: Michaela BAUMHOLZER
Klasse bis 70 kg: Mahalia SLATNER
Duo: Mirnesa BECIROVIC/ Mirneta BECIROVIC
Mixed: Vera BICHLER/ Marcus HAIDER

JUDO

Herren

Klasse bis 60 kg: Roland STEGMÜLLER
Klasse bis 66 kg: Alexander WEICHINGER
Klasse bis 73 kg: Marcel OTT
Klasse bis 81 kg: Felix SCHIRNHOFER
Klasse bis 90 kg: Max SCHIRNHOFER
Klasse bis 100 kg: Stefan KRONBERGER
Klasse über 100 kg: Rupert RIESS jun.

Damen

Klasse bis 48 kg: Nikola KAISER
Klasse bis 52 kg: Jacqueline RAAB
Klasse bis 57 kg: Sabrina FILZMOSER
Klasse bis 63 kg: Hilde DREXLER
Klasse bis 70 kg: Bernadette GRAF
Klasse bis 78 kg: Silvia SCHLAGNITWEIT
Klasse über 78 kg: Marianne HOLLENSTEINER

Europameisterschaft

Damen, bis 57 kg: 1. Platz Sabrina FILZMOSER
Damen, bis 63 kg: 3. Platz Hilde DREXLER

KANU

Herren

Kajak-Einer, 200 m: Christian ENDL
Kajak-Einer, 500 m: Christian ENDL
Kajak-Einer, 1000 m: Christian ENDL
Kajak-Einer, Marathon: Mario SIEGL
Kajak-Zweier, 200 m: Erwin TRUMMER/ Camillo FRANEK
Kajak-Zweier, 500 m: Mario SIEGL/ Erwin TRUMMER
Kajak-Zweier, 1000 m: Mario SIEGL/ Erwin TRUMMER
Kajak-Vierer, 200 m: WSV OTTENSHEIM
Kajak-Vierer, 500 m: WSV OTTENSHEIM
Kajak-Vierer, 1000 m: SU KRV SCHNECKE LINZ
Canadier-Einer, 200 m: Bernhard MAIR
Canadier-Einer, 500 m: Andrei IGOROV
Canadier-Einer, 1000 m: Andrei IGOROV
Slalom, K1: Herwig NATMESSNIG
Slalom, C1: Peter DRAXL
Regatta, Sprint, K1: Gerhard SCHMID

Damen

Kajak-Einer, 200 m: Yvonne SCHURING
Kajak-Einer, 500 m: Yvonne SCHURING
Kajak-Einer, 1000 m: Yvonne SCHURING
Kajak-Zweier, 200 m: Y. SCHURING/Viktoria SCHWARZ
Kajak-Zweier, 500 m: Y. SCHURING/Viktoria SCHWARZ
Kajak-Zweier, 1000 m: Y. SCHURING/Viktoria SCHWARZ
Kajak-Vierer, 200 m: ATSV LENZING MODAL
Kajak-Vierer, 500 m: WAT WIEN
Kajak-Vierer, 1000 m: ATSV LENZING MODAL
Slalom, K1: Corinna KUHNLE
Regatta, Sprint, K1: Lisa LEITNER

Weltmeisterschaft 2011

Kajak-Zweier, 500 m: 1. Platz Yvonne SCHURING/ Viktoria SCHWARZ
Wildwasser-Slalom: 1. Platz Corinna KUHNLE

KARATE

KATA

Herren

Einzel: Thomas KASERER
Mannschaft: WELS-ATTERGAU

Damen

Einzel: Johanna THAJER
Mannschaft: NÖLZ 1

KUMITE

Herren

Klasse bis 67 kg: Thomas KASERER
Klasse bis 75 kg: Vincent AUINGER
Klasse bis 84 kg: Andreas MUTHER
Klasse über 84 kg: Michael KOZA
Mannschaft: SHOTOKAN SALZBURG

Damen

Klasse bis 50 kg: Bettina PLANK
Klasse bis 55 kg: Eva-Maria NOVINSCAK
Klasse bis 61 kg: ALISA BUCHINGER
Klasse bis 68 kg: Stephanie KAUP
Klasse über 68 kg: Nathalie REITER
Mannschaft: SHOTOKAN SALZBURG

KICKBOXEN

SEMIKONTAKT

Herren

Klasse bis 57 kg: Sascha APPELTAUER
Klasse bis 63 kg: Robert HÖGLER
Klasse bis 69 kg: Michael GEBHART
Klasse bis 74 kg: Levente BERTALAN
Klasse bis 79 kg: Dominik HÖLBLING
Klasse bis 84 kg: Roman BRÜNDL
Klasse bis 89 kg: Wolfgang HOLZTRATTNER
Klasse bis 94 kg: Juso PROSIC
Klasse über 94 kg: Peter Oliver ERTL

Damen

Klasse bis 50 kg: Valeria BENEDETTI
Klasse bis 55 kg: Nadja REINEGGER
Klasse bis 60 kg: Jennifer CZAPPEK
Klasse bis 65 kg: Nicole TRIMMEL
Klasse bis 70 kg: Birgit PFEISINGER

LEICHTKONTAKT

Herren

Klasse bis 63 kg: Joachim GÖLLES
Klasse bis 69 kg: Patrick KALCHER
Klasse bis 74 kg: Levente BERTALAN
Klasse bis 79 kg: Georg PATH
Klasse bis 84 kg: Roman BRÜNDL
Klasse bis 89 kg: Erich WULZ
Klasse bis 94 kg: Juso PROSIC

Damen

Klasse bis 55 kg: Nadja REINEGGER
Klasse bis 60 kg: Doris KÖHLER
Klasse bis 65 kg: Nicole TRIMMEL
Klasse bis 70 kg: Barbara MIHATSCH
Klasse über 70 kg: Alexandra KOCH

VOLLKONTAKT

Herren

Klasse bis 75 kg: Patrick KÜSTER
Klasse bis 81 kg: Christoph STEINLECHNER
Klasse bis 86 kg: Christoph MALLITS

KRAFTDREIKAMPF

HERREN

Klasse bis 59 kg: Andreas FRASL
Klasse bis 66 kg: Oliver WEISSENBACHER
Klasse bis 74 kg: Gerhard MAYER
Klasse bis 83 kg: Alexander HUBER
Klasse bis 93 kg: Andreas JANDOREK
Klasse bis 105 kg: Stefan KROPF
Klasse bis 120 kg: Franz LEBERWURST
Klasse über 120 kg: Christian WACKERNELL

DAMEN

Klasse bis 47 kg: Ilka SCHWENGL
Klasse bis 52 kg: Marina KAINLEINSBERGER
Klasse bis 57 kg: Elisabeth KEIML
Klasse bis 63 kg: Mandy LIEBERS
Klasse bis 72 kg: Bianca WIENROITHER
Klasse bis 84 kg: Alexandra TICHY

BANKDRÜCKEN

Herren

Klasse bis 66 kg: Chris EBERHÖFER
Klasse bis 74 kg: Andreas ZEILINGER
Klasse bis 83 kg: Christian BASCHNEGGER
Klasse bis 93 kg: Thomas WETZSTEIN
Klasse bis 105 kg: Johannes MAURACHER
Klasse bis 120 kg: Markus KARNER
Klasse über 120 kg: Ewald ENZINGER
Mannschaft: PSV SALZBURG

Damen

Klasse bis 57 kg: Sieglinde ENZINGER
Klasse bis 63 kg: Julia SCHLEPNIK
Klasse bis 72 kg: Marlene BINDER
Klasse bis 84 kg: Bianca WIENROITHER
Klasse über 84 kg: Gerda MAYRHOFER
Mannschaft: PSV SALZBURG

LEICHTATHLETIK

FREILUFT

Herren

100 Meter: Roland KWITT
200 Meter: Bernhard CHUDAREK
400 Meter: Michael LAUFENBÖCK
800 Meter: Andreas VOJTA
1500 Meter: Andreas VOJTA
5000 Meter: Valentin PFEIL
10.000 Meter: Valentin PFEIL
10 km Straßenlauf: Günther WEIDLINGER
Halbmarathon: Günther WEIDLINGER
Marathon: Markus HOHENWARTER
110 Meter Hürden: Manuel PRAZAK
400 Meter Hürden: Thomas KAIN
3000 Meter Hindernis: Christian STEINHAMMER
4 x 100 Meter Staffel: SVS
4 x 400 Meter Staffel: ULV KREMS
3 x 1000 Meter Staffel: SVS
Hochsprung: Dominik SIEDLACZEK & Lukas GOBOLD
Stabhochsprung: Paul KILBERTUS
Weitsprung: Dominik DISTELBERGER
Dreisprung: Julian KELLERER
Kugelstoßen: Martin GRATZER
Diskuswurf: Gerhard MAYER
Hammerwurf: Michael HOFER
Speerwurf: Martin STRASSER
Zehnkampf: Branislav PUVAK
20 km Gehen: Dietmar HIRSCHMUGL
Crosslauf lang: Günther WEIDLINGER
Crosslauf kurz: Martin PRÖLL
Berglauf: Alexander RIEDER
Bergmarathon: Wolfgang WALLNER

Damen

100 Meter: Beate SCHROTT
200 Meter: Doris RÖSER
400 Meter: Doris RÖSER
800 Meter: Jennifer WENTH
1500 Meter: Jennifer WENTH
5000 Meter: Anita BAIERL
10.000 Meter: Andrea MAYR
10 km Straßenlauf: Andrea MAYR
Halbmarathon: Tanja EBERHART
Marathon: Susanne PUMPER
100 Meter Hürden: Beate SCHROTT
400 Meter Hürden: Sabine KREINER
3000 Meter Hindernis: Katharina KREUNDL
4 x 100 Meter Staffel: PSV HORNBACH WELS
4 x 400 Meter Staffel: PSV HORNBACH WELS
3 x 800 Meter Staffel: DSG WIEN
Hochsprung: Monika GOLLNER
Stabhochsprung: Doris AUER
Weitsprung: Michaela EGGER
Dreisprung: Michaela EGGER
Kugelstoßen: Julia SIART
Diskuswurf: Veronika WATZECK
Hammerwurf: Julia SIART
Speerwurf: Elisabeth EBERL
Siebenkampf: Stefanie WALDKIRCHER
10 km Gehen: Viera TOPOREK
Crosslauf: Anita BAIERL
Berglauf: Sandra BAUMANN
Bergmarathon: Karin FREITAG

HALLE

Herren

60 Meter: Roland KWITT
200 Meter: Clemens ZELLER
400 Meter: Clemens ZELLER
800 Meter: Andreas RAPATZ
1500 Meter: Andreas VOJTA
3000 Meter: Martin PRÖLL
60 Meter Hürden: Manuel PRAZAK
4x200 Meter Staffel: DSG WIEN
Hochsprung: Daniel HOSP
Stabhochsprung: Paul KILBERTUS
Weitsprung: Dominik DISTELBERGER
Dreisprung: Roman SCHMIED
Kugelstoßen: Lukas WEISSHAIDINGER
Siebenkampf: Roland SCHWARZL

Damen

60 Meter: Bianca DÜRR
200 Meter: Doris RÖSER
400 Meter: Raffaela DORFER
800 Meter: Jennifer WENTH
1500 Meter: Jennifer WENTH
3000 Meter: Andrea MAYR
60 Meter Hürden: Beate SCHROTT
4 x 200 Meter Staffel: PSV HORNBACH WELS
Hochsprung: Monika GOLLNER
Stabhochsprung: Doris AUER
Weitsprung: Michaela EGGER
Dreisprung: Michaela EGGER
Kugelstoßen: Veronika WATZEK
Fünfkampf: Ivona DADIC

MOTORSPORT

FORMEL 1

Fahrer-WM (Stand 23. November)

1. VETTEL Sebastian (D/Red Bull)*	349
2. BUTTON Jenson (Gb/McLaren)	222
3. ALONSO Fernando (Sp/Ferrari)	212
4. WEBBER Mark (Aus/Red Bull)	209
5. HAMILTON Lewis (Gb/McLaren)	196
6. MASSA Felipe (Bra/Ferrari)	98

STATISTIK

ORIENTIERUNGSLAUF

Herren

Sprint:	Markus LANG
Mittelstrecke:	Gernot KERSCHBAUMER
Langdistanz:	Gernot KERSCHBAUMER
Staffel:	PINKAFELD
Mountainbike-OL, Mittel:	Kevin HASELSBERGER
Mountainbike-OL, Mittel:	Tobias BREITSCHÄDEL
Ski-OL, Sprint:	Johann KUGLER
Ski-OL, Mitteldistanz:	Johann KUGLER
Ski-OL, Staffel:	LZ Omaha

Damen

Sprint:	Ursula KADAN
Mittelstrecke:	Elisa ELSTNER
Langdistanz:	Ursula KADAN
Staffel:	HENNDORF
Mountainbike-OL, Mittel:	Michaela GIGON
Mountainbike-OL, Lang:	Michaela GIGON
Ski-OL, Sprint:	Michaela KUGLER
Ski-OL, Mitteldistanz:	Anna SIMKOVICS
Ski-OL, Staffel:	LZ Omaha

PFERDESPORT

Springen:	Gerfried PUCK
Springen, Team:	Iris MURRAY/Alexander WIMMER
	Josef SCHWARZ jun./Matthias ATZMÜLLER/
Vielseitigkeit:	Katrin KHODDAM-HAZRATI
Dressur:	Victoria MAX-THEURER
Einspänner:	Andrea DOBRETSBERGER
Zweispänner:	Georg MOSER
Vierspänner:	Josef SCHÖFTNER
Orientierungsreiten:	Fritz KRIECHBAUMER
Distanzreiten:	Carmen KARPF

RADSPORT

Herren

Straße, Einzel:	Matthias KRIZEK
Straße, Berg:	Markus EIBEGGER
Straße, Zeitfahren:	Tobias ERLER
Querfeldein:	Peter PRESSLAUER
Bahn, Omnium:	Andreas MÜLLER
Bahn, Keirin:	Andreas MÜLLER
Bahn, Zeitfahren:	Marco HALLER
Bahn, Verfolgung:	Marco HALLER
Bahn, Punkterennen:	Andreas MÜLLER
Bahn, Sprint:	Clemens SELZER
Bahn, Scratch:	Werner RIEBENBAUER
Bahn, Madison:	Andreas GRAF/
	Werner RIEBENBAUER
Mountainbike, Marathon:	Alban LAKATA
Cross Country:	Karl MARKT
Mountainbike, Downhill:	Markus PEKOLL

Damen

Straße, Einzel:	Andrea GRAUS
Straße, Zeitfahren:	Doris POSCH
Querfeldein:	Elke RIEDL
Mountainbike,Marathon:	Verena KRENSLEHNER
Cross Country:	Elisabeth OSL
Mountainbike, Downhill:	Petra BERNHARD

ÖSTERREICH-RUNDFAHRT

Gesamtwertung

1. KESSIAKOFF Fredrik (Sd)	26:59:26
2. KÖNIG Leopold (Tch)	+2:28
3. SASTRE Carlos (Sp)	+3:05
4. **ROHREGGER Thomas**	+3:59
5. MENTSCHOW Denis (Rus)	+4:02
6. SANTAMBROGIO Mauro (It)	+4:34
7. POSSONI Moris (It)	+4:36
8. BARTA Jan (Tsch)	+4:46
9. LEQUATRE Geoffroy (Fra)	+4:59
10. MIZUROV Andrey (Kas)	+5:09

Weitere Österreicher: 16. TOTSCHNIG Harald +6:46, 18. KIRCHMAIR Stefan +8:49, 27. PREIDLER Georg +12:31, 48. SCHÖFFMANN Martin +24:16, 53. DENIFL Stefan +27:26, 63. HOFER Andreas +34:44, 69. HRINKOW Dominik +40:34, 80. WÖHRER David +49:04, 82. BENETSEDER Josef +51:01, 90. KONRAD Patrick +56:33, 93. BRÄNDLE Dominik +1:03,49; 100. RUCKER Stefan + 1:04,14; 104. GÖTZ Markus +1:04,55; 110. STADLER Stefan +1:16,46; 118. GEISLER Wolfgang +1:35,59; 119. SCHWAIGER Michael +1:41,19; 121. PAVITSCHITZ Christian +1:44,13; 123. HASIBEDER Thomas + 1:52,38; 125. SCHÖRKMAYER Patrick +1:55,57; 126. SCHOIBL Mario +1:59,54.

EINZELWERTUNGEN

Berg

1. EDET Nicolas (Fra)	38
2. GENIEZ Alexandre (Fra)	37
3. CHRISTENSEN Mads (Dk)	28
9. **WÖHRER David**	14

Punkte

1. VAN AVERMAET Greg (Bel)	43
2. IMPEY Daryl (SA)	32
3. KESSIAKOFF Fedrik	30
20. **DENIFL Stefan**	13

Unter 25

1. KÖNIG Leopold (Tch)	27:01:54
2. IGNATENKO Petr (Rus)	+3:23
3. KIRCHMAIR Stefan	+6:21

Team

1. Team RADIOSHACK	82:58:44
2. Team KATUSHA	+0:01
3. CERAMICA FLAMINIA	+7:06

ETAPPENWERTUNGEN

1. Etappe (Dornbirn – Götzis, 147,8 km): Robert HUNTER (SA)
2. Etappe (Innsbruck – Kitzbüheler H., 158,2 km): Fredrik KESSIAKOFF (Sd)
3. Etappe (Kitzbühel – Prägraten, 179,3 km): Jens KEUKELEIRE (Bel)
4. Etappe (Matrei – St. Johann/Alpendorf, 199,5 km) Alexandre GENIEZ (Fra)
5. Etappe (St. Johann/A. – Schladming, 157,2 km): Ian STANNARD (Gb)
6. Etappe (Hainburg –Bruck/Leitha, 155,0 km): Greg VAN AVERMAET (Bel)
7. Etappe (Podersdorf, Zeitfahren, 30,1 km): Bert GRABSCH (D)
8. Etappe (Podersdorf – Wien, 122,8 km): Daniele BENNATI (It)

RINGEN

Herren

GRIECHISCH-RÖMISCH

Klasse bis 55 kg:	Helmut MÜHLBACHER
Klasse bis 60 kg:	Stefan STEIGL
Klasse bis 66 kg:	Benedikt PUFFER
Klasse bis 74 kg:	Florian MARCHL
Klasse bis 84 kg:	Daniel GASTL
Klasse bis 96 kg:	Amer HRUSTANOVIC
Klasse bis 120 kg:	Radovan VALACH

FREISTIL

Klasse bis 55 kg:	Ahmedov ZELIMKHAN
Klasse bis 60 kg:	Tamas ZOLTAN
Klasse bis 66 kg:	Daniel HEISS
Klasse bis 74 kg:	Thomas DRAVITS
Klasse bis 84 kg:	Salam ZAURBEKOW
Klasse bis 96 kg:	Thomas KRUG
Klasse bis 120 kg:	Radovan VALACH

SUMORINGEN

Klasse bis 85 kg:	Josef SCHNÖLL
Klasse bis 115 kg:	Markus KACHLER
Offene Klasse:	Ernö LASZLO

Damen

FREISTIL

Klasse bis 48 kg:	Victoria SCHINDLER
Klasse bis 55 kg:	Denise GOGG
Klasse bis 59 kg:	Martina RIEGLER
Klasse bis 63 kg:	Lydia ROTSCHEDL
Klasse bis 72 kg:	Martina KUENZ

RODELN

Kunstbahn

Herren, Einsitzer: Reinhard EGGER
Herren, Doppelsitzer: Andreas LINGER/ Wolfgang LINGER
Damen, Einsitzer: Nina REITHMAYER

Naturbahn

Herren, Einsitzer: Thomas KAMMERLANDER
Herren, Doppelsitzer: Christian SCHOPF/ Andreas SCHOPF
Damen, Einsitzer: Melanie BATKOWSKI

ROLLSPORT

Herren

Halbmarathon: Christian KROMOSER
Bahn, 300 m: Jakob ULREICH
Bahn, 1000 m: Jakob ULREICH
Bahn, 5000 m: Jakob ULREICH
Bahn, 10.000 m: Jakob ULREICH

Damen

Halbmarathon: Michalea PORTENKIRCHNER
Bahn, 300 m: Vanessa BITTNER
Bahn, 1000 m: Vanessa BITTNER
Bahn, 5000 m: Vanessa BITTNER

RUDERN

Herren

Einer: Florian BERG
LG-Einer: Florian BERG
Doppelzweier: Niki SIGL/Martin WOLF
LG-Doppelzweier: Michael DULLY/Fabio BECKER
Zweier ohne: Christian RABEL/Alexander CHERNIKOV
Vierer ohne: Christian RABEL/Alexander CHERNIKOV/ Alexander KRATZER/Christian PÜHRINGER
Doppelvierer: Bernhard PFALLER/Martin WOLF/ Niki SIGL/Clemens OBRECHT
Achter: RV WIKING LINZ

Damen

Einer: Magdalena LOBNIG
LG-Einer: Michaela TAUPE-TRAER
Doppelzweier: Magdalena LOBNIG/Katharina LOBNIG
Zweier ohne: Magdalena LOBNIG/Katharina LOBNIG/
Doppelvierer: Stefanie BORZACCHINI/Bettina BOGNER/ Christina SPERRER/Bettina BOGNER
Vierer ohne: Stefanie BORZACCHINI/Bettina BOGNER/ Christina SPERRER/Bettina BOGNER

SCHIESSEN

HERREN

Gewehr, 50 Meter

3x 40 Schuss: Michael PODOLAK
Mannschaft: NIEDERÖSTERREICH
3x 40, stehend: Florian KAMMERLANDER
3x 40, kniend: Michael PODOLAK
60 Schuss, liegend: Alexander SCHMIRL
60 Schuss, liegend, Team: NIEDERÖSTERREICH

Gewehr, 100 Meter

Einzel, stehend: Michael PODOLAK
Mannschaft: NIEDERÖSTERREICH

Gewehr, 300 Meter

60 Liegend: Michal PODOLAK
3x 20 Schuss: Michal PODOLAK

Luftgewehr

Einzel: Thomas FARNIK
Mannschaft: NIEDERÖSTERREICH

Luftpistole

Einzel: Richard ZECHMEISTER
Mannschaft: BURGENLAND

Feuerpistole

50 Meter: Wolfgang PSENNER
50 Meter, Mannschaft: STEIERMARK

Schnellfeuerpistole

25 Meter: Günter LIEGL
25 Meter, Mannschaft: TIROL

Zentralfeuerpistole

25 Meter: Giovanni BOSSI
25 Meter, Mannschaft: TIROL

Standardpistole

25 Meter: Heinz KÖLTRINGER
25 Meter, Mannschaft: STEIERMARK

Armbrust

10 Meter: Thomas LAMPL
Mannschaft: OBERÖSTERREICH

DAMEN

Gewehr, 50 Meter

3x20 Schuss: Stephanie OBERMOSER
60 Schuss, liegend: Stephanie OBERMOSER
Mannschaft: TIROL

Gewehr, 100 Meter

Einzel, stehend: Stephanie OBERMOSER
Mannschaft: TIROL

Luftgewehr

Einzel: Sonja EMBACHER
Mannschaft: OBERÖSTERREICH

Luftpistole

Einzel: Mario KNAUS
Mannschaft: NIEDERÖSTERREICH

Sportpistole

25 Meter: Gretchen EWEN
25 Meter, Mannschaft: STEIERMARK

Armbrust

10 Meter: Sonja STRILLINGER
Mannschaft: TIROL

OFFENE KLASSE

Armbrust

30 Meter stehend: Franziska PEER
30 Meter kniend: Franziska PEER
30 m Kombination: Franziska PEER
Mannschaft: TIROL

SCHWIMMEN

Freiluft

Herren

50 m Kraul: Martin SPITZER
100 m Kraul: Martin SPITZER
200 m Kraul: David BRANDL
400 m Kraul: David BRANDL
800 m Kraul: David BRANDL
1500 m Kraul: David BRANDL
4x100 m Kraul: ESU
4x 200 m Kraul: WELSER TV 1862
50 m Rücken: Christian ZLUGA
100 m Rücken: Christian ZLUGA
200 m Rücken: Sebastian STOSS
50 m Brust: Maxim PODOPRIGORA
100 m Brust: Maxim PODOPRIGORA
200 m Brust: Maxim PODOPRIGORA
50 m Delphin: Martin SPITZER
100 m Delphin: Bernhard WOLF
200 m Delphin: Bernhard WOLF
200 m Lagen: Dominik DÜR
400 m Lagen: Jakub MALY
4x 100 m Lagen: ESU

Damen

50 m Kraul: Birgit KOSCHISCHEK
100 m Kraul: Birgit KOSCHISCHEK
200 m Kraul: Jördis STEINEGGER
400 m Kraul: Jördis STEINEGGER
800 m Kraul: Nina DITTRICH
1500 m Kraul: Nina DITTRICH
4x 100 m Kraul: USC GRAZ
4x 200 m Kraul: USC GRAZ
50 m Rücken: Uschi HALBREINER
100 m Rücken: Uschi HALBREINER
200 m Rücken: Uschi HALBREINER
50 m Brust: Christina STRIGL
100 m Brust: Sandra SWIERCZEWSKA
200 m Brust: Sandra SWIERCZEWSKA
50 m Delphin: Birgit KOSCHISCHEK

100 m Delphin:	Birgit KOSCHISCHEK
200 m Delphin:	Nina DITTRICH
200 m Lagen:	Jördis STEINEGGER
400 m Lagen:	Jördis STEINEGGER
4x 100 m Lagen:	USC GRAZ

Halle

Herren

50 m Kraul:	Martin SPITZER
100 m Kraul:	Martin SPITZER
200 m Kraul:	David BRANDL
400 m Kraul:	David BRANDL
800 m Kraul:	David BRANDL
1500 m Kraul:	Christian SCHERÜBL
4x100 m Kraul:	ATUS GRAZ
4x 200 m Kraul:	ATUS GRAZ
50 m Rücken:	Martin SPITZER
100 m Rücken:	Sebastian STOSS
200 m Rücken:	Sebastian STOSS
50 m Brust:	Hunor MATE
100 m Brust:	Hunor MATE
200 m Brust:	Hunor MATE
50 m Delphin:	Martin SPITZER
100 m Delphin:	Dinko JUKIC
200 m Delphin:	Dinko JUKIC
200 m Lagen:	Dinko JUKIC
400 m Lagen:	Dinko JUKIC
4x 100 m Lagen:	EISENSTÄDTER SU

Damen

50 m Kraul:	Fabienne NADARAJAH
100 m Kraul:	Birgit KOSCHISCHEK
200 m Kraul:	Jördis STEINEGGER
400 m Kraul:	Jördis STEINEGGER
800 m Kraul:	Nina DITTRICH
1500 m Kraul:	Nina DITTRICH
4x100 m Kraul:	USC GRAZ
4x 200 m Kraul:	USC GRAZ
50 m Rücken:	Fabienne NADARAJAH
100 m Rücken:	Uschi HALBREINER
200 m Rücken:	Uschi HALBREINER
50 m Brust:	Christina STRIGL
100 m Brust:	Christina STRIGL
200 m Brust:	Sandra SWIERCZEWSKA
50 m Delphin:	Birgit KOSCHISCHEK
100 m Delphin:	Birgit KOSCHISCHEK
200 m Delphin:	Nina DITTRICH
200 m Lagen:	Jördis STEINEGGER
400 m Lagen:	Jördis STEINEGGER
4x 100 m Lagen:	USC GRAZ

WELTMEISTERSCHAFT

(16. bis 31. Juli in Budapest)

200 m Lagen:	5. Platz	Markus ROGAN
200 m Delphin:	7. Platz	Dinko JUKIC

SYNCHRONSCHWIMMEN

Einzel:	Nadine BRANDL
Duett:	Nadine BRANDL/ Livia LANG
Mannschaft:	SU MÖDLING

WASSERSPRINGEN

Herren

1 Meter:	Constantin BLAHA
3 Meter:	Constantin BLAHA
Turm:	Florian ROTT

Damen

1 Meter:	Veronika KRATOCHWIL
3 Meter:	Sophie SOMLOI
Turm:	Michelle STAUDENHERZ

WASSERBALL

WBC TIROL

SEGELN

Finn:	Florian RAUDASCHL
Laser:	Rene REITER
Tempest:	Cornelia CHRISTEN/ Ruedi CHRISTEN
Hobie Cat 16:	Klemens KITZMÜLLER/ Gundela WECH
Drachen:	Dietmar GFREINER/ Johann SPITZAUER/ Helmut WOLLNER
Pirat:	Walter SCHASCHL/ Günter FOSSLER
Yngling:	Peter SCHBERL/ Karin SCHBERL
Soling:	Peter NEUMANN/ Rudolf RAGER Rudolf HUBAUER
Star:	Walter PASSEGGER/ Martin KROPFITSCH
Tornado:	Michael SCHÖNLEITNER/ Philipp RAKUSCHAN
Dart:	Robert KLETZANDER/ Anton ZAGLER
Hochsee:	Christian BINDER/ Rene MANGOLD

SHORT-TRACK

Herren

500 Meter:	Andre PULEC
1000 Meter:	Andre PULEC
1500 Meter:	Andre PULEC
Allround:	Andre PULEC
Staffel:	Andre PULEC/Matthias STELZMÜLLER/ Declan HISCOX/Matthias WOLFGANG

Damen

500 Meter:	Veronika WINDISCH
1000 Meter:	Veronika WINDISCH
1500 Meter:	Veronika WINDISCH
Allround:	Veronika WINDISCH

SKI ALPIN

HERREN

ÖSTERREICHISCHE MEISTERSCHAFTEN

Slalom:	Manfred PRANGER
Riesenslalom:	Philipp SCHÖRGHOFER
Super-G:	Björn SIEBER
Abfahrt:	Max FRANZ
Superkombination:	Marc DIGRUBER

WELTCUP

GESAMTWERTUNG

1. KOSTELIC Ivica (Kro)	1356
2. CUCHE Didier (Sz)	956
3. JANKA Carlo (Sz)	793
4. SVINDAL Aksel Lund (Nor)	789
5. **WALCHHOFER Michael**	727
6. ZURBRIGGEN Silvan (Sz)	723
7. **BAUMANN Romed**	703
8. INNERHOFER Christof (It)	644
9. LIGETY Ted (US)	610
10. **KRÖLL Klaus**	579
11. **RAICH Benjamin**	547
12. THEAUX Adrien (Fra)	512
13. JANSRUD Kjetil (Nor)	495
14. MILLER Bode (US)	471
15. **HIRSCHER Marcel**	469
Weitere Österreicher:	
20. MATT Mario	407
23. REICHELT Hannes	362
24. STREITBERGER Georg	329
29. PUCHNER Joachim	283
30. HERBST Reinfried	278
31. SCHEIBER Mario	267
41. SCHÖRGHOFER Philipp	206
50. PRANGER Manfred	160
71. GÖRGL Stephan	110
81. SIEBER Björn	73
96. GRUGGER Hans	57

103.	DREIER Christoph	46
124.	DIGRUBER Marc	19
124.	HÖRL Wolfgang	19
135.	BECHTER Patrick	14
140.	FRANZ Max	12
150.	MAYER Matthias	8
	NÖSIG Christoph	8
167.	BERTHOLD Frederic	1

ABFAHRT

1.	CUCHE Didier (Sz)	510
2.	**WALCHHOFER Michael**	498
3.	**KRÖLL Klaus**	411
4.	ZURBRIGGEN Silvan (Sz)	305
5.	**BAUMANN Romed**	269
6.	THEAUX Adrien (Fra)	265
7.	FEUZ Beat (Sz)	254
8.	INNERHOFER Christof (It)	242
9.	JANKA Carlo (Sz)	226
10.	SVINDAL Aksel Lund (Nor)	220
11.	KÜNG Patrick (Sz)	210
12.	MILLER Bode (US)	190
13.	SPORN Andrej (Slo)	180
14.	GUAY Erik (Kan)	178
15.	**PUCHNER Joachim**	173
	Weitere Österreicher:	
16.	SCHEIBER Mario	159
23.	STREITBERGER Georg	102
34.	GRUGGER Hans	48
36.	REICHELT Hannes	39
54.	RAICH Benjamin9	

SUPER G

1.	CUCHE Didier (Sz)	291
2.	STREITBERGER Georg	227
3.	KOSTELIC Ivica (Kro)	223
4.	WALCHHOFER Michael	214
5.	REICHELT Hannes	207
6.	JANKA Carlo (Sz)	205
7.	BAUMANN Romed	197
8.	RAICH Benjamin	184
9.	INNERHOFER Christof (It)	183
10.	THEAUX Adrien (Fra)	175
	GRÜNENFELDER Tobias (Sz)	175
12.	KRÖLL Klaus	168
13.	GUAY Erik (Kan)	125
14.	MILLER Bode (US)	123
	HEEL Werner (It)	123
	Weitere Österreicher:	
18.	SCHEIBER Mario	108
21.	PUCHNER Joachim	81
22.	GÖRGL Stephan	71

47.	GRUGGER Hans	9
48.	MAYER Matthias	8
57.	FRANZ Max	2

RIESENSLALOM

1.	LIGETY Ted (US)	383
2.	SVINDAL Aksel Lund (Nor)	306
3.	RICHARD Cyprien (Fra)	303
4.	JANSRUD Kjetil (Nor)	240
5.	JANKA Carlo (Sz)	235
6.	FANARA Thomas (Fra)	233
7.	**SCHÖRGHOFER Philipp**	173
8.	BLARDONE Massimiliano (It)	151
9.	CUCHE Didier (Sz)	140
10.	**HIRSCHER Marcel**	128
11.	KOSTELIC Ivica (Kro)	120
12.	**REICHELT Hannes**	115
13.	OLSSON Matts (Sd)	114
14.	BANK Ondrej (Tch)	112
15.	DE TESSIERES Gauthier (Fra)	108
	Weitere Österreicher:	
17.	BAUMANN Romed	101
19.	RAICH Benjamin	99
32.	GÖRGL Stephan	39
45.	SIEBER Björn	10
47.	NÖSIG Christoph	8

SLALOM

1.	KOSTELIC Ivica (Kro)	478
2.	GRANGE Jean-Baptiste (Fra)	442
3.	MYHRER Andre (Sd)	423
4.	**MATT Mario**	407
5.	**HIRSCHER Marcel**	326
6.	MÖLGG Manfred (It)	298
7.	HARGIN Mattias (Sd)	265
8.	NEUREUTHER Felix (D)	258
9.	**HERBST Reinfried**	248
	RAZZOLI Giuliano (It)	248
11.	DEVILLE Cristian (It)	246
12.	MISSILLIER Steve (Fra)	239
13.	JANYK Michael (Ka)	217
14.	BÄCK Axel (Sd)	212
15.	**RAICH Benjamin**	180
	Weitere Österreicher:	
18.	PRANGER Manfred	160
35.	DREIER Christoph	46
45.	HÖRL Wolfgang	19
50.	BECHTER Patrick	14
54.	DIGRUBER Marc	8

KOMBINATION

1.	KOSTELIC Ivica (Kro)	345
2.	INNERHOFER Christof (It)	219
3.	JANSRUD Kjetil (Nor)	145
4.	ZURBRIGGEN Silvan (Sz)	143
5.	SVINDAL Aksel (Nor)	120
6.	JANKA Carlo (Sz)	112
7.	**BAUMANN Romed**	106
	BANK Ondrej (Tch)	106
9.	FILL Peter (It)	96
	ZRNCIC-DIM Natko (Kro)	96
11.	NEUREUTHER Felix (D)	80
	MERMILLOD BLONDIN Thomas (Fra)	80
13.	LIGETY Ted (US)	79
14.	FEUZ Beat (Sz)	75
15.	THEAUX Adrien (Fra)	72
	Weitere Österreicher:	
16.	SIEBER Björn	63
18.	RAICH Benjamin	45
24.	SCHÖRGHOFER Philipp	33
28.	PUCHNER Joachim	29
38.	DIGRUBER Marc	11
39.	FRANZ Max	10
56.	REICHELT Hannes	1
	BERTHOLD Frederic	1

DAMEN

ÖSTERREICHISCHE MEISTERSCHAFTEN

Slalom:	Marlies SCHILD
Riesenslalom:	Lisa-Maria REISS
Super-G:	Anna FENNINGER
Abfahrt:	Jessica DEPAULI
Superkombination:	Jessica DEPAULI

WELTCUP

GESAMTWERTUNG

1.	RIESCH Maria (D)	1728
2.	VONN Lindsey (US)	1725
3.	MAZE Tina (Slo)	1139
4.	**GÖRGL Elisabeth**	992
5.	MANCUSO Julia (US)	976
6.	**SCHILD Marlies**	756
7.	POUTIAINEN Tanja (Fin)	751
8.	PÄRSON Anja (Sd)	656
	REBENSBURG Viktoria (D)	656
10.	GUT Lara (Sz)	589
11.	PIETILÄ-HOLMNER Maria (Sd)	565
12.	**FENNINGER Anna**	555
13.	**ZETTEL Kathrin**	499
14.	**FISCHBACHER Andrea**	483
15.	**HOSP Nicole**	454

STATISTIK

Weitere Österreicherinnen:

21.	KIRCHGASSER Michaela	326
38.	MADER Regina	164
41.	ALTACHER Margret	154
58.	SCHILD Bernadette	93
67.	KÖHLE Stefanie	60
80.	MOSER Stefanie	48
83.	SCHMIDHOFER Nicole	41
87.	STAUDINGER Christina	32
93.	DAUM Alexandra	22
96.	VOGLREITER Mariella	21
97.	BREM Eva-Maria	20

ABFAHRT

1.	VONN Lindsey (US)	650
2.	RIESCH Maria (D)	457
3.	MANCUSO Julia (US)	367
4.	**GÖRGL Elisabeth**	333
5.	PÄRSON Anja (Sd)	295
6.	**FENNINGER Anna**	268
7.	GUT Lara (Sz)	263
8.	MAZE Tina (Slo)	261
9.	GISIN Dominique (Sz)	180
10.	MERIGHETTI Daniela (It)	179
11.	**FISCHBACHER Andrea**	175
12.	FANCHINI Elena (It)	165
13.	KAMER Nadja (Sz)	157
14.	JACQUEMOD Ingrid (Fra)	148
15.	SUTER Fabienne (Sz)	143
	Die Österreicherinnen:	
27.	MADER Regina	58
36.	SCHMIDHOFER Nicole	22
38.	MOSER Stefanie	21
41.	STAUDINGER Christina	18
42.	ALTACHER Margret	13
45.	VOGLREITER Mariella	10
48.	KIRCHGASSER Michaela	3

SUPER G

1.	VONN Lindsey (US)	560
2.	RIESCH Maria (D)	389
3.	MANCUSO Julia (US)	315
4.	GUT Lara (Sz)	272
5.	PÄRSON Anja (Sd)	182
6.	GISIN Dominique (Sz)	177
7.	**FENNINGER Anna**	142
8.	**HOSP Nicole**	141
9.	**GÖRGL Elisabeth**	137
10.	REBENSBURG Viktoria (D)	128
11.	SCHNARF Johanna (It)	126
12.	SUTER Fabienne (Sz)	120
13.	**FISCHBACHER Andrea**	111
14.	**MADER Regina**	97
15.	SMITH Leanne (US)	95
	Weitere Österreicherinnen:	
21.	ALTACHER Margret	75
34.	MOSER Stefanie	22
38.	SCHMIDHOFER Nicole	19
42.	STAUDINGER Christina	14
47.	KIRCHGASSER Michaela	6
	VOGLREITER Mariella	6

RIESENSLALOM

1.	REBENSBURG Viktoria (D)	435
2.	WORLEY Tessa (Fra)	358
3.	POUTIAINEN Tanja (Fin)	240
4.	**GÖRGL Elisabeth**	236
5.	BRIGONE Federica (It)	212
6.	MAZE Tina (Slo)	208
7.	HÖLZL Kathrin (D)	200
8.	RIESCH Maria (D)	192
9.	MANCUSO Julia (US)	181
10.	**ZETTEL Kathrin**	172
11.	MARMOTTAN Anemone (Fra)	166
12.	VONN Lindsey (US)	158
13.	**FISCHBACHER Andrea**	134
14.	MÖLGG Manuela (It)	127
15.	KARBON Denise (It)	109
	Weitere Österreicherinnen:	
17.	KIRCHGASSER Michaela	76
	SCHILD Marlies	76
23.	KÖHLE Stefanie	57
28.	HOSP Nicole	41
33.	FENNINGER Anna	34
34.	ALTACHER Margret	22
36.	BREM Eva-Maria	20

SLALOM

1.	**SCHILD Marlies**	680
2.	POUTIAINEN Tanja (Fin)	511
3.	RIESCH Maria (D)	470
4.	PIETILÄ-H. Maria (Sd)	382
5.	ZUZULOVA Veronika (Slk)	362
6.	**ZETTEL Kathrin**	327
7.	MAZE Tina (Slo)	295
8.	NOENS Nastasia (Fra)	277
9.	MÖLGG Manuela (It)	182
10.	ZAHROBSKA Sarka (Tch)	178
11.	BORSSEN Therese (Sd)	165
12.	**HOSPNicole**	160
13.	RIESCH Susanne (D)	146
14.	HANSDOTTER Frida (Sd)	142
15.	DÜRR Katharina (D)	138
	Weitere Österreicherinnen:	
16.	KIRCHGASSER Michaela	126
20.	SCHILD Bernadette	93
33.	GÖRGL Elisabeth	41
41.	DAUM Alexandra	22

KOMBINATION

1.	VONN Lindsey (US)	220
2.	MAZE Tina (Slo)	212
3.	RIESCH Maria (D)	205
4.	**GÖRGL Elisabeth**	185
5.	**HOSP Nicole**	112
6.	PÄRSON Anja (Sd)	100
	KIRCHGASSER Michaela	100
8.	MANCUSO Julia (US)	88
9.	**FENNINGER Anna**	81
10.	SCHNARF Johanna (It)	75
11.	GISIN Dominique (Sz)	62
12.	MERIGHETTI Daniela (It)	58
13.	SUTER Fabienne (Sz)	51
14.	PELLISSIER Marion (Fra)	50
15.	**FISCHBACHER Andrea**	48
	Weitere Österreicherinnen:	
17.	ALTACHER Margret	44
36.	MADER Regina	9
40.	MOSER Stefanie	5
	VOGLREITER Mariella	5
42.	KÖHLE Stefanie	3

NATIONENWERTUNG

HERREN

1.	**ÖSTERREICH**	5804
2.	SCHWEIZ	4264
3.	ITALIEN	3196
4.	FRANKREICH	3096
5.	SCHWEDEN	1738
6.	KROATIEN	1539
7.	USA	1495
8.	NORWEGEN	1478
9.	KANADA	1314
10.	DEUTSCHLAND	943

DAMEN

1.	**ÖSTERREICH**	4840
2.	DEUTSCHLAND	3680
3.	USA	3436
4.	SCHWEIZ	2312
5.	ITALIEN	2292
6.	FRANKREICH	2083
7.	SCHWEDEN	1888
8.	SLOWENIEN	1251
9.	FINNLAND	774
10.	KANADA	618

GESAMT

1. **ÖSTERREICH**	10644
2. SCHWEIZ	6576
3. ITALIEN	5488
4. FRANKREICH	5179
5. USA	4931
6. DEUTSCHLAND	4623
7. SCHWEDEN	3006
8. KANADA	2741
9. SLOWENIEN	1946
10. NORWEGEN	1724

11. Kroatien 1171, 12. Tschechische Republik 613, 13. Finnland 561, 14. Liechtenstein 441, 15. Japan 192, 16. Großbritannien 183, 17. Moldawien 115, 18. Spanien 48, 19. Slowakei 32, 20. Russland 21, 21. Serbien 18, 22. Belgien 13, 23. Polen 11, 24. Bulgarien 10, 25. Rumänien 8, 26. Island 7, 27. Australien 3.

GRASSKI

Herren

Slalom:	Michael STOCKER
Riesenslalom:	Michael STOCKER
Super-G:	Marcus PESCHEK
Kombination:	Michael STOCKER

Damen

Slalom:	Ingrid HIRSCHHOFER
Riesenslalom:	Ingrid HIRSCHHOFER
Super-G:	Ingrid HIRSCHHOFER
Kombination:	Ingrid HIRSCHHOFER

FIRNGLEITEN

Herren

Slalom:	Roland LEITINGER
Riesenslalom:	Roland LEITINGER
Kombination:	Roland LEITINGER

Damen

Slalom:	Denise MOTZL
Riesenslalom:	Andrea WINDERLE
Kombination:	Denise MOTZL

SHORTCARVEN

Herren

Slalom:	Hannes ANGERER
Kombination:	Oswald SEISL
Vielseitigkeit:	Oswald SEISL

Damen

Slalom:	Elena STECHER
Kombination:	Elena STECHER
Vielseitigkeit:	Elena STECHER

SKIBOB

Herren

Slalom:	Markus MOSER
Riesenslalom:	Christian ABLINGER
Super-G:	Markus MOSER
Kombination:	Gerhard HAUER jun.

Damen

Slalom:	Iris LIENHARD
Riesenslalom:	Kerstin ZOISTER
Super-G:	Kerstin ZOISTER
Kombination:	Iris LIENHARD

SKI NORDISCH

SKISPRINGEN

Herren

Grossschanze:	Gregor SCHLIERENZAUER
Mannschaft:	STEIERMARK

Damen

Normalschanze:	Daniela IRASCHKO

GESAMTWELTCUP

1. **Thomas MORGENSTERN**	1757
2. Simon AMMANN (Sz)	1364
3. Adam MALYSZ (Pol)	1153
4. **Andreas KOFLER**	1128
5. Tom HILDE (Nor)	903
6. **Martin KOCH**	840
7. Severin FREUND (D)	769
8. Matti HAUTAMÄKI (Fin)	764
9. **Gregor SCHLIERENZAUER**	761
10. Kamil STOCH (Pol)	739
Weitere Österreicher:	
12. Manuel FETTNER	460
13. Wolfgang LOITZL	442
44. Stefan THURNBICHLER	74
56. Michael HAYBÖCK	28
58. Mario INNAUER	15
75. Thomas DIETHART	3

SKIFLUG-WELTCUP

1. **Gregor SCHLIERENZAUER**	475
2. **Martin KOCH**	387
3. **Thomas MORGENSTERN**	378
4. Adam MALYSZ (Pol)	347
5. Simon AMANN (Sz)	311
6. Johan Remen EVENSEN (Nor)	291
7. Tom HILDE (Nor)	263
8. Robert KRANJEC (Slo)	242
9. Kamil STOCH (Pol)	241
10. Matti HAUTAMAEKI (Fin)	146
Weitere Österreicher:	
12. Wolfgang LOITZL	120
21. Andreas KOFLER	68
26. Stefan THURNBICHLER	59
37. Manuel FETTNER	21

VIERSCHANZENTOURNEE

Gesamtwertung

1. **Thomas MORGENSTERN**	958,8
2. Simon AMMANN (Sz)	928,4
3. Tom HILDE (Nor)	895,0
4. **Manuel FETTNER**	882,4
5. **Martin KOCH**	880,6
6. Adam MALYSZ (Pol)	875,2
7. Matti HAUTAMÄKI (Fin)	861,8
8. Andreas KOFLER	840,5
9. Wolfgang LOITZL	834,5
10. Anders JACOBSEN (Nor)	830,7
Weitere Österreicher:	
36. Gregor SCHLIERENZAUER	452,1
38. Stefan THURNBICHLER	439,5
40. Michael HAYBÖCK	410,7
46. Thomas DIETHART	302,6
51. Mario INNAUER	203,5
55. Stefan HAYBÖCK	176,9
61. Manuel POPPINGER	80,0

NORDISCHE KOMBINATION

Herren

Grossschanze:	Mario SEIDL

LANGLAUF

Herren

10 km:	Aurelius HERBURGER
30 km:	Bernhard TRITSCHER
Sprint:	Stefan ROSENBERGER
Verfolgung:	Aurelius HERBURGER
Staffel:	KÄRNTEN

Damen

5 km:	Simona EHRENSPERGER
15 km:	Katerina SMUTNA
Sprint:	Nathalie SCHWARZ
Verfolgung:	Andrea REITHMAYR
Staffel:	SALZBURG

BIATHLON

Herren

10 km Sprint:	Tobias EBERHARD
20 km Einzel:	Michael HAUSER
12,5 km Verfolgung:	Simon EDER
15 km Massenstart:	Tobias EBERHARD
Staffel:	TIROL

STATISTIK

Damen

7,5 km Sprint: Romana SCHREMPF
15 km Einzel: Anna HUFNAGL
10 km Verfolgung: Iris WALDHUBER
12,5 km Massenstart: Romana SCHREMPF
Staffel: SALZBURG

FREESTYLE

Skicross

Herren: Daniel RIEGLER
Damen: Andrea LIMBACHER

SNOWBOARD

Herren

Parallel-Riesenslalom: Daniel LEITENSTORFER
Parallel-Slalom: Daniel KREBS
Snowboardcross: Michael HÄMMERLE
Big Air: Michael MACHO
Slopestyle: Clemens SCHATTSCHNEIDER
Halfpipe: David PILS

Damen

Parallel-Riesenslalom: Julia DUJMOVITS
Parallel-Slalom: Marion KREINER
Snowboardcross: Maria RAMBERGER
Halfpipe: Caroline EHRENSTRASSER

SPORTKEGELN

Classic

Herren: Reinhard GRUBER
Damen: Gabi BÜRGER

Bowling

Herren: Thomas GROSS
Damen: Ivonne GROSS
Mixed-Doppel: Ivonne GROSS/Thomas TYBL

SQUASH

Herren

Einzel: Aqeel REHMAN
Mannschaft: WR. NEUDORF

Damen

Einzel: Birgit COUFAL
Mannschaft: SAS WIEN ENERGIE

TAEKWONDO

KYORUGI

Herren

Klasse bis 54 kg: Mazlum ÜNLÜ
Klasse bis 58 kg: Magomed TAPUEV
Klasse bis 63 kg: Mansur TAPUEV
Klasse bis 68 kg: Ibrahim KONTASCHOV
Klasse bis 74 kg: Dominik GEIBLINGER
Klasse bis 80 kg: Daniel NITZELNADER
Klasse bis 87 kg: Christoph DECKER
Klasse über 87 kg: Martin HUBER

Damen

Klasse bis 46 kg: Simone FRANZ
Klasse bis 49 kg: Christina SCHÖNEGGER
Klasse bis 53 kg: Elisabeth STANDO
Klasse bis 57 kg: Ingrid BAUMERT
Klasse bis 62 kg: Claudia BITSCHNAU
Klasse bis 67 kg: Manuela BRATUSA
Klasse bis 73 kg: Edines KURTOVIC

TANZSPORT

Lateinamerikanische Tänze: Zufar ZARIPOV/
Anna LUDWIG-TCHEMODOUROVA
Kombination: Vladimir SLON/
Bianka ZUBROWSKA

TAUCHSPORT

FLOSSENSCHWIMMEN

Herren

50 Meter: Patric PRASCH
100 Meter: Janos FEHERVARY
200 Meter: Patric PRASCH
400 Meter: Michael MAURER
800 Meter: Patric PRASCH
1500 Meter: Johannes SEITZ
4 x 100 Meter: LTC SEEPFERDCHEN
4 x 200 Meter: LTC SEEPFERDCHEN

Damen

50 Meter: Anita KASTNER
100 Meter: Anita KASTNER
200 Meter: Anita KASTNER
400 Meter: Anita KASTNER
800 Meter: Tina KASTNER
1500 Meter: Tina KASTNER
4 x 100 Meter: VIENNA DOLPHINS
4 x 200 Meter: VIENNA DOLPHINS

ORIENTIERUNGSTAUCHEN

Herren

Monk: Andreas WEICHBERGER
Star: Oliver HOFFMANN
5-Punkte-Kurs: Georg BIEGELBAUER
M-Kurs: Rajko BULAJIC
Einzelkombination: Rajko BULAJIC
Parallelkurs: Rajko BULAJIC
Team: HSV WIEN

Damen

Star: Anita WEICHBERGER
5-Punkte-Kurs: Anita WEICHBERGER
M-Kurs: Anita WEICHBERGER
Einzelkombination: Anita WEICHBERGER
Parallelkurs: Bettina LÖSCHER

TENNIS

Herren, DAVISCUP

Weltgruppe, 1. Runde

Österreich – Frankreich 2:3

Melzer – Chardy 5:7, 4:6, 5:7
Koubek – Simon 0:6, 2:6, 3:6
Marach/Melzer – Benneteau/Llodra 6:4, 3:6, 6:3, 6:4
Melzer – Simon 7:6, 3:6, 1:6, 6:4, 6:0
Fischer – Chardy 6:2, 6:7, 3:6, 3:6

Weltgruppe, Play-off

Belgien – Österreich 1:4

Malisse – Haider-Maurer 4:6, 4:6, 5:7
Darcis – Melzer 7:6, 6:7, 6:4, 6:3
Carcis/O. Rochus – Marach/Peya 6:4, 3:6, 4:6, 4:6
O. Rochus – Melzer 4:6, 4:6, 3:6
Bemelmans – Peya 4:6, 3:6

TURNIERE IN ÖSTERREICH

KITZBÜHEL

(1. bis 7. August)

1. RUNDE

Kohlschreiber (D/5) – Muster (Ö) 6:3, 6:0
Gimeno Traver – Thiem (Ö) 6:4, 6:2
Veic (Kro) – Haider-Maurer (Ö) 6:7, 6:4, 6:2

FINALE

Haase (Ho) – Montanes (Spa) 6:4, 4:6, 6:1

WIENER STADTHALLE

(24. bis 30. Oktober)

1. RUNDE

Melzer (Ö/3) Freilos
Thiem (Ö) – Muster (Ö) 6:2, 6:3
Anderson (SA/6) – Haider-Maurer (Ö) 6:4, 6:4
Brands (D) – Fischer (Ö) 6:7, 6:2, 7:6

ACHTELFINALE

Melzer –Garcia Lopez (Spa) 7:5, 6:2
Darcis (Bel) – Thiem 6:2, 6:2

VIERTELFINALE

Anderson – Melzer 6:3, 6:3

FINALE

Tsonga (Fra/1) - del Potro (Arg/2) 6:7, 6:3, 6:4

GRAND SLAM-TURNIERE

AUSTRALIAN OPEN

Einzel

1. RUNDE

Melzer (Ö/11) – Millot (Fra) 6:2, 6:4, 6:2

2. RUNDE

Melzer – Riba (Sp) 6:2, 6:4, 6:2

3. RUNDE

Melzer – Baghdatis (Zyp/21) 6:7, 6:2, 6:1, 4:3, w.o.

ACHTELFINALE

Murray (US/5) – Melzer 6:3, 6:1, 6:1

Doppel

1. RUNDE

Kubot/Marach (Pol/Ö/4) –
Brunström/Huss (Sd/Aus) 6:3, 6:3

Melzer/Petzschner (Ö/D/6) –
Dabul/Giraldo (Arg/Kol) 7:6, 6:1

Lu/Schüttler (Tpe/D) –
Aspelin/Peya (Sd/Ö) 7:6, 7:6

2. RUNDE

Kubot/Marach –
Groth/Jones (Aus) 6:1, 6:3

Melzer/Petzschner –
Berrer/Mayer (D) 6:3, 6:1

ACHTELFINALE

Kubot/Marach –
Bracciali/Starace (It) 6:3, 6:1

Melzer/Petzschner –
Phau/Tipsarevic (D/Ser) 6:3, 6:2

VIERTELFINALE

Butorac/Rojer (US/Curacao) –
Kubot/Marach 6:3, 6:4

B. Bryan/M. Bryan (US/1) –
Melzer/Petzschner 6:3, 7:6

Mixed

1. RUNDE

Zahlavova-Strycova/Marach (Tch/Ö/8) –
Lucic/Tomic (Kro/Aus) 7:6, 6:3

ACHTELFINALE

Chuang/Norman (Tpe/Bel) –
Zahlavova-Strycova/Marach 6:4, 6:4

FRENCH OPEN

Einzel

1. RUNDE

Melzer (Ö/8) – Beck (D) 6:3, 6:4, 6:2

Haider-Maurer (Ö) – Sweeting (US) 6:1, 6:7, 6:2, 6:0

2. RUNDE

Rosol (Tch) – Melzer 6:7, 6:4, 4:6, 7:6, 6:4

Dolgopolow (Ukr/21) – Haider-Maurer 6:2, 6:4, 6:2

Doppel

1. RUNDE

Kas/Peya (D/Ö) – Arnold Ker/Chela (Arg) 4:6, 6:2, 6:4

Lipsky/R. Ram (US) – Kubot/Marach (Pol/Ö/7) 4:6, 6:7

2. RUNDE

Kas/Peya – M. Lopez/Marrero (Sp) 6:4, 7:6

ACHTELFINALE

Mirnyi/Nestor (WRus/Kan/2) – Kas/Peya 6:3, 6:4

Mixed

1. RUNDE

Makarowa/Soares (Rus/Bra) –
Raymond/Marach (US/Ö/8) 6:2, 6:3

WIMBLEDON

Einzel

1. RUNDE

Melzer (Ö/11) – Falla (Kol) 3:6, 7:6, 6:2, 6:2

Haider-Maurer (Ö) – Serra (Fra) 7:6, 6:3, 6:3

Bolelli (It) – Fischer (Ö) 7:5, 6:4, 6:4

2. RUNDE

Melzer – Tursunow (Rus) 6:3, 2:6, 7:6, 7:6

Nalbandian (Arg/28) – Haider-Maurer 6:3, 3:6, 6:4, 6:4

3. RUNDE

Malisse (Bel) – Melzer 7:6, 6:3, 6:0

Doppel

1. RUNDE

Melzer/Petzschner (Ö/D/5) –
Harrison/Rettenmaier (US) 6:7, 7:6, 6:4

Knowle/Anderson (Ö/SA) –
Beck/Skoch (Slk/Tch) 7:5, 6:1

Kas/Peya (D/Ö) –
Andujar/Gimeno Traver (Sp) 6:2, 6:3

2. RUNDE

Melzer/Petzschner –
Lipsky/R. Ram (US) 6:4, 7:6, 4:6, 6:3

Knowle/Anderson –
Mirnyi/Nestor (WRus/Kan/2) 7:6, 7:6, 6:3

Kas/Peya –
Melo/Soares (Bra/13) 6:7, 6:1, 6:4, 6:2

ACHTELFINALE

Kas/Peya –
Knowle/Anderson 7:6, 6:7, 6:4, 5:7, 8:6

Melzer/Petzschner –
Moodie/Norman (SA/Bel/11) 7:6, 6:3, 4:6, 6:2

VIERTELFINALE

Kas/Peya –
Fleming/Hutchins (Gb) 6:4, 6:4, 6:7, 2:6, 6:4

B. Bryan/M. Bryan (US/1) –
Melzer/Petzschner 6:3, 6:4, 6:4

SEMIFINALE

Lindstedt/Tecau (Sd/Rum/8) –
Kas/Peya 6:3, 7:6, 6:2

Mixed

1. RUNDE

Benesova/Melzer (Tch/Ö/9) Freilos

2. RUNDE

Benesova/Melzer –
Brianti/Seppi (It) 6:4, 6:3

ACHTELFINALE

Benesova/Melzer –
Dulgheru/R. Ram (Rum/US) 6:4, 6:3

VIERTELFINALE

Benesova/Melzer –
Huber/B. Bryan (US) w.o.

SEMIFINALE

Benesova/Melzer –
Chan/Nestor (Tpe/Kan/8) 6:4, 6:4

FINALE

Benesova/Melzer –
Wesnina/Bhupathi (Rus/Ind/4) 6:3, 6:2

US OPEN

Einzel

1. RUNDE

Melzer (Ö/17) – Prodon (Fra) 6:2, 7:6, 6:2

Bubka (Ukr) – Haider-Maurer (Ö) 6:3, 6:2, 3:6, 6:4

2. RUNDE

Kunizyn (Rus) – Melzer 3:6, 6:3, 1:6, 6:2, 7:6

Doppel

1. RUNDE

Melzer/Petzschner (Ö/D/9) –
S. Gonzalez/J. Murray (Mex/Gb) 6:3, 6:0

Hanley/Norman (Aus/Bel) –
Kas/Peya (D/Ö/10) 7:6, 7:5

Knowle/Zeballos (Ö/Arg) –
O. Rochus/Sa (Bel/Bra) 6:4, 3:6, 7:5

Almagro/M. Gonzalez (Sp/Arg)
Haider-Maurer/Kavcic (Ö/Slo) 6:2, 7:5

2. RUNDE

Melzer/Petzschner –
Erlich/A. Ram (Isr) 7:6, 6:2

Fyrstenberg/Matkowski (Pol/6) –
Knowle/Zeballos 6:4, 6:1

ACHTELFINALE

Melzer/Petzschner –
Stachowski/Juschnij (Ukr/Rus) 7:6, 6:3

VIERTELFINALE

Melzer/Petzschner –
Marrero/Seppi (Sp/It) 6:1, 6:2

SEMIFINALE

Melzer/Petzschner –
Bolelli/Fognini (It) 6:4, 6:7, 6:1

FINALE

Melzer/Petzschner –
Fyrstenberg/Matkowski 6:2, 6:2

Mixed

1. RUNDE

Llagostera Vives/Marach (Sp/Ö) –
Washington/Russell (US) 7:6, 6:1

Srebotnik/Nestor (Slo/Kan/2) –
Benesova/Melzer (Tch/Ö) 6:1, 3:6, 10/7

Gajdosova/Soares (Aus/Bra) –
Paszek/Peya (Ö) 6:3, 6:4

ACHTELFINALE

Dulko/Schwank (Arg/8) –
Llagostera Vives/Marach 6:4, 6:3

STATISTIK

Damen

FED CUP / Europa-Afrika-Zone, Gruppe C (in Israel)

Österreich – Weißrussland 0:3

Mayr-Achleitner – Gowortsowa	2:6, 1:6
Bammer – Asarenka	4:6, 1:6
Klemenschits/Mayr-Achleitner – Kustowa/Poutchek	0:6, 2:6

Österreich – Griechenland 3:0

Mayr-Achleitner – Georgatou	4:6, 6.3, 6:3
Bammer – Daniilidou	7:5, 6:3
Klaffner/Klemenschits – Georgatou/Papamichail	6:2, 6:1

Östereich – Kroatien 0:3

Mayr-Achleitner – Mijacika	6:4, 6:7, 5:7
Bammer –Tomljanovic	6:4, 6:7, 1:6
Klaffner/Klemenschits – Mijacika/Tomljanovic	2:6, 3:6

Spiel um Platz 9: Österreich – Luxemburg 2:1

Klaffner – Kremer	0:6, 4:6
Bammer – Minella	6:4, 6:2
Klaffner/Klemenschits – Kremer/Minella	0:6, 6:0, 7:5

TURNIERE IN ÖSTERREICH

GASTEIN

(11. bis 17. Juli)

1. RUNDE

Hofmanova (Ö) – Benesova (Tch/4)	7:5, 3:2, w.o.
Mayr-Achleitner (Ö) – Dominguez Lino (Sp/5)	6:0, 7:6
Bammer (Ö) – Haleo (Rum/6)	4:6, 7:5, 7:6
Meusburger (Ö) – A. Bondarenko (Ukr)	6:3, 7:6
Evtimova (Bul) – Klaffner (Ö)	6:1, 6:0

ACHTELFINALE

Meusburger – Bammer	6:2, 6:1
Evtimova – Hofmanova	3:6, 6:4, 6:3
Mayr-Achleitner – Martic (Kro)	6:1, 6:4

VIERTELFINALE

Mayr-Achleitner – Evtimova	6:2, 6:2
Martinez Sanchez (Sp) – Meusburger	7:6, 4:6, 6:3

SEMIFINALE

Mayr-Achleitner – Perwak (Rus/8)	6:0, 6:0
Martinez Sanchez – K. Bondarenko (Ukr)	6:1, 7:6

FINALE

Martinez Sanchez – Mayr-Achleitner	6:0, 7:5

LINZ

(10. bis 16. Oktober)

1. RUNDE

Cirstea (Rum) – Paszek (Ö)	7:5, 6:3
Mayr-Achleitner (Ö) – Foretz Gacon (Fra)	3:6, 6:2, 6:2

ACHTELFINALE

Kvitova (Tch/1) – Mayr-Achleitner	6:2, 6:3

SEMIFINALE

Kvitova – Jankovic (Ser/3)	4:6, 6:4, 6:3
Cibulkova (Slk/7) – Safarova (Tch)	6:1, 6:4

FINALE

Kvitova – Cibulkova	6:4, 6:1

GRAND SLAM-TURNIERE

AUSTRALIAN OPEN

Einzel

1. RUNDE

Swonarewa (Rus/2) – Bammer (Ö)	6:2, 6:1
King (US) – Paszek (Ö)	7:6, 0:6, 3:6
Hlavackova (Tch) – Mayr-Achleitner (Ö)	7:5, 6:4

Doppel

1. RUNDE

Black/Rodionowa (Sim/Aus/5) – Paszek/Pironkova (Ö/Bul)	6:2, 6:1
Hlavackova/Hradecka (Tch) – Bammer/Sevastova (Ö/Let)	6:3, 7:6

FRENCH OPEN

Einzel

1. RUNDE

A. Radwanska (Pol/12) – Mayr-Achleitner (Ö)	6:1, 6:2
Peng (Chn/29) – Paszek (Ö)	6:3, 6:2
Barthel (D) – Bammer (Ö)	6:1, 7:5

WIMBLEDON

Einzel

1. RUNDE

Paszek (Ö) – Morita (Jp)	5:7, 6:3, 6:0
Marino (Kan) – Mayr-Achleitner (Ö)	6:3, 7:6
Niculescu (Rum) – Bammer (Ö)	6:1, 6:1

2. RUNDE

Paszek – McHale (US)	6:4, 6:1

3. RUNDE

Paszek – Schiavone (It/6)	3:6, 6:4, 11:9

ACHTELFINALE

Paszek – Perwak (Rus)	6:2, 2:6, 6:3

VIERTELFINALE

Asarenka (WRus/4) – Paszek	6:3, 6:1

Doppel

1. RUNDE

Hantuchova/A. Radwanska (Slk/Pol/13) – Klemenschits/Paszek (Ö)	6:3, 6:2

US OPEN

Einzel

1. RUNDE

Amanmuradova (Usb) – Paszek (Ö)	6:4, 6:2
Niculescu (Rum) – Mayr-Achleitner (Ö)	6:3, 6:3

Doppel

1. RUNDE

Pawljutschenkowa/Swonarewa (Rus) – Lucic/Paszek (Kro/Ö)	6:1, 6:2

TISCHTENNIS

Herren

Einzel:	Stefan FEGERL
Doppel:	Dominik HABESOHN/Daniel HABESOHN
Mannschaft:	SVS NIEDERÖSTERREICH

Damen

Einzel:	Qianbing LI
Doppel:	Jia LIU/Sofia POLCANOVA
Mannschaft:	LINZ-FROSCHBERG

Mixed

Stefan FEGERL/Qianbing LI

TRIATHLON

Herren

Olympische Distanz:	Lukas HOLLAUS
Langdistanz:	Andreas FUCHS
Wintertriathlon:	Markus ROTHBERGER
Crosstriathlon:	Christian BIRNGRUBER
Duathlon Kurzdistanz:	Christoph LORBER
Duathlon Langdistanz:	Sigi BAUER

Damen

Olympsiche Distanz:	Eva WUTTI
Langdistanz:	Monika STADLMANN
Wintertriathlon:	Romana SLAVINEC
Crosstriathlon:	Simone STEINECKER
Duathlon Kurzdistanz:	S. HELFENSCHNEIDER-OFNER
Duathlon Langdistanz:	Daniela RECHBERGER

TURNEN

Rhythmische Gymnastik

Mehrkampf:	Caroline WEBER
Ball:	Caroline WEBER
Band:	Caroline WEBER
Reifen:	Caroline WEBER
Keulen:	Caroline WEBER

VOLLEYBALL

Herren:	SVS TIROL
Herren, Cup:	HOTVOLLEYS WIEN
Damen:	SVS POST
Damen, Cup:	LINZ/STEG

Beachvolleyball

Herren:	Alexander HUBER/Robin SEIDL
Damen:	Sara MONTAGNOLLI/Barbara HANSEL

WASSERSKI

TOURNAMENT

Herren

Slalom:	Claudio KÖSTENBERGER
Tricks:	Dorien LLEWELYN
Springen:	Claudio KÖSTENBERGER
Kombination:	Claudio KÖSTENBERGER

Damen

Slalom: Irena ROHRER
Tricks: Tina RAUCHENWALD
Springen: Tina RAUCHENWALD
Kombination: Tina RAUCHENWALD

CABLE

Herren: Daniel FETZ
Damen: Astrid SCHABRANSKY

BARFUSS

Slalom: Georg WIMMER jun.
Tricks: Stefan WIMMER
Kombination: Georg WIMMER jun.

WAKEBOARD

Herren: Dominik HERNLER
Damen: Beatrix BAUMGARTNER

WURFSCHEIBENSCHIESSEN

TRAP

Herren

Olympisch: Andreas SCHERHAUFER
AFA: Helmut ROSSKOPF jun.
AFO, Einzel: Franz LUKAS
FA, Einzel: Ralf HUFNAGL
AFU, Einzel: Helmut ROSSKOPF jun.
FU, Einzel: Leopold KAMMERBERGER

Damen

Olympisch: Claudia KAMPL
AFO, Einzel: Sylvia ZOTTER
FA, Einzel: Claudia KAMPL
AFU, Einzel: Sylvia ZOTTER

Team

Olympisch: NIEDERÖSTERREICH
AFO: NIEDERÖSTERREICH
FA: OBERÖSTERREICH
AFU: NIEDERÖSTERREICH
FU: NIEDERÖSTERREICH

SKEET

Olympisch Skeet, Herren: Josef ERBSCHWENDTNER
Olympisch Skeet, Damen: Edith ZECHA
Olympisch Skeet, Team: NIEDERÖSTERREICH

COMPAK SPORTING

Einzel: Christoph GRUBER
Mannschaft: NIEDERÖSTERREICH

ANHANG:

ALPINE SKI-WM 2011

(Garmisch-Partenkirchen, 7. - 20. Februar)

HERREN

ABFAHRT

GOLD: Erik GUAY (Kan) 1:58,41
SILBER: Didier CUCHE (Sz) 1:58,73
BRONZE: Christof INNERHOFER (It) 1:59,17

... 4. Romed BAUMANN 1:59,51; 7. Michael WALCHHOFER 2:00,28; 11. Klaus KRÖLL 2:00,58; 16. Hannes REICHELT2:00,99.

SUPER-G

GOLD: Christof INNERHOFER (It) 1:38,31
SILBER: **Hannes REICHELT** 1:38,91
BRONZE: Ivica KOSTELIC (Kro) 1:39,03

... 5. Benjamin RAICH 1:39,65; 6. Romed BAUMANN 1:39,79; 11. Michael WALCHHOFER 1:40,51.

RIESENTORLAUF

GOLD: Ted LIGETY (US) 2:10,56
SILBER: Cyprien RICHARD (Fra) 2:10,64
BRONZE: **Philipp SCHÖRGHOFER** 2:10,99

... 11. Romed BAUMANN 2:11,77; 22. Björn SIEBER 2:12,62; 23. Stephan GÖRGL 2:12,65.

SLALOM

GOLD: Jean-Baptiste GRANGE (Fra) 1:41,72
SILBER: Jens BYGGMARK (Sd) 1:42,15
BRONZE: Manfred MÖLGG (It) 1:42,33

... 4. Mario MATT 1:42,54; 9. Manfred PRANGER 1:43,03; 18. Christoph DREIER 1:44,02. – Reinfried HERBST und Wolfgang HÖRL im zweiten Durchgang ausgeschieden.

SUPERKOMBINATION

GOLD: Aksel Lund SVINDAL (Nor) 2:54,51
SILBER: Christof INNERHOFER (It) 2:55,52
BRONZE: Peter FILL (It)2:56,41

... 4. Benjamin RAICH 2:56,68; 12. Joachim PUCHNER 2:58,96; 13. Björn SIEBER 2:59,44. – Romed BAUMANN in der Abfahrt ausgeschieden.

DAMEN

ABFAHRT

GOLD: **Elisabeth GÖRGL** 1:47,24
SILBER: Lindsey VONN (US) 1:47,68
BRONZE: Maria RIESCH (D) 1:47,84

... 9. Andrea FISCHBACHER 1:48,86; 17. Anna FENNINGER 1:49,60; 23. Regina MADER 1:50,33.

SUPER-G

GOLD: **Elisabeth GÖRGL** 1:23,82
SILBER: Julia MANCUSO (US) 1:23,87
BRONZE: Maria RIESCH (D) 1:24,03

... 5. Anna FENNINGER 1:24,64; 12. Nicole HOSP 1:25,25. – Andreas FISCHBACHER ausgeschieden.

RIESENSLALOM

GOLD: Tina MAZE (Slo) 2:20,54
SILBER: Federica BRIGNONE (It) 2:20,63
BRONZE: Tessa WORLEY (Fra) 2:21,02

... 8. Marlies SCHILD 2:21,74; 10. Elisabeth GÖRGL 2:21,79; 12. Kathrin ZETTEL 2:21,84; 25. Andrea FISCHBACHER 2:23,53.

SLALOM

GOLD: **Marlies SCHILD** 1:45,79
SILBER: **Kathrin ZETTEL** 1:46,13
BRONZE: Maria PIETILÄ-HOLMNER (Sd) 1:46,44

... 18. Nicole HOSP1:49,46. – Michaela KIRCHGASSER im zweiten Durchgang ausgeschieden.

SUPERKOMBINATION

GOLD: **Anna FENNINGER** 2:43,23
SILBER: Tina MAZE (Slo) 2:43,32
BRONZE: Anja PÄRSON (Sd) 2:43,50

... 5. Elisabeth GÖRGL 2:44,12; 12. Nicole HOSP 2:45,61; 13. Michaela KIRCHGASSER 2:45,98.

MANNSCHAFTSBEWERB

GOLD: FRANKREICH
(Taina Barioz, Thomas Fanara, Anemone Marmottan, Cyprien Richard, Tessa Worley, Ersatzfahrer: Gauthier de Tessieres)

SILBER: ÖSTERREICH
(Romed Baumann, Anna Fenninger, Michaela Kirchgasser, Benjamin Raich, Marlies Schild, Philipp Schörghofer)

BRONZE: SCHWEDEN
(Hans Olsson, Matts Olsson, Anja Pärson, Maria Pietilä-Holmner, Ersatzfahrer: Axel Bäck, Sara Hector)

MEDAILLENSPIEGEL

	G	S	B	
1. **ÖSTERREICH**	4	3	1	8
2. FRANKREICH	2	1	1	4
3. ITALIEN	1	2	3	6

4. USA (1/2/0), 5. Slowenien (1/1/0), 6. Kanada (1/0/0), 7. Norwegen (1/0/0), 8. Schweden (0/1/3), 10. Deutschland (0/0/2), 11. Kroatien (0/1/1).

STATISTIK

NORDISCHE SKI-WM 2011

(Oslo, 23. Februar– 6. März)

LANGLAUF, HERREN

SPRINT

GOLD: Marcus HELLNER (Sd)
SILBER: Petter NORTHUG (Nor)
BRONZE: Emil JÖNSSON (Sd)
... 21. Bernhard TRITSCHER.

15 KM KLASSISCH

GOLD:	Matti HEIKKINEN (Fin)	38:14,7
SILBER:	Eldar RÖNNING (Nor)	+13,3
BRONZE:	Martin JOHNSRUD SUNDBY (Nor)	+31,9

30 KM VERFOLGUNG

GOLD:	Petter NORTHUG (Nor)	1:14:10,4
SILBER:	Maxim WYLEGSCHANIN (Rus)	+0,7
BRONZE:	Ilja TSCHERNOUSSOW (Rus)	+1,2

... 40. Jürgen PINTER+3:26,3.

50 KM KLASSISCH NACH MASSENSTART

GOLD:	Petter NORTHUG (Nor)	2:08:09,0
SILBER:	Maxim WYLEGSCHANIN (Rus)	+1,7
BRONZE:	Tord Asle GJERDALEN (Nor)	+6,3

TEAMSPRINT

GOLD:	KANADA	19:10,0
	Devon Kershaw/Alex Harvey	
SILBER:	NORWEGEN	+0,2
	Petter Northug/Ola Vigen Hattestad	
BRONZE:	RUSSLAND	+1,5
	Alexander Panschinski/Nikita Krjukow	

4 X 10 KM STAFFEL

GOLD:	NORWEGEN	1:40:10,2
	Rönning/Gjerdalen/Sundby/Northug	
SILBER:	SCHWEDEN	+1,3
	Hellner/Rickardsson/Olsson/Södergren	
BRONZE:	DEUTSCHLAND	+5,7
	Filbrich/Teichmann/Göring/Angerer	

LANGLAUF, DAMEN

SPRINT (KLASSISCH)

GOLD: Marit BJÖRGEN (Nor)
SILBER: Arianna FOLLIS (It)
BRONZE: Petra MAJDIC (Slo)

10 KM KLASSISCH

GOLD:	Marit BJÖRGEN (Nor)	27:39,3
SILBER:	Justyna KOWALCZYK (Pol)	+4,1
BRONZE:	Aino-Kaisa SAARINEN (Fin)	+9,7

... 15. Katerina SMUTNA+1:29,5

15 KM-VERFOLGUNG

GOLD:	Marit BJÖRGEN (Nor)	38:08,6
SILBER:	Justyna KOWALCZYK (Pol)	+7,5
BRONZE:	Therese JOHAUG (Nor)	+8,8

30 KM FREISTIL

GOLD:	Terese JOHAUG (Nor)	1:23:45,1
SILBER:	Marit BJÖRGEN (Nor)	+44,0
BRONZE:	Justyna KOWALCZYK (Pol)	+1:34,0

TEAMSPRINT

GOLD:	SCHWEDEN	19:25,0
	Ida Ingemarsdotter/Charlotte Kalla	
SILBER:	FINNLAND	+3,3
	Saarinen/Lähteenmäki	
BRONZE:	NORWEGEN	+4,1
	Caspersen Falla/Jacobsen	

4 X 5 KM STAFFEL

GOLD:	NORWEGEN	53:30,0
	Skofterud/Johaug/Störmer-Steira/Björgen	
SILBER:	SCHWEDEN	+36,1
	Ingemarsdotter/Haag/Norgren/Kalla	
BRONZE:	FINNLAND	+59,8
	Muranen/Saarinen/Roponen/Lähteenmäki	

NORDISCHE KOMBINATION

NORMALSCHANZE + 10 KM LANGLAUF

GOLD:	Eric FRENZEL (D)	25:19,2
SILBER:	Tino EDELMANN (D)	+11,9
BRONZE:	**Felix GOTTWALD**	+18,4

... 12. David KREINER +58,8; 13. Wilhelm DENIFL +59,4; 29. Mario STECHER +2:20,2.

GROSSSCHANZE + 10 KM LANGLAUF

GOLD:	Jason LAMY-CHAPPUIS (Fra)	25:31,6
SILBER:	Johannes RYDZEK (D)	+6,7
BRONZE:	Eric FRENZEL (D)+7,0	

... 10. Mario STECHER +1:08,3; 12. David KREINER +1:14,6; 18. Felix GOTTWALD +1:41,8; 19. Wilhelm DENIFL+1:50,6.

TEAMBEWERB
(Grossschanze + 4 x 5 km)

GOLD:	**ÖSTERREICH**	47:12,3
	Bernhard GRUBER/David KREINER/ Felix GOTTWALD/Mario STECHER	
SILBER:	DEUTSCHLAND	+0,1
	Rydzek/Kircheisen/Frenzel/Edelmann	
BRONZE:	NORWEGEN	+40,6
	Kokslien/Klemetsen/Schmid/Moan	

TEAMBEWERB
(Normalschanze + 4 x 5 km)

GOLD:	**ÖSTERREICH**	48:07,8
	Bernhard GRUBER/David KREINER/ Felix GOTTWALD/Mario STECHER	
SILBER:	DEUTSCHLAND	+0,4
	Rydzek/Kircheisen/Frenzel/Edelmann	
BRONZE:	NORWEGEN	+40,6
	Kokslien/Klemetsen/Schmid/Moan	

SKISPRINGEN

NORMALSCHANZE

GOLD:	**Thomas MORGENSTERN**	269,2
SILBER:	**Andreas KOFLER**	260,1
BRONZE:	Adam MALYSZ (Pol)	252,2

... 8. Gregor SCHLIERENZAUER 235,2; 21. Martin KOCH 222,4; 37. Wolfgang LOITZL 93,2.

GROSSSCHANZE

GOLD:	**Gregor SCHLIERENZAUER**	277,5
SILBER:	**Thomas MORGENSTERN**	277,2
BRONZE:	Simon AMMANN (Sz)	274,3

... 4. Andreas KOFLER 269,6; 8. Martin KOCH 262,3.

TEAMBEWERB

(Grossschanze)

GOLD:	**ÖSTERREICH**	500,0
	Gregor SCHLIERENZAUER/Martin KOCH/ Andreas Kofler/Thomas MORGENSTERN	
SILBER:	NORWEGEN	456,4
	Jacobsen/Evensen/Bardal/Hilde	
BRONZE:	SLOWENIEN	452,6
	Prevc/Tepes/Damjan/Kranjec	

TEAMBEWERB

(Grossschanze)

GOLD:	**ÖSTERREICH**	1025,5
	Gregor SCHLIERENZAUER/Martin KOCH/ Andreas Kofler/Thomas MORGENSTERN	
SILBER:	NORWEGEN	1000,0
	Jacobsen/Romören/Bardal/Hilde	
BRONZE:	DEUTSCHLAND	968,2
	Schmitt/Neumayer/Uhrmann/Freund	

FRAUEN

Normalschanze

GOLD:	**Daniela IRASCHKO**	231,7
SILBER:	Elena RUNGGALDIER (It)	218,9
BRONZE:	Coline MATTEL (Fra)	211,5

... 32. Jacqueline SEIFRIEDSBERGER 71,1.

MEDAILLENSPIEGEL

1. NORWEGEN	8	6	6	20
2. **ÖSTERREICH**	7	2	1	10
3. SCHWEDEN	2	2	1	5
4. DEUTSCHLAND	1	4	3	8
5. FINNLAND	1	1	2	4
6. FRANKREICH	1	–	1	2
7. KANADA	1	–	–	1
8. POLEN	–	2	2	4
RUSSLAND	–	2	2	4
10. ITALIEN	–	2	–	2
11. SLOWENIEN	–	–	2	2
12. SCHWEIZ	–	–	1	1

Skispringen ist aus dem Sportgeschehen der Wintermonate nicht mehr wegzudenken. Wochenende für Wochenende ziehen die Wettkämpfe der schlanken Männer mit den langen Latten Hunderttausende Fans in ihren Bann; mit dem Neujahrsspringen in Garmisch-Partenkirchen eröffnet traditionell das neue Sportjahr, mit dem Springen in Oberstdorf schließt es. Treu folgen die Fernsehzuschauer ihren Lieblingen auf die Schanzen dieser Welt: vom finnischen Kuusamo bis zum Berg Isel, von Bischofshofen bis Sapporo, von Trondheim bis Planica. Sie schätzen die exzellente Show, die ihnen die sympathischen Athleten bieten: weite Sprünge, Hochspannung, Emotionen pur ...
Das von ORF-Sportkommentator Michael Roscher und Johannes Sachslehner herausgegebene Buch zeichnet ein packendes Bild dieser außergewöhnlichen Sportart, es stellt die charismatischen Helden der Schanzen vor und zeigt, warum der Springerzirkus immer mehr Menschen in seinen Bann zieht.

Michael Roscher
Johannes Sachslehner (Hg.)
DIE SUPERADLER
Schlieri, Morgi & Co

176 Seiten, 21 x 27,5 cm
Hardcover mit SU, Farbabbildungen

€ 24,95 · ISBN: 978-3-85431-540-7

pichler verlag

Siege, Helden und Legenden – Johannes Sachslehner setzt sich mit den großen Mythen der österreichischen Sportgeschichte auseinander, er erzählt von unvergesslichen Triumphen, Dramen und Tragödien, von den Sternstunden und Wegmarken im Gedächtnis der „Sportnation": von den spektakulären Siegen des rot-weiß-roten Wunderteams auf der Hohen Warte bis zu den Traumtoren Hans Krankls in Córdoba, von den Goldfahrten Toni Sailers in Cortina d'Ampezzo bis zum Horrorsturz Hermann Maiers in Nagano.

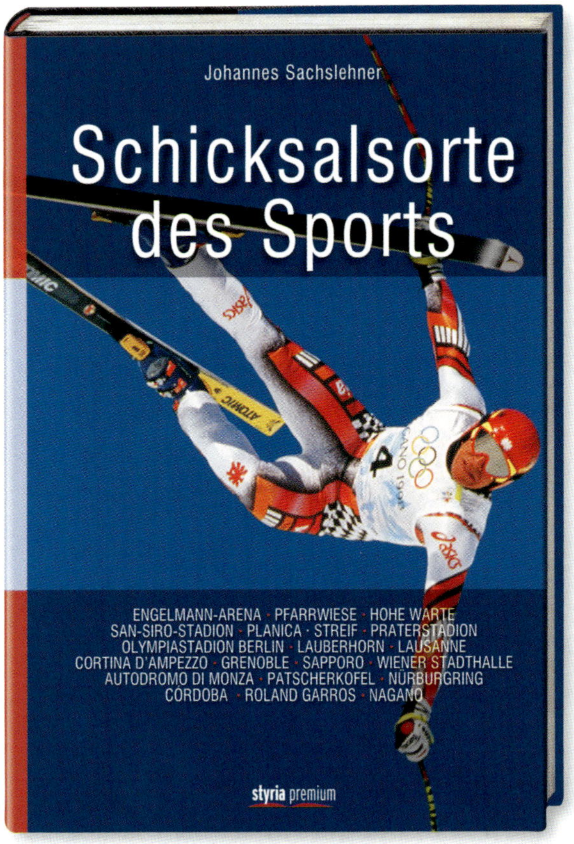

Johannes Sachslehner
SCHICKSALSORTE DES SPORTS

312 Seiten, 21 x 24 cm
Hardcover mit SU, durchg. Farbe
€ 29,99 · ISBN: 978-3-222-13339-8

styria premium